가는 길이
내 길이다

이 도서의 국립중앙도서관 출판예정도서목록(CIP)은 서지정보유통지원시스템 홈페이지(http://seoji. nl.go.kr)와 국가자료공동목록시스템(http://www.nl.go.kr/kolisnet)에서 이용하실 수 있습니다. (CIP제 어번호 : CIP2015006214)

가는 길이 내 길이다

걷고 있는 청년들을 위한 아홉 가지 이야기

김창남 엮음

주철환 · 김탁환 · 유인택
김태훈 · 김보성 · 최서윤
최정한 · 박활민 · 전효관 지음

한울

해가 갈수록 대학생들과의 소통이 어려워짐을 느낀다. 일단 그들과 나 사이에 물리적인 나이 차이가 점점 더 커지고 있다는 게 가장 큰 이유다. 강의 중에 5·18민주화운동이나 6월항쟁 이야기를 할 때, 나에게 너무나 생생한 체험인 그 시절이 젊은 학생들에게는 그저 막연히 책으로나 접한 오래전 역사일 뿐이라는 사실에서 문득, 그들과 나 사이에 넘어서기 어려운 장벽이 놓여 있음을 느끼곤 한다. 그뿐인가. 내가 자연스럽게 말론 브란도와 존 웨인, 밥 딜런을 입에 올릴 때, 그저 어디서 들어본 듯한 이름이라는 표정으로 심드렁하게 앉아 있는 그들의 얼굴을 보면 순간 아득한 느낌을 받는다. 그들과 함께 나눌 수 있는 공감의 코드를 점점 더 찾기 어려워지는 것이다. 그렇다고 그들의 세계에 좀 더 가깝게 다가가기 위해 몸으로 부딪히며 애를 쓰기엔 내 몸과 마음이 너무나 무겁게 굳어 있다. 여기서 소통을 포기하는 순간 그렇게 나도 꼰대가 돼가는 것일 게다.

물론 나는 꼰대가 되고 싶지 않다. 어렵더라도 늘 젊은 세대 곁에 있으면서 그들에게 내 이야기를 들려주고 싶다. 아니 그보다 더 그들의 속 깊은 이야기를 들어주고 싶다. '매스컴특강'의 강좌 시리즈는 젊은이들의 이야기를 듣고 싶은 나의 또 다른 대화 방식이다. 외부 강사들을 섭외해 학생들에게 강연을 들려주는 기획이지만 이는 학생들의 이야기를 간접적으로 듣는 경험이기도 하다. 학생들이 이야기를 듣고자 하는 강사를 추천하고 선정하는 과정에서부터 이미 그들은 뭔가 하고 싶은 이야기를 내게 하고 있는 셈이다. 그리고 나는 학생들이 강사를 선택하고 조별 스터디를 하고 강사를 인터뷰하고 강연에 대해 질문을 던지는 과정을 내내 모니터하면서 그들이 세상에 대해 어떤 말을 하고 싶은지를 읽는다. 그런 의미에서 이 강좌 시리즈는 학생들을 위한 것이지만, 동시에 나 자신을 위한 것이기도 하다.

2014년 '매스컴특강'에서 강사들에게 주어진 제목은 '다른 길을 찾는 상상력'이었다. 강사들은 모두 각자의 영역에서 독특한 발상과 실천으로 자신의 길을 걸어온 사람들이다. 인터넷을 뒤지면 바로 개인 정보가 뜨는 유명 인사도 있지만 그렇지 않은 사람도 많다. 중요한 건 학생들이 책상물림 교수들과는 전혀 다른 삶의 스토리를 가진 분들로부터 조금은 낯선 이야기를 듣는 경험을 갖게 된다는 것이다. 학생들은 조별로 나뉘어 강사들을 맡는다. 사전에 강사를 만나 인터뷰하며 소개 동영상을 제작한다. 강의가 끝나면 녹취된 내용을 풀어 한 편의 원고를 작성해야 한다. 학생들은 강사들을 인터뷰하면서 그들과 좀 더 직접적이고 조금은 사적인 관계를 갖는 것에 대해 큰 의미를 부여하곤 한다. 하지만 내가 보기에 이 과정이 갖는 가장 큰 의미는 학생들이 낯선 친구들과 한 팀을 이뤄 준비에서 마무리까지 작지만 온전한 하나의 프로젝트를 완성해나가는 경험을 한다는 것이다. 이런 작은 완성의 경험이 쌓이면서 학생들은 삶의 주체가 돼가는 것이다.

 주철환은 스스로 운이 좋은 사람이라고 말한다. 군 제대 무렵 우연히 치른 MBC 입사시험에 합격해 PD가 됐고 숱한 프로그램들을 히트시키며 예능 PD로서는 처음으로 자신의 이름이 프로그램의 보증수표가 되는 스타 PD로 떠올랐다. PD로서 현장을 떠나야 할 나이가 됐을 때 이화여대 교수가 돼 젊은 학생들을 가르쳤고, OBS 사장으로 방송사 경영을 경험하기도 했으며, JTBC 대PD로 방송 현장으로 돌아왔다. 달라진 현장에서 현실과 이상의 괴리를 느낄 때쯤 다시 아주대학교 교수로 강단에 섰다. 남들 대부분이 다니던 직장에서 나와 뒷방 신세를 질 나이에 또 한 번 직장을 옮기며 새로운 삶을 시작할 수 있다는 건 정말 엄청난 행운이 아닐 수 없다. 그렇지만 그의 삶 곳곳에 함께한 행운이란 사실 그 자신의 놀라운 능력과 열정, 노력이 만들어낸 결과일 뿐이다. 무엇보다도 그가 단지 평범한 방송 PD에 머물지 않을 수 있었던 이유는 다름 아닌 글을 쓰는 PD였다는 데 있다. 그는 늘 글을 쓴다. 이미 여러 권의 책으로 묶인 그의 글에는 어려운 단어나 현학적인 문장이 등장하지 않는다. 쉽고 소박한 문장 속에 삶의 결을 들여다보는 섬세한 시선과 지혜가 드러난다.

그는 강의에서 학생들이 가졌으면 하는 삶의 태도에 대해 다양한 조언을 해줬다. 그의 이야기를 굳이 몇 개 키워드로 정리한다면 발상의 전환, 도전하는 삶, 주체성과 전문성 그리고 자신감 같은 단어들일 것이다. 강연 내용도 내용이지만 주철환의 강연 태도와 화법에서 느껴지는 자신에 대한 사랑, 남들이 뭐라고 하든 스스로 뭔가를 쓰고 만들고 이뤄내면서 지녀온 그 긍정의 마인드가 학생들에게는 더 인상적으로 느껴졌을 것 같다. 그는 시종 밝게 웃었고 스스럼없이 자신이 작곡한 노래를 불렀으며 자작시를 낭송했다. 자신을 사랑하는 사람만이 남을 사랑할 수 있다는 아주 평범한 진리를 몸으로 보여준 것이다.

어쩌면 그것이야말로 지금 우리 젊은 세대에게 가장 필요한 게 아닌가 싶다.

김탁환은 남들이 부러워하는 교수라는 직업을 스스로 그만두었다. '소설을 쓰고 싶어서'가 그 이유다. 그는 엄청난 다독가이며, 다산의 작가다. 1996년 『열두 마리 고래의 사랑이야기』를 시작으로 지금까지 써낸 소설이 수십 편이다. 그것도 대부분 장편소설이어서 한 작품이 2권 이상, 심지어 7, 8권짜리도 여럿 있다. 소설을 써내는 사이사이에는 평론집, 산문집, 연구서 등도 적잖이 펴냈다. 가히 놀라운 생산성이다. 그 정도면 작품을 쓰기 위해 교수직을 그만두었다는 그의 말이 충분히 이해가 간다. 그의 작품은 드라마와 영화로 각색돼 널리 알려지기도 했다. 〈불멸의 이순신〉이나 〈황진이〉 같은 드라마, 〈조선명탐정: 각시투구꽃의 비밀〉, 〈가비〉 같은 영화들이 그의 작품을 원작으로 만들어졌다. 그는 조선시대 전체를 소설로 옮기는 작업을 '소설 조선왕조실록'이라는 이름으로 시작했다. 최근 출간된 『혁명: 광활한 인간 정도전』은 그 첫 번째 작품이다.

엄청난 분량의 장편소설을 거의 해마다 거르지 않고 뽑아내는 작가라면 그 상상력과 창의력이 대단할 것이다. 그는 마치 누에가 실을 뽑아내듯 머릿속에 샘솟는 이야기를 술술 써내려가는 것이 아닐까? 김탁환의 강의는 바로 그런 생각이 얼마나 잘못된 오해인지를 분명히 알게 해줬다. 작가는 글을 쓰기 위해 늘 각종 사전을 가까이 두면서 공부를 해야 하고, 많은 책을 읽고 많은 곳을 다니며 자료를 모아야 한다. 무엇보다 다양한 방식으로 스스로를 단련하고 상

상력을 키우기 위해 노력한다. 내가 처한 상황과 내가 도달하고자 하는 목표
와의 거리, 내가 천착하고자 하는 대상과 나 자신의 거리, 바로 이 '틈'을 인식
하고 이를 극복하기 위한 노력 속에서 상상력은 확대되고 이야기는 실마리를
찾으며 스스로 살아 움직이게 된다. 그의 강연 제목이 '틈의 상상력'이었던 것
은 그 때문이다.

유인택은 영화 제작자였고, 지금은 뮤지컬 기획자로 일하고
있다. 영화와 뮤지컬은 요즘 젊은 세대에게 가장 핫한 관심사
다. 많은 학생들이 수많은 영화를 만든 제작자이자 (강연 당시)
서울시 뮤지컬단 단장이었던 유인택에 대해 관심을 가졌던 건 자연스럽다. 그
가 영화계에 몸담으며 제작하거나 투자한 영화에는 〈화려한 휴가〉, 〈아름다
운 청년 전태일〉 등 사회성 짙은 영화부터 〈해적, 디스코왕 되다〉, 〈목포는 항
구다〉, 〈7급 공무원〉 같은 오락성 강한 흥행작까지 매우 다양한 작품들이 포
함돼 있다. 영화계에 진입하기 전까지 그는 문화운동권의 핵심적인 기획가로
일하며 극단 '연우무대'의 연극, '노래를 찾는 사람들' 콘서트 등 다양한 공연
을 기획했다. 그는 1980년대 문화운동판이 배출한 사람들 가운데 보기 드문
전문기획가다.

그는 고등학교 시절 큰형(유인태 국회의원)이 사형선고를 받는 풍파를 겪어
야 했다. 대학 시절에는 시위로 감옥살이를 했고 강제징집돼 군대에 끌려가기
도 했다. 결코 순탄치 않은 젊은 시절을 보낸 그를 지탱해준 건 연극에 대한 관

심과 열정이었다. 대학연극반에서 시작된 딴따라의 삶은 그를 문화판으로 이끌었고 이후 영화계, 뮤지컬계로 이어진다. 그는 삶이란 어떻게 흘러갈지 예측할 수 없다는 걸 강조한다. 안정된 직장을 때려치우고 연극판에 뛰어드는 언뜻 무모해 보이는 결정이 그의 삶을 전혀 다른 궤도로 이끌었던 것처럼 말이다. 중요한 건 뭔가에 미쳐서 자신의 열정과 정신을 쏟아붓는 태도다. 문화기획자로서 자신의 삶이 나름 지속성을 가질 수 있었던 것도 연극에 미쳤던 젊은 시절의 열정 때문이었다고 말한다. 지금 당장 조급하게 뭔가를 이루려 하지 말고 길게 보면서 청춘의 열정을 쏟아부을 뭔가를 찾고 거기에 미쳐야 한다, 그가 강연 내내 전달하고자 했던 말이다.

 김태훈은 이번 '매스컴특강' 강사진 중에서 학생들에게 가장 생소했던 인물이었다. 그는 인터넷을 뒤지면 관련 자료를 쉽게 찾을 수 있을 만한 유명인은 아니다. 하지만 그가 가진 전문영역이 스토리텔링이라는 사실이 학생들에게 매우 매력적으로 받아들여진 것 같다. 학기 초 조별 인터뷰 대상을 선택하라고 했을 때 그를 높은 순위로 선택한 조가 꽤 많았다. 스토리텔링은 현대사회의 키워드 가운데 하나이고 학생들도 이미 그것을 잘 알고 있다. 그는 한때 공무원 생활을 했다. 한국문화콘텐츠진흥원 음악산업팀장이 당시 그가 맡았던 직함이다. 그가 음악산업팀장이었을 때 했던 일 가운데 하나가 한국대중음악학회와 함께 한국 대중음악사를 정리하는 작업이었다. 어떤 분야든 가장 기초적인 역사부터 정리돼야 발전할 수 있다는 게 그의 신념이다. 안타깝게도 그가 한국문화콘텐츠진흥원을 떠나면서 한국 대중음악사 정리 프로젝트도 끝나버렸다. 공무원 생활을 그만둔 후 그는 지역스토리텔링연구소장을 맡아 활발한 강연 활동을 하고 있다. 그는 문화도 마치 습지처럼 풍부한 생태계를 이뤄야 융성할 수 있다고 믿는다. 지역의 문화를 스토리텔링을 통해 풍부하게 만드는 것이 우리 사회의 문화적 잠재력을 키우는 가장 중요한 일이라는 게 그의 생각이다.

그는 스토리텔링이란 '정체성을 찾아가는 여정'이라고 말한다. 누구나 자신만의 스토리가 있고 자신만의 스토리텔링을 하며 산다. 과거에는 신분적으로 정해진 엘리트 권력자들이 막강한 스토리텔러였고 근대사회에선 매스미디어가 누구보다 큰 힘을 가진 스토리텔러였지만 SNS 시대에는 누구나 자신의 이야기를 가진 스토리텔러가 될 수 있다. 이 보통 사람들의 스토리텔링 하나하나의 힘은 크지 않을 수 있지만 이 스토리텔링이 네트워크로 엮일 수 있다면 사정은 달라진다. 아주 오래전부터 권력자들은 이 보통 사람들의 스토리텔링을 두려워해 왔다. 바로 거기에 사회를 변화시킬 엄청난 힘이 있기 때문이다.

김보성은 대학 시절 민중가요 노래패 활동을 했고 졸업 후에는 노동현장에서 활동하면서 「대결」, 「시다의 꿈」 같은 민중가요를 작곡하기도 했다. 현장을 떠난 후 '노래를 찾는 사람들'에 합류해 대표를 지냈고, 한국민족음악인협회 사무국장을 역임했다. 노찾사 대표 시절에는 문화적으로 소외돼 있는 중소도시를 대상으로 한 순회공연을 기획했고, 한국민족음악인협회 재직 시절에는 일본 우타고에 합창단과의 교류 프로그램을 만들었던 것을 가장 자랑스러운 기억으로 꼽는다. 이후 부천시 문화정책 전문위원, 경기문화재단 기전문화대학 학장, 커뮤니티 디자인 연구소 상임이사, 경남 문화콘텐츠진흥원 원장, 마포문화재단 대표이사 등 주로 지역 기반의 문화정책 전문인으로서 다양한 경력을 거쳐 2015년부터는 성남문화재단 문화진흥국장을 맡고 있다. 그의 이력을 보면 안정되고 고정된 삶과는 거리가 멀다는 것을 알 수 있다. 그는 늘 새로운 사람들과 다양한 일을 해왔다. 그 다양한 경험의 리스트는 일정한 키워드로 엮일 수 있다. 그것은 문화, 지역, 정책, 창의성 같은 단어들이다.

　김보성은 다양한 문화 활동의 경험 속에서 얻은 생각들, 선진국들의 문화정책 담론에서 읽어낼 수 있는 미래의 문화적 키워드들을 이야기했다. 그는 21세기의 전문가는 단지 한 분야의 깊이 있는 지식과 기능을 갖는 것뿐 아니라 다양한 분야에 대해 폭넓은 식견을 갖추면서 필요한 지식과 경험을 조합하고 재조직할 수 있는 사람이어야 한다고 말한다. 한 사회의 문화적 창조력이 극대화되기 위해서는 바로 그런 전문가들이 많아져야 하고, 그런 전문가들이 많아지기 위해서는 대중 한 사람 한 사람이 가진 창의력이 최대한 확장돼야 한다. 그것이 그가 아마추어 예술활동에 관심을 가지면서 이것이 문화정책의 핵심 중 하나가 돼야 한다고 믿는 이유다.

최서윤은 지금은 격월간으로 발행되는 《월간잉여》라는 잡지의 편집인이다. 2012년 2월에 창간된 이 잡지의 이름을 처음 듣는 순간, 무릎을 탁 쳤다. 잉여라면 지금 이 사회에서 체제에 편입되지 못한 채 마치 몸의 비듬처럼 겉돌고 있는 젊은 세대들이 스스로를 자조적으로 일컫는 용어 아닌가. 잉여라는 말을 들을 때마다 기성사회의 잘못 때문에 잉여가 된 젊은 세대가 스스로를 자조하는 모습이 아프게 떠오르곤 했었다. 《월간잉여》라는 제호를 들었을 때, "그래, 나 잉여다. 어쩔래. 너희가 뭐 도와준 거 있어?" 하며 당당히 말하는 젊은 세대의 목소리가 들리는 듯했다. 이 것이 《월간잉여》를 창간하고 스스로 잉집장을 자처하는 최서윤을 만나고 싶었던 이유다. 그는 대학을 졸업하고 언론사 입사를 준비했다. 몇 번 입사시험에 떨어지고 난 후, 차라리 내가 매체를 만들겠다는 생각으로 잡지를 창간했단다. 그래, 청년이라면 이렇게 당당하게, 길이 없다면 스스로 길을 만들어내는 사람이어야지. 나는 학생들에게 최서윤을 만날 기회를 만들어주고 싶었다.

최서윤의 강의는 예상대로 학생들의 열띤 반응을 이끌어냈다. 나이 많고 경험 많은 어른이나 선배가 아니라 자기 또래와 그리 멀지 않은 세대가 들려주는 이야기에 관심이 쏠린 것은 당연한 일이다. 최서윤의 강의에서는 젊은이들이 주로 사용하는 인터넷 용어들이 거리낌 없이 등장했고 강사와 청중의 소통은 그 어떤 강사의 강연보다 활발했다. 강의를 하는 최서윤과 강의를 듣는 학생들은 시대의 코드를 공유하면서 함께 길을 찾는 젊은이로서의 유대감을 짙게 느끼는 것 같았다. 체제에서 튕겨져 나온 청년들이 각자 고립돼 있으면 그저 잉여로 그치지만, 함께 고민하고 연대하며 실천한다면 그들은 당당한 주체가 된다. 《월간잉여》는 바로 그런 연대를 기초로, 작지만 풍부한 가능성을 실험하는 장인 셈이다. 우리 제자들이 최서윤 잉집장처럼 당당한 주체로서 살기를 바란다.

 최정한의 삶은 크게 세 가지의 키워드로 정리된다. 지역, 공간 그리고 문화예술. 그는 문화예술을 매개로 공간을 살리고 이를 통해 지역의 문화를 활성화하는 일에 오랫동안 헌신해왔다. 1990년대 초반에는 '녹색교통운동'이란 시민단체를 조직해 이끌기도 했다. 이후 그가 주목하고 활동 무대로 삼았던 지역은 서울의 인사동, 북촌한옥마을, 홍대 앞, 서천 장항 등이다. 이 지역이 가진 강점과 특성을 살리면서 단지 돈만 숨 쉬는 상업 공간이 아니라 삶의 결이 살아 있고 문화가 꽃 피우는 공간으로 만들고자 했던 그의 노력은, 아쉽게도 대부분 절반의 성과만 낳은 채 결과적으로 실패로 끝난 경우가 많았다. 상업화의 거센 물결을 막지 못했거나 지역민들의 욕구와 그의 기획이 행복한 접점을 찾지 못했던 탓이다. 그렇지만 그의 노력이 없었다면 저 공간들은 조금 더 빨리 망가졌을 가능성이 크다. 또 그런 실패의 경험 속에서 그는 적어도 공간문화기획가로서 독보적인 역량을 쌓을 수 있었다.

강연을 준비한 학생들은 강연장을 클럽처럼 꾸미고 그가 홍대 앞에서 활동할 당시 만들었던 클럽데이의 분위기를 고스란히 재현했다. 강연장엔 클럽음악이 흘렀고 입장하는 사람들에게는 종이로 만든 팔찌가 주어졌다. 최정한의 강연은 그가 여러 지역을 거치며 공간과 문화의 의미를 천착했던 경험담을 중심으로 이뤄졌다. 사람들이 자유롭게 걸을 수 있는 도시, 문화와 예술의 생태계가 살아 있고 작은 가게가 다양하게 공존하며 평범한 삶의 에너지가 넘치는 공간을 만들고자 했던 그의 열정은, 아마도 이런 문제에 대해 관심을 가져본 적이 없을 대부분의 학생들에게 새로운 자극을 줬을 것이다.

 박활민은 스스로를 삶 디자이너라 칭한다. 따지고 보면 모든 디자이너는 삶 디자이너일 게다. 다만 자본과 시장의 논리가 지배하면서 디자인이 그저 상품을 만들고 포장하는 돈의 디자인이 됐고 그 때문에 대부분의 디자이너가 스스로의 일을 삶의 디자인이라는 의미로 사고하지 못할 뿐이다. 박활민은 2000년대 초반 통신사 광고 캐릭터 '카이홀맨'을 만들어 선풍을 일으킨 그래픽 디자이너로, 이후 하자센터의 아트디렉터, 편집장, CF감독, 영화 미술감독, 설치미술가, 시각디자이너, 건축가 등 다양한 경험을 해왔으며, 현재는 스스로 말하는 '삶 디자이너'로 자리매김했다. 촛불정국 때는 그 유명한 촛불소녀 캐릭터를 디자인해 유명세를 타기도 했다. 그는 현재 노머니라이프를 주창하며 주거형태나 에너지 문제 등을 고민하고 이를 작품으로 발표하고 있다.

박활민은 산업디자이너로 성공가도를 달리다 어느 순간 자신이 돈의 요구에 따르는 디자이너가 되고 있다는 사실에 회의를 느끼고 여행을 떠났다. 티베트과 네팔, 인도를 거치며 몇 년을 보내는 동안 삶을 살리는 디자인을 해야 겠다는 목표를 갖게 됐다. 그가 주창하는 노머니라이프는 무작정 돈을 거부하는 것이 아니다. 그 핵심은 임금노동이 아닌 자급노동을 추구하는 것이다. 돈이 원해서가 아니라 내가 필요하고 내 몸이 원하는 노동을 한다는 것, 그런 노동이 돈과는 다른 삶의 가치를 만들어낸다는 것이다. 먹고사는 문제에만 매달려 모든 시간을 보내는 삶이 아니라 주어진 시간 안에서 자신을 확인하고 노동을 통해 나의 가능성을 발현시키는 삶을 사는 것이다. 박활민이 실천하는 자급노동과 노머니라이프는 지금까지 한 번도 그런 식의 삶을 생각해본 적이 없는 학생들에게 신선한 감동을 줬다. 모두가 그와 같은 삶을 실천할 수는 없겠지만, 적어도 '내 삶의 주인이 되는 것'이 무엇인가에 대해 진지하게 생각해보는 계기가 된 것은 틀림없다.

 전효관의 삶을 가로지르는 단 하나의 키워드를 고르라면 아마도 '청년'이라는 단어가 될 것 같다. 사회학을 전공하고 박사 학위를 받은 후 그가 제일 먼저 한 일은 '하자센터'를 만드는 것이었다. 잘 알려져 있다시피 하자센터는 청소년들이 삶의 주체가 될 수 있도록 돕는 직업체험센터이자 창업학교이며, 청소년세대와 기성세대가 함께 만나 네트워크를 형성하는 플랫폼의 역할을 하는 곳이다. 한동안 하자센터를 떠나 이곳저곳에 몸담기도 했지만 그는 결국 다시 하자센터로 돌아왔고, 이어 서울시와 함께 청년허브를 만들었다. 청년허브는 청년세대가 모여 다양한 문제를 함께 고민하고 해결책을 모색해보는 장이다. 청년들의 아이디어를 프로젝트화해서 돈을 지원해주고 직접 경험해볼 수 있도록 도와주는 일을 한다. 취업난이 심각한 이 시대에 막연한 불안감과 자책감에 시달리는 청년들이 함께 만나고, 스스로 자신의 일을 찾고 만들도록 도와주는 허브의 역할을 하는 곳이다. 최근 그는 서울시로 들어가 서울혁신기획관으로 일하고 있다.

우리 학생들 역시 다른 대부분의 청년세대처럼 막연한 불안감과 자책감에 시달린다. 미래에 대한 불안은 학생들을 끝없는 스펙 경쟁으로 내몰지만 스펙이 불안감을 해소해주지는 못한다. 흩어져 있는 고립된 개인이 그 불안과 자책을 극복하는 것은 불가능하다. 청년들이 만나고 함께 고민하고 함께 해결책을 찾을 때 비로소 문제는 해결의 실마리를 찾을 수 있다. 청년의 문제는 청년 개인의 문제가 아니라 사회의 문제이고 시스템의 문제이기 때문이다. 이것이 청년허브의 존재 의미다. 전효관의 강연이 있기 전까지 많은 학생들은 청년허브라는 곳이 있다는 사실조차 모르고 있었다. 그의 강연은 젊은 청년들이 자신의 문제를 각자도생의 방식이 아니라 함께 공유하고 모색해야만 해결이 가능하다는 것을 알 수 있었던 좋은 계기가 됐다.

이 책에는 이렇게 다양하게 자기만의 길을 걸어온 아홉 분의 이야기가 실려 있다. 이분들의 이야기가 그 흔한 '멘토링'이나 '힐링' 혹은 '자기계발'의 담론들과 한 묶음으로 취급되지 않았으면 좋겠다. 적어도 그들은 현재의 상태를 승인한 채 그 속에서 승리할 수 있는 방법을 이야기하지는 않기 때문이다. 다른 길을 찾고 다른 삶을 기획하는 상상력은 실제로는 매우 근원적이고 전복적인 성찰에서 시작되는 것이다. 나는 이 책 속에 담긴 이야기들을 독자들이 바로 그런 근원적이고 전복적인 성찰의 경험으로 읽기를 바란다. 어려운 시절에 강연을 후원해주고 책을 발간해준 도서출판 한울에 다시 한 번 감사드린다.

2015년 2월
김창남

1

시간이 많지 않습니다

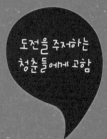

도전을 주저하는
청춘들에게 고함

주철환

군 제대 무렵 우연히 치른 MBC 입사시험에 합격해 PD가 됐고, 이후 숱한 프로그램들을 히트시키며 예능 PD로서는 처음으로 자신의 이름이 프로그램의 보증수표가 되는 스타 PD로 떠올랐다. PD로서 현장을 떠나야 할 나이가 됐을 때 이화여대 교수가 돼 젊은 학생들을 가르쳤고, OBS 사장으로 방송사 경영을 경험하기도 했으며, JTBC 대PD로 방송 현장으로 돌아왔다. 달라진 현장에서 현실과 이상의 괴리를 느낄 때쯤 다시 아주대학교 교수로 강단에 섰다.

42.195킬로미터의 긴 인생의 8킬로미터 지점에서 인생이 결정된다면 얼마나 억울하겠어요. 여러분 지금 8킬로미터밖에 뛰지 않았습니다. 10킬로미터도 뛰지 않고 '내가 뭘 할 수 있겠어' 그러지 마세요. 여러분이 인생의 주인공이에요. 그 드라마에서는 여러분이 고난을 겪을수록 주인공이 되는 거예요.

여러분 인생의 주인공이 되세요. 스스로 꿈꾸고, 사랑하고, 행동하고, 그것이 이뤄지지 않더라도 결코 좌절하지 마세요. 어차피 인생은 알 수 없는 거예요. 열심히 산 사람이 성공하지는 않아요, 절대로. 아주 교활하고 독사 같은 놈이 더 잘되는 경우가 많아요. 하지만 그게 인생이라는 것을 인정하고, 그 대신 절대 포기하지 마세요. 다시 한 번 어드벤처. 저는 이게 드라마라고 생각해요.

시간은 계속 흐른다
도전하자

저를 소개하는 영상에서 아주 옛날 느낌의 화면을 보며 여러분은 '저게 뭐지?' 생각했을 거예요. 왜냐하면 여러분이 태어나기도 한참 전에 저는 PD를 했거든요. 제가 MBC에 들어간 것이 30여 년 전이니까요. 아득하게 느껴지겠지만 여러분도 곧 그런 날이 올 거예요. 여기 지금 대학 신입생 손들어보세요. 여러분이 저보다 40년 후배예요. 제가 올해 대학 들어간 지 40년 됐어요. 40년이 얼마나 긴 기간입니까? 엄혹했던 일제강점기 36년보다 더 깁니다. 그런데도 지나가요. 대학 들어간 게 엊그제 같은데 벌써 우리 아들이 대학을 졸업했어요. 여러분, 그래서 제가 말하려고 하는 결론이 뭘까요? '시간은 멈춰서 여러분을 기다려주지 않는다'는 거예요. 서태지도 〈환상 속에 그대〉라는 노래에서 한 말이죠. 그럼 이 노래의 결론은 뭘까요? 노래의 마지막은 이래요. "아름다운 모습으로 바꾸고 새롭게 도전하자."

저는 나이가 60살이지만 항상 도전해요. 그러면 어떤 사람들은 비웃어요. 뭐야? 이러면서. 비웃는 사람들의 마음 상태는 열등감이에요. 왜 비웃어요? 김연아가 피겨 못하는 애들 비웃을 것 같아요? 가서 격려해주지? 그러나 김연아를 욕하는 어떤 사람은 김연아가 되고 싶었지만 김연아가 될 수 없었던 사람이에요.

가장 행복한 일,
잘할 수 있는 일을 찾아 도전하자

다들 인생을 마라톤에 비유하죠. 42.195킬로미터에서 우리는 달리기를 멈춥니다. 저는 지금 몇 킬로미터를 뛰었을지 생각해봤어요. 저는 거의 30킬로미터 뛰었어요. 앞으로 남은 시간이 별로 없어요. 손석희 씨가 제 처남이에요. 전 손석희 씨가 세상에 기여한 것은 한 가지밖에 없다고 봐요. 손석희 씨는 라디오나 TV에서 진행을 할 때 늘 똑같은 말을 반복해요. 처음에는 짜증났어요. 나중에 보니 그는 매우 위대한 말을 하고 있더라고요. 손석희 씨가 한 말 중 가장 명언이 뭔지 아세요?

시간이 많지 않습니다

여러분 지금 시간이 많지 않아요, 사실. 여러분은 지금 42.195킬로미터에서 10킬로미터 정도 뛰었을 거예요. 여러분 거의 90살, 100살까지 살거란 말이에요. 10킬로미터에서 인생이 결정된다는 건 너무 억울하지 않나요? 수능 점수는 그들이 정한 기준이에요. '나는 내가 정한 기준에 따라 나만의 트랙을 달릴 거야' 하는 당찬 자신감, 그게 여러분에게 지금 필요한 거죠. 저는 중학교 교사도 했고, 고등학교 교사도 했고, 대학교 교수도 7년 반이나 했어요. 개구리는 제일 멋진 개구리가 되는 게 목표인 게 좋아요. 왜 너구리가 오소리가 돼야 하고, 왜 미나리가 고사리가 돼야 해요? 그 말은 뭐냐면, 자기가 먼저 자신을 알아야 하는 거예요. 재료의 특성을요. 나는 지금 어떤 재료로 돼 있는가? 그 재료의 특성을 두 글자로 줄이면 무엇일까요? 적성. 근데 우리나라 사람들은 적성이라고 써놓고 성적이라고 읽어요. 적성! 이렇게 읽어야 해요.

지금 대한민국 스포츠 분야에서 아주 뛰어난 재능을 가진 네 명의 선수가 있어요. 김연아, 박태환, 기성용, 손연재. 이 선수들이 노는 곳이 어딘지 보세요. 손연재 선수, 마루에서 놀잖아요. 김연아 선수는 얼음에서 놀죠. 박태환 선수는 물에서 놀고, 기성용 선수는 잔디밭에서 놀죠. 여러분은 어디서 놀 거예요? 그걸 정하세요. 김연아 선수가 인기가 많다고 손연재 선수가 갑자기 "나 이제 마룻바닥에서 나갈 거야. 얼음바닥으로 갈 거야" 한다고 성공할 가능성은 크지 않겠죠? 여러분은 성인이에요. 성인이라는 건, 결정을 하고, 책임을 져야 한다는 거예요. '내가 뭘 해야 행복할까?' 이건 여러분 스스로 결정해야죠. 행복이라는 건 우선 내가 행복해야 해요. 또한 그 행복이 누군가에게 전달돼야 해요. 김연아 선수가 피겨를 해서 우리도 기쁨을 얻는 거거든요. 내가 행복하고 그 행복이 다른 사람에게도 전달될 수 있는, 그런 사람이 돼야 하는 거죠. 스스로 나의 적성은 무엇인가를 생각해야 해요. 적성을 어떻게 알까요? 뭘 할 때 가장 행복한가를 생각해봐요. 그런데 이런 사람 있어요. "나는 잠잘 때가 제일 행복한데요?" 그럼 죽어야 돼요, 영원히. 잠자는 게 제일 행복하다? 젊은이다운 발언이 아니죠. 그거는 냉소적인 발언이죠. "저는 먹을 때가 제일 행복한데요?" 그러면 셰프에 도전해봐요.

적응하는 자가
살아남는 세상

강한 자보다는 적응하는 자가 돼야 한다, 요즘 많이 듣는 말이죠. 시대에 적응을 좀 해야 해요. 대한민국 예능계에서 적응을 가장 잘한 사람은 누구일까요? 김구라일까요, 강호동일까요, 신동엽일까요, 누굴까요?

바로 송해라는 분이에요. 송해 선생님은 지금 90살이에요. 90살, 1925년생이시죠. 제가 MBC에 입사했을 때는 구봉서, 배삼룡, 서영춘, 이주일 이런 분들이 제일 잘나가는 코미디언이었어요. 여러분은 모를 거예요. 벌써 잊혀졌으니까요. 근데 여러분도 '송해' 하면 다 알잖아요. 그렇다고 사람들이 잘 아는 것만 중요한 건 아니에요.

이분은 그렇게 오랫동안 한 분야에서 사람들에게 즐거움을 주면서 동고동락했던 거죠. 제가 이분을 조금 지켜봤어요. 보니깐 첫 번째, 겸손해요. 자기를 낮춰요. 두 번째, 소통을 잘해요. 이분은 네 살짜리 애기하고도 이야기를 잘합니다. 물론 90살 노인하고도 이야기를 잘하고요. 세 번째가 가장 중요한데 근면합니다. 부지런하더라고요. 왜냐하면 전국노래자랑이 예를 들어 창원에서 열린다고 하면 이분은 창원에 가서 미리 자요. 〈무한도전〉 내일 녹화하는데, 유재석이 미리 가서 잘까요? 아니겠죠. 그럴 필요도 없고 시간도 없어요. 근데 송해 선생님은 거기에 올인하는 거죠. 가서 자고 그다음 날 새벽에 일어나서 동네 목욕탕을 가요. 그리고 거기 동네 아저씨들이랑 서로 등을 밀어주며 이야기를 나누면서 민심을 파악한 다음 무대에 서는 거예요. 그러니까 진정성이 나오죠. 그래서 이분이 지금 대한민국 최고령 CF 모델이에요. 매주 KBS에서 출연료로 용돈을 주고 있잖아요. 전국을 돌아다니면서 특산물도 먹고요. 이렇게 행복한 사람은 없죠.

저는 송해 선생님의 성공비결이 적응력이라고 봐요. 지금 여러분에게 필요한 것은 까칠함이 아니에요. 그러면 여러분 인생이 옹달샘이 돼버려요. 옹달샘은 자기 스스로 옹벽을 쌓고 사는 거예요. 저는 송해 선생님이 너무나 멋진 분이라 생각해서 신문에 이분에 대한 헌시를 바쳤어요. 어떤 시일까요? 제가 낭송해보겠습니다.

옹달샘은 옹벽을 쌓고 산다. 새벽에 토끼가 물만 먹고 간다. 바다는 모든 걸 받아들여 바다가 되었다. 물고기와 해녀들이 고맙다고 인사한다.

여러분도 이런 사람이 돼야죠. 여러분 지금 많은 사람을 만나고, 많은 것을 보고, 많은 것을 들어야 해요. 그러려면 부지런해야 해요.

발상의 전환으로
발전하자

저는 비교적 주어진 시간을 허투루 보내지 않은 사람이에요. 사람들이 다 저를 비웃어도 항상 뭔가를 창작했어요. 예를 들어 누가 "너 지금 뭐 하니?" 하고 저를 보면 엉터리 악보를 그리고 있는 거예요. 음악을 아는 사람은 "이게 지금 뭐 하는 거야?" 하면서 저를 비웃었어요. 하지만 저는 속으로 "너는 많이 배웠기 때문에 많이 물든 거야, 나는 많이 배우지 않았기 때문에 백지를 채울 수 있지" 하고 생각했어요. 저는 이게 발상의 전환이라고 생각해요. 그리고 발상의 전환을 줄인 말이 '발전'이라고 생각해요. 발전은 발상의 전환인 거죠. 근데 늘 하던 발상 그대로, 배운 대로, 익힌 대로, 길들여진 대로 살면 발전이 없겠죠?

저는 어릴 때 작곡, 글쓰기 같은 걸 많이 했는데, 그것들이 지금 내 인생에 추수감사절을 가져다준 것 같아요. 지금 너무 수확이 많아요. 제가 그때 썼던 곡, 그때 썼던 글, 연애편지, 만났던 사람 모두가 제 창작의 보고가 되고 있어요. 지금 여러분도 마음먹기에 따라서 저보다 훨씬 더 넓은 경험의 보물창고를 가질 수 있어요.

흐름을 읽고, 전환하고, 실험하라

저는 역사상 가장 위대한 PD가 세종대왕이라고 생각해요. 세종대왕은 크게 창의력, 추진력, 친화력 이렇게 세 가지 능력이 있다고 봐요. 임금이니까 얼마나 추진력이 좋겠어요. 그리고 친화력도 있어야 합니다. 사극을 보면 "아니 되옵니다, 아니 되옵니다" 이러는 애들이 얼마나 많아요. 저도 한때 OBS 경인방송 사장을 했는데, 다들 제가 뭘 하려고 하면 "아니 되옵니다. 사장님 그건 아니 되옵니다" 이러는데 아우 진짜 미치겠더라고요. 그런 반대를 뚫고 뭔가를 하려면 추진력과 친화력이 있어야 해요. 설득을 해야 하는 거죠.

저는 창의력과 친화력은 있다고 생각해요. 그런데 추진력은 좀 약해요. 뭔가를 추진하다가도 반대하는 사람들이 많으면 잘 못해요. 그게 저의 약점이에요. 그걸 뚝심 있게 밀고 나가야 해요. 세 가지를 모두 갖춘 사람은 드물죠.

제가 PD로 일할 때 〈대학가요제〉를 맡은 적이 있어요. 〈대학가요제〉를 좀 개혁해야겠다고 생각했죠. 그때 김창남 선생님이 많이 도와주셔서 큰 힘이 됐습니다. 1990년대 초에 대학가요제가 시들해졌었어요. 대학가요제가 왜 죽었는가? 대학가요제인데 왜 그 안에 대학이 없는 건지 고민을 했죠. 〈강변가요제〉에는 강변이 보여요. 근데 〈대학가요제〉는 대학이 아니라 체육관이 보이는 거예요. 항상 장충체육관이나 문화체육관에서 했거든요. 그래서 "〈대학가요제〉를 대학으로 옮겨 가자" 했어요. 그게 결정적인 발상의 전환이었죠. 근데 사람들이 모두 반대했어요. "생방송인데 대학에서 녹화하다가 학생들이 데모하고 화염병 던지고 물러가라고 하면 어떻게 하냐"는 거예요. 제가 대답했습니다. "그것이 지금의 대학을 보여주는 것이 아닌가요?"

그게 시대정신인 거죠. 솔직히 저는 데모하기를 원했어요. 화제가 되잖아요. 화제가 되지 않는다는 것은 사람들의 기억에 남지 못하는 거 아닌가요? 제가 그때 〈대학가요제〉에 내건 슬로건은 두 가지였어요. '건강한 시대정신', '참신한 실험정신'. 시대정신이란 뭔가요? 먼저 현시대의 온도와 습도를 알아야 합니다. 그다음에 실험정신으로 새로운 것에 도전하는 거예요. 시청자가 지금 무엇을 원하는지 알아야 된다는 거죠. 나영석 PD가 제작한 〈꽃보다 할배〉 성공했죠? 시대의 온도와 습도를 읽은 겁니다. 요새는 젊은 할아버지들이 많아졌고, 〈1박 2일〉, 〈무한도전〉 이런 프로그램을 보니까 남자들끼리 우르르 떼 지어 다니는 것을 사람들이 재밌어하더라는 거죠. 이렇게 시청자의 욕구를 해소하는 방식이 진부해서는 안 돼요. 새로워야 해요. 이건 어떤가요? 〈응답하라 1994〉, 그거 예능 PD가 만든 거예요. 예능 PD가 드라마를 만들었다는 것 자체가 이미 실험정신입니다. 그걸 허락한 방송사가 훌륭한 거죠.

〈슈퍼스타K〉 보면 아마추어 뮤지션은 긴장해서 노래 부르고 이승철 같은 프로 뮤지션이 앉아서 어쩌고 저쩌고 야단쳐요. 다들 재밌다고 열광했죠. 그런데 어떤 PD는 그걸 보고 이렇게 생각한 거예요. '가수들이 노래 부르고 시청자들이 야단을 치면 어떨까?' 이게 〈나는 가수다〉예요. 가수들이 점수와 등수를 기다리고 있잖아요. 〈불후의 명곡〉도 마찬가지죠. 〈불후의 명곡〉은 나가수를 조금 더 벤치마킹한 것이지만, 그렇다고 거기에 태진아, 송대관, 설운도, 현철만 나오면 〈가요무대〉의 연장선밖에 아니었겠죠. 그 사람들은 TV에 나오고 싶어 하는 사람들이거든요. TV에 나오고 싶어 하지 않는, 혹은 자기의 품격을 유지하기 원하는 사람들, 이를테면 이소라 씨가 있죠. 1990년대 초에도 이미 어떤 PD가 이소라 씨 집 앞 복도에서 7일 동안 자면서 기다렸다는 설도 있었어요. 그러면 어떤 일이 벌어질까요? 이소라 씨가 신고할까요? 아니죠. '나를 이렇게 귀하게 생각하는구나' 생각할 겁니다. 감동받는 거죠. 임재범 씨 같은 경우는 정말 통제하기 힘든 사람입니다. 그런 임재범 씨를 불렀다는 건 대단한 거죠. 〈나가수〉를 만든 김영희 PD가 제 후배예요. 김영희 PD의 그런 창의력, 추진력, 친화력. 이 세 가지가 PD에게 필요한 거예요. 〈나가수〉는 그의 그런 능력에서 만들어졌고, 그건 발상의 전환에서 나온 겁니다. 가수에게 점수를 매긴다. 가수에게 등수를 매긴다. 이건 발상의 전환이에요. 그런 데다가 이소라, 이은미, 임재범 이렇게 부르기 어려운 자존심 덩어리 가수들을 무대에 세운 거예요. 대단한 거죠. 그건 친화력이 없으면 안 돼요.

청년이여,
주전자를 가져라

주체성

청춘의 고난의 깊이가 조금 더 깊다면, 오히려 더 강한 사람이 될 수 있다.

내 인생의 주인공은 나다.

여러분 인생의 주인공은 누구입니까. 여러분의 엄마도, 선생님도, 남자친구, 여자친구도 아니에요. 바로 여러분이에요. 그러니 여러분은 스스로 주인공이 되는 삶을 사세요. 그러려면 주인공의 특징을 알아야 돼요. 끝까지 살아남아야 주인공인 겁니다. 심청이가 인당수에 빠져 죽었다면 심봉사전이지 심청전이 아니에요. 심청이는 대한민국 최초로 부활한 여자예요. 주인공은 끝까지 살아남아야 해요. 송해 아저씨처럼. 그리고 주인공은 고난을 겪어요. 근데 여러분은 서울대학교 학생보다 훌륭한 점이 하나 있어요. 청춘의 고난이 더 깊어요. 서울대학교 애들은 "학교 어디 다녀?" 하면 "서울대 다니는데요." 그러면 상대방이 막 급호감이에요. 근데 "학교 어디 다녀?", "성공회대", "어, 뭐라고?", "성공회대학교라고⋯⋯", "그런 학교가 있어?" 아마 그러는 사람도 있을 거예요. 이때 여러분이 화를 낼 필요가 없어요. "저는 비록 지금 작은 대학을 다니고 있지만 이곳에서 굉장히 큰 사람이 돼가고 있다고 느낍니다. 훌륭한 선생님들 아래서 열심히 공부하고 있고요. 새로운 역사를 써나간다는 보람이 있습니다." 이렇게 얘기하면 당당할 수 있어요. 움츠러들어서 "학교가 어디?" 할 때 "왜 물으세요?" 그러지 마세요. "아, 저 성공회대학교 다닙니다" 하세요. 여러분 조금 아까 제가 명언을 한 거예요. 청춘의 고난의 깊이가 조금 더 깊은 사람은 오히려 더 강한 사람이 될 수 있다는 말이요.

제가 학교 다니던 시절에는 고등학교도 시험 봐서 들어갔어요. 지금도 외고 같은 데는 시험 보고 들어가죠? 우리 때는 고등학교가 다 서열화가 돼 있었어요. 김창남 선생님은 춘천고등학교라는 강원도에서 잘나가는 학교를 나왔어요. 그리고 서울대학교를 나왔어요. 은근 자부심이 있어요. 우리는 그런 세대예요. 그런데 저는 중·고등학교를 소위 말하는 삼류학교에 다녔어요. 하지만 제가 거기 안 다녔으면 이런 사람이 되지 못했을 거 같아요. 거기서는 공부할 필요가 없었어요. 그래서 제가 이렇게 노래를 많이 만들고 시를 써도 누가 뭐라 하지 않았고, 선생님들도 공부하란 소리를 안 했어요. 공부를 안 해도 되니까 주변 친구들이 다 자유분방했고 괴짜들이 많았어요. 그 친구들하고 6년을 함께하면서 상처받은 일도 물론 있었지만 배운 것도 정말 많았어요. 여러분, 서울대학교 분명 장점이 있습니다. 하지만 성공회대학교도 장점이 분명 있어요. 그런데 그건 여러분이 어떻게 생각하느냐에 달린 거예요. 스스로 초라하다 생각하면 정말 초라해지는 거예요. 왜 초라하게 계속 살아요. 그렇게 살지 마요. 42.195킬로미터의 긴 인생의 8킬로미터 지점에서 인생이 결정된다면 얼마나 억울하겠어요. 여러분 지금 8킬로미터밖에 뛰지 않았습니다. 10킬로미터도 뛰지 않고 "내가 뭘 할 수 있겠어" 그러지 마세요. 주체성! 여러분이 인생의 주인공이에요. 그 드라마에서는 여러분이 고난을 겪을수록 주인공이 되는 거예요.

전문성

내가 가진 재능으로 사람들에게 감동을 주고 그 정당한 대가를 받는다.

그다음은 전문성. 내가 가진 능력으로 사람들을 기쁘게 하고 대가를 얻는 것, 이게 전문가예요. 여러분, 엄마가 밥을 매일 해주죠? 엄마는 언제부터 이렇게 밥을 하기 시작했어요? 엄마는 20년 동안 밥을 했어요! 하지만 엄마는 밥 전문가가 아니에요. 왜냐, 엄마는 새로운 밥을 지을 생각은 하지 않았거든요. 엄마는 그냥 늘 그 밥만 지은 거예요. 그럼 어떤 사람이 밥에다가 녹차를 한번 섞어서 밥을 지었다고 해봐요. 그 사람은 전문가가 될 가능성이 있어요. 한 사람은 이쪽에서 바나나를 먹고 있고 다른 사람은 저쪽에서 우유를 마시고 있어요. 어떤 사람이 지나가다가 '바나나를 한번 마셔보고 싶은데……' 생각하며 바나나 우유를 만든 게 아닐까요? 한 사람은 우유를 마시는데 다른 사람은 옆에서 죽을 먹고 있어요. '우유를 어떻게 하면 죽처럼 먹을 수 있을까?' 하던 누군가의 생각이 요플레를 만들지 않았을까요? 또 어떤 사람이 국수를 삶다가 음식을 튀기는 옆 사람의 튀김 기름에 국수를 확 쏟은 거예요. 너무 아까운데 나중에 그걸 다시 끓여 먹어봤더니 맛있었던 거죠. 그게 라면이 된 게 아닐까요? 이게 발상의 전환이고 실험이에요. 여러분이 지금 자기가 처한 이 환경에 대해 자꾸 원망하고, 남 탓을 하면 진짜 쓸쓸한 인생이에요. 전문가가 되세요. 내가 가진 재능과 능력으로 사람들에게 기쁨과 행복, 또 감동을 주고 대가를 정당하게 받는 거예요.

자신감

우월감, 열등감, 적대감 모두 추한 감정입니다. 자신감, 기대감, 행복감.
이런 걸 누리세요.
스스로가 주인입니다.

달이 초승달인 것을 나는 근심하지 않아요.

보다 완전한 달은 언제나 구름 속에 숨겨져 있어요.

당신이 당신의 사랑을 모두 말하지 않아도.

나는 당신의 사랑을 믿음으로 간직할래요.

사랑한다는 말은 없어도,

나는 흔들리지 않아요.

그대가 지닌 고운사랑은 가슴 속에 숨겨져 있어요.

당신이 당신의 사랑을 모두 말하지 않아도,

나는 당신의 사랑을 믿음으로 간직할래요.

사랑한다는 말은 없어도,

나는 흔들리지 않아요.

그대가 지닌 고운사랑은 가슴 속에 숨겨져 있어요.

라라랄라라라라랄라라 ×3

저는 열다섯 살 때부터 이렇게 노래를 만들기 시작했어요. 저는 피아노도 칠 줄 모르고 악보도 볼 줄 몰라요. 근데 어떻게 노래를 만들까요? 만들수 있어요. 여러분이 '이래서 못 해, 이래서 안 돼'라고 생각하면 결코 안될 거예요. 결코 못 할 거예요. 저는 음악을 전혀 공부해본 적이 없어요. 하지만 내 마음속에는 항상 음악이 흘러요. '언젠가는 이것들을 정말로 주변친구들에게 들려줘야겠다'는 생각을 하면서, 열다섯 살 때부터 노래를 만들어서 스물 몇 살까지 거의 60곡의 노래를 만들었어요. 그리고 그로부터거의 40년 후에 음반을 냈어요. 사실은 제가 음반을 한 장이 아니라 두 장이나 냈어요. 그런데도 아무도 알아주지 않죠? 여러분 누가 당신을 알아주길 바랍니까? 이제 그런 눈치를 보지 마세요. 누가 여러분을 보는 시선을

의식하지 마세요. 그렇게 살면 세상이 너무 피곤하고 고단해요. 2014년 아카데미 작품상을 받은 영화가 〈노예 12년〉이죠? 우리나라 초등학교, 중학교, 고등학교 합해서 몇 년이에요? 12년이에요. 노예 12년이죠. 대학에 와서 이제 여러분 노예에서 해방됐어요. 근데 여전히 노예상태로 살고 있는 거예요. 왜? 남의 눈치를 보기 때문이에요.

여러분 인생의 주인공이 되세요. 스스로 꿈꾸고, 사랑하고, 행동하고, 그것이 이뤄지지 않더라도 결코 좌절하지 마세요. 어차피 인생은 알 수 없는 거예요. 열심히 산 사람이 성공하지는 않아요, 절대로. 아주 교활하고 독사 같은 놈이 더 잘되는 경우가 많아요. 하지만 그게 인생이라는 것을 인정하고, 그 대신 절대 포기하지 마세요. 다시 한 번 어드벤처. 저는 이게 드라마라고 생각해요.

마음먹기에
달렸다

'열정樂서'라고 하는 토크콘서트가 있죠? 저한테도 한 번 해달라고 해서 그때 강의 제목을 뭐로 할까 고민했는데 이게 바로 그 제목이에요.

"마음먹기에 달렸다"

마음먹는 게 중요한 거예요. 일단 좋은 마음을 가져요. 다음은 생각을 해야 해요. 저는 인류 최고의 명언이 "너 자신을 알라", "나는 생각한다. 고로 존재한다" 이 두 가지라고 생각해요. 생각하세요. 그런데 남들이 생각했던 것을 그대로 생각하는 것은 낭비예요. 다르게 생각하세요. "Think different!" 바보같이 남들과 똑같이 생각할 필요가 뭐가 있어요? 왜 줄 서서 가는 거죠? 비록 잘못 가더라도 나의 길을 가세요. 잘못된 길이 지도를 만든다는 말 알죠? 두려워하지 마세요. '내가 뭘, 내가 어떻게 감히……' 이런 생각은 바보 같은 거예요. "Think different!" 저랑 동갑인 미국인 친구가 한 말이에요. 바로 이 사람, 스티브 잡스! 물론 저 혼자만의 절친입니다. 언젠가는 꼭 한번 만나야겠다고 생각했는데 몇 년 전에 돌아가시고 말았어요.

자, 그럼 결론은 뭔가? 저는 광화문에 사는데요. 광화문을 지나다 보면 매일 두 사람을 만나요, 세종대왕과 이순신 장군. 그런데 그 두 분을 보면서 제가 생각한 게 뭔지 아세요? 저분들은 나보다 일찍 돌아가셨다는 거예요. 두 분 다 똑같이 만 53살에 돌아가셨어요. 저는 그분들보다 훨씬 더 오래 살고 있어요. 그러니 나에게 주어진 이 귀한 시간을 헛되이 보낼 수는 없죠.

자, 스티브 잡스는 괴물이 아니라 괴짜란 말이죠. 제가 대학을 다닐 때는 수업이 끝나면 학생들이 공중전화 박스에서 전화하려고 일렬로 줄을 쭉 서 있었어요. 스티브 잡스는 지나가면서 이렇게 생각했을 거예요. '아, 매일 저기 기다리고 앉아서 시간 낭비하는 건 너무 억울해. 차라리 내가 저 공중전화 박스를 들고 다녔으면 좋겠다.' 그런데 지금은 스티브 잡스의 이 생각 덕분에 전화기를 들고 다니고 있잖아요. 이동하면서 친구들하고 소통할 수 있어요. 우체국에 갈 필요 없이 전화기로 편지도 쓰고 전보도 칠 수 있죠. 그리고 전화기에 990곡의 음악을 넣으면 되니까 더는 야외 전축을 들고 다닐 필요가 없어요. 또 카메라 들고 다닐 필요가 뭐 있어요. 다 이걸로 찍을 수 있는데. 메모도 할 수 있고, 일기도 쓸 수 있잖아요. 그렇죠? 물론 이 모든 걸 스티브 잡스 혼자 한 건 아닐 거예요. 그러나 스티브 잡스의 그 발상이 사람을 편하게 만들어준 거죠.

> 엄마: 자야지 이제.
> 아이: 엄마, 밤은 왜 이렇게 길어?
> 엄마: 밤은 원래 긴 거야.
> 아이: 엄마, 태양은 지금 어디 간 거야?
> 엄마: 태양은 조금 있으면 나타날 거야.
> 아이: 태양은 왜 이렇게 안 나오는 거야?

이 아이가 바로 토머스 에디슨이에요. 에디슨은 밤이 싫었던 거예요. 어두운 게 싫었던 거죠. 계속 어둠을 몰아내려고 넘어지고, 깨지고 하더니 빛을 발명했어요. 놀랍지 않아요? 여러분은 왜 그렇게 하지 못해요. 여러분도 할 수 있어요. 근데 "난 못 해"라고 스스로 저주를 퍼붓는 사람이 어떻게 성공하겠어요? 그런 사람이 잘된다는 건 다 부조리인 거죠. "난 돼요!", "난 할 수 있어요!"라고 말하는 사람들은 할 수 있어요. 제가 밀어줄게요. 이런 뚝심이 필요한 거예요. 배짱이 필요한 거죠.

스티브 잡스하고 라이벌인 빌 게이츠라는 제 절친이 또 한 명 있어요. 저랑 동갑인데 빌은 인생을 참 잘 살고 있더라고요. 빌을 만나면 칭찬을 해주고 싶어요. 왜냐하면 최고의 부자가 됐잖아요? 그런데 빌게이츠는 '부'자 앞에다가 뭘 붙였죠? '기'자를 붙였어요. 최고의 '기부자'가 됐잖아요. 저는 그것이 진짜 인생이라고 생각해요. 단지 자기 자식에게 돈을 많이 물려주려고 돈을 벌었다면 벌레 같은 인간이죠. 그런데 그 친구는 자식에게 아주 최소한의 돈만 물려주고 "세상에 고통받는 사람들에게 이 돈을 기부하고 싶다" 이렇게 얘기한 거예요. 얼마나 멋있어요.

살아 있다는 것, 건강하다는 것, 젊다는 것, 뭐든지 할 수 있다는 것에 희망을 가져라

제가 이제 여러분에게 마지막으로 「행복」이라는 제목의 자작시를 선물하려고 해요.

행복

밥 먹을 때마다 행복하다면 하루에 세 번은 행복한 거다.

숨 쉴 때마다 행복하다면 매 순간 행복할 거다.

이걸 감사라는 제목으로 바꿔볼게요.

감사

밥 먹을 때마다 감사하다면 하루에 세 번은 감사한 거다.

숨 쉴 때마다 감사하다면 매 순간 감사할 거다.

그래서 저는 굉장히 우울해하는 친구에게는 종합병원 응급실에 가서 죽어가는 사람을 좀 보고 오라고 해요. 영안실에 가서 죽은 사람 얼굴을 보고 오라고. 앞에 사진이 걸려 있거든요. 여러분, 살아 있잖아요. 건강하잖아요. 젊잖아요. 뭐든지 할 수 있어요.

인터넷에 망이 깔려 있듯이 우리 마음속에도 망이 깔려 있어요. 여러분 마음속에 원망. '내가 왜 이 학교를 다녀야 해', '저 교수는 뭐야', '우리 엄만 도대체 뭐야', '우리 아버진 뭐야' 이게 원망이에요. 원망하지 마세요. 시간 낭비예요. 원망의 망은 여러분을 망하게 할 것입니다. 여러분은 소망과 희망을 찾으세요. 소망, 바라는 목표가 있어야 돼요. 그 목표를 향해 뚜벅뚜벅 걸어가세요. 그리고 자신감을 가지세요. 할 수 있어요. 희망이 있어요. 소망과 희망은 다른 말이에요. 소망은 바라는 거고 희망은 가능한 거예요. 미국의 버락 오바마 대통령은 흑인 혼혈로 태어났어요. 그 당시 미국에서 흑인 혼혈은 인간 취급도 못 받았을 거예요. 오바마 대통령은 태어나 보니 엄마는 백인이고 아빠는 흑인인데, 아빠 얼굴은 보지도 못했어요. 그리고 재혼한 엄마 따라 인도네시아에서 살다가 다시 엄마가 이혼해서 미국으로 돌아왔어요. 그런 환경이었으니 대마초도 피우고 방황했대요. 근데 아마 어느 날 주철환 PD 같은 사람이 와서 얘기해준 모양이죠? 그 사람의 얘기를 듣고 영감을 얻고 결심을 한 거예요. 그때부터 오바마 대통령이 말을 잘하고 머리도 좋으니까 공부를 했어요. 이 사람은 적성이 공부예요. 그래서 변호사가 된 거죠. 근데 야심이 커서 인권변호사로 사람들한테 소문이 이렇게 난 거예요. "그 흑인 혼혈 변호사가 얼굴도 굉장히 잘생기고 말하는 것도 멋있더라." 오바마 대통령이 당선된 가장 결정적인 이유는 자신감이라고 봐요. 그게 사람들에게 희망을 준 거예요. 그 사람이 쓴 책 제목이 『담대한 희망』이에요. 그 사람이 내건 슬로건, 캐치프레이즈는 'YES WE CAN!'이고요.

우리는 할 수 있습니다. 여러분이 할 수 있다고 믿으면 뭐든 될 가능성이 커져요. '할 수 있을까?' 하고 의심하면 가능성은 줄어요. 그러니 우선 할 수 있는 것이 뭔지 탐색하는 시간을 가져야 해요. 희망을 가지세요.

2
틈의
상상력

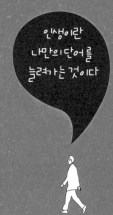

인생이란
나만의 단어를
늘려가는 것이다

김탁환

1996년 『열두 마리 고래의 사랑이야기』를 시작으로 지금까지 40여 권의 장편소설을 펴냈다.
〈불멸의 이순신〉, 〈황진이〉 같은 드라마, 〈조선명탐정: 각시투구꽃의 비밀〉, 〈가비〉 같은 영화
들이 그의 작품을 원작으로 만들어졌다. 최근 그는 조선시대 전체를 소설로 옮기는 작업을 '소
설 조선왕조실록'이라는 이름으로 시작했다. 2014년 출간된 『혁명: 광활한 인간 정도전』은 그
첫 번째 작품이다.

단어의 의미를 어떤 사람은 춤으로, 어떤 사람은 노래로, 어떤 사람은 두 권의 책으로, 어떤 사람은 두 줄의 시로 표현하는 거죠. 모두에게 공통되는 단 하나의 규칙 같은 건 없습니다. 각자 자기만의 사전을 가지고 있는 거죠.

우리의 '기억'이란 어떤 기억을 가진 사람에 관한 기억입니다. 이런 것들은 계속 우리와 헤어지고, 죽거나 사라져가고 있는 거죠. 그러니까 바로 그때, 그 사람과 접촉할 수 있을 때 그를 만나야 하는 겁니다. '내년에 하지 뭐', '내후년에 하지 뭐' 이러면 없는 거예요.

안녕하세요. 반갑습니다. 제가 지금부터 책을 몇 권 소개할 겁니다. 제 책은 안 사셔도 되고요. 대신 제가 추천한 책들은 모두 한번 읽어보셨으면 좋겠습니다.

어렸을 때부터 우리는 틈 없는 인간으로 자라야 한다고 배웁니다. 댐이 무너지고 있는데 한 소년이 틈에 주먹을 넣어서 물을 막았다는 '네덜란드 소년 이야기'도 있잖아요. 근데 나중에 보니 그게 네덜란드 사람이 쓴 소설이 아니고 미국 사람이 쓴 소설이더군요. 어쨌든 우리는 '빈틈을 보이면 안 된다', '틈이 없어야 한다', 그런 얘기들을 어려서부터 많이 들어왔습니다. 그런데 또 틈에 관해서 아주 긍정적으로 표현하는 책이나 시도 있습니다. 그중에서 저는 신영복 선생님의 이 시를 가장 좋아합니다.

우리 방 창문턱에
개미가 물어다 놓았는지
풀씨 한 알
싹이 나더니
어느새
한 뼘도 넘는 키를 흔들며
우리들을 가르치고 있습니다.

_「옥상의 풀씨 한 알」, 신영복.

감옥 창문에 틈이 있었기 때문에 그 틈으로 씨가 한 알 날아왔고, 그 속에서 그 씨에 싹이 트고, 생명이 자라나고, 그걸 보면서 감옥에 있는 죄수들이 어떤 희망을 느꼈다는 그런 이야기입니다. 틈이라는 것이 꼭 부정적인 것도 아니고 그렇다고 긍정적인 것도 아닌 거죠. 두 가지 측면이 다 있다고 볼 수 있습니다. 여러분은 지금까지 틈에 대해 어떤 생각을 하며 살아왔나요?

소설가는
어떻게 쓰는가

자기만의 사전

제가 소설가잖아요? 소설가가 가장 좋아하는 책이 뭐냐고 질문하면 제가 뭐라고 대답할 것 같아요? 소설가가 가장 좋아하는 책은 사전입니다. 다음 사진은 제가 손을 딱 뻗으면 바로 잡을 수 있는 책장인데, 여기 꽂혀 있는 책들은 전부 사전입니다. 위에 있는 것은 『한국민족대백과사전』이라고 우리 민족의 문화를 뒤져볼 수 있는 사전이고요, 이 밖에도 별의별 사전이 다 있습니다. 저기 밑에 보면 『속담사전』도 있습니다. '필요한 속담 없나?' 하고 찾아보는 그런 사전이죠. 『한국고전용어사전』, 『토박이말 쓰임사전』도 있어요. 또 신라시대에 어떤 인물이 등장하는데 그 사람이 밀교 스님이었다면 밀교가 궁금하니까 『밀교사전』을 보고, 『사원』이라고 해서 한자들을 풀어놓은 사전도 있고, 『아껴 쓸 우리말 4500절 사전』 같은 것도 있습니다. 그러니까 저는 사전이 나오면 무조건 다 삽니다. 사전이 있으면 굉장히 행복합니다.

제가 30대 초반에는 '프랑스 소설가가 우리나라 소설가보다 소설을 잘 쓰는 이유는 프랑스 소설가들이 백과사전을 가졌기 때문이다'라는 생각도 했었어요. 그들은 어떤 사물에 대해서 쫙쫙 정리돼 있는 사전들을 가지고 있습니다. 근데 우리는 소설가를 위한 사전들, 용례사전 같은 것들이 없기 때문에 나중에 보면 결국 제가 혼자 사전을 만들고 있는 거죠. 내 소설을

한국민족대백과사전 — 19 16 21 17 20 12 23 18 9

신증동국여지승람 —

사원 —

옥당사전 —

한국고전용어사전 —

토박이말 쓰임사전 —
밀교사전 —

● 손을 딱 뻗으면 바로 잡을 수 있는 책장, 전부 사전이다.

쓰기 위해서 필요한 단어들을 내가 고르고 있는 거죠. 그래서 누군가 소설가가 어떤 존재냐고 묻는다면 저는 "단어에 죽고 단어에 사는 사람이다"라고 답할 겁니다.

소설가가 자기가 사용하고 있는 단어들을 정확하게 자기식으로 쓰기 위해서는 그 단어가 일반적으로 어떻게 정의되고 있는지를 알아야 합니다. 그래서 그 많은 사전들을 만지고 있는 거죠. 소설가들이 가장 좋아하는 게 사전이라고 하니까 이상하죠? 여러분은 외국어사전 외엔 사전을 잘 안 쓰잖아요. 제 책장 두 번째 칸에 보면 『신증동국여지승람』이 7권 꽂혀 있는데, 이 책은 지리서입니다. 지리사전인 거죠. 만약 조선시대 인물 중에 누가 경주에 살았다고 하면, 조선시대의 경주가 어땠는지 궁금하잖아요.

근데 네이버에 물어봐도 안 나와요. 그때 저 『신증동국여지승람』을 꺼내서 경주 부분을 보면 거기 면적이 얼마인지부터 동서남북 각 방향에서 가까운 마을이 어디인지, 관아는 몇 군데인지, 특산물이 뭔지까지 다 나옵니다. 재밌는 건 그 동네에 왔다 간 사람이 남긴 시나 문장도 남아 있다는 겁니다. 그러니까 조선시대를 배경으로 소설을 쓸 때, 장소를 정하고 나서 그곳에 대한 기본 지식을 『신증동국여지승람』으로 찾아보는 거죠. 소설가들은 미리 다 알거라 생각하셨죠? 그렇지 않습니다. 다 사전에 나와 있는 겁니다. 그걸 보고 쓰는 거죠.

단어에 죽고, 단어에 사는 족속이 하나 더 있죠. 시인입니다. 시인들도 굉장히 단어에 예민합니다. 제가 좋아하는 시인 중에 진은영이라는 분이 있는데요. 그분이 쓴 시를 소개해드릴게요.

봄
놀라서 뒷걸음질 치다
맨발로 푸른 뱀의 머리를 밟다.

슬픔
물에 불은 나무토막, 그 위로 또 비가 내린다.

자본주의
형형색색의 어둠 혹은
바다 밑으로 뚫린 백만 킬로의 컴컴한 터널
─ 여길 어떻게 혼자 걸어서 지나가?

문학

길을 잃고 흉가에서 잠들 때

멀리서 백열전구처럼 반짝이는 개구리 울음

시인의 독백

"어둠 속에 이 소리마저 없다면"

부러진 피리로 벽을 탕탕 치면서

혁명

눈 감을 때만 보이는 별들의 회오리

가로등 밑에서 투명하게 보이는 잎맥의 길

시

일부러 뜯어본 주소 불명의 아름다운 편지

너는 그곳에 살지 않는다.

_진은영, 「일곱 개의 단어로 된 사전」, 문학과 지성사, 2003

느낌이 좀 오나요? 봄, 슬픔, 자본주의, 문학, 시인의 독백, 혁명, 시. 이렇게 일곱 개의 단어가 있는 거죠. 두 번째 단어는 '슬픔'이잖아요. 슬픔을 사전에서 '슬픔'을 찾아보면 "슬픈 마음이나 느낌" 이렇게 돼 있습니다. 썰렁하죠? '슬프다'를 찾아보면 "원통한 일을 겪거나 불쌍한 일을 보고 마음이 아프고 괴롭다" 이렇게 돼 있습니다. 누가 "슬픔이 뭐냐"고 물으면 여러분은 어떻게 대답할 건가요? "슬픔은 슬픈 마음이나 느낌이야" 이렇게 말할 건가요? 사전에는 방금 말한 것처럼 쓰여 있지만 진은영이라는 시인의 사전에는 이렇게 돼 있는 겁니다. 진은영에게 슬픔이란 "물에 불은 나무토막, 그 위로 또 비가 내린다"인 거죠. 슬픔의 일반적인 의미가 시에 들어가 있으면서도 다르게 표현돼 있죠. 그렇다면 여러분은 슬픔을 어떻게 정의하시겠어요?

마지막 '시'라는 단어를 볼까요? 사전에서 '시'를 찾아보면 이렇습니다. "문학의 한 장르. 자연이나 인생에 대하여 일어나는 감흥과 사상 따위를 함축적이고 운율적인 언어로 표현한 글." 그런데 진은영 시인은 뭐라고 표현했죠? "일부러 뜯어본 주소 불명의 아름다운 편지/ 너는 그곳에 살지 않는다." 여러분한테 시가 뭐냐고 물어본다면 뭐라고 답하겠어요? 시집에 들어 있는 것이라고 대답하겠어요? 답하기 좀 어렵죠? 보통 사람들은 그 단어에 자기 방식대로의 의미를 생각하지 않는데, 소설가나 시인들은 그 의미를 자기 방식대로 생각합니다. 하지만 소설가와 시인, 그 사이에는 미묘한 틈이 있죠, 틈이.

앞에 소개한 시에서 '혁명'이라는 표제어가 있었죠? 저도 최근에 『혁명』이라는 두 권짜리 소설을 냈습니다. 3년 동안 원고지 2000매를 열심히 써서 겨우 '이게 혁명이야' 하고 소설가는 책 두 권을 내놓았는데 시인은 딱 두 줄 씁니다. "눈 감을 때만 보이는 별들의 회오리/ 가로등 밑에서 투명하게 보이는 잎맥의 빛." 가끔씩 시인들이 미울 때가 있어요. 같은 단어를 두고 나는 피 터지게 두 권을 쓰는데 이 사람은 딱 두 줄 쓰는 겁니다. 방식이 다른 거죠. 이게 굉장히 중요한 겁니다. 단어의 의미를 어떤 사람은 춤으로, 어떤 사람은 노래로, 어떤 사람은 두 권의 책으로, 어떤 사람은 두 줄의 시로 표현하는 거죠. 모두에게 공통되는 단 하나의 규칙 같은 건 없습니다. 각자 자기만의 사전을 가지고 있는 거죠.

인간을 아는 세 가지 방법

'각자 자기만의 사전을 가지고 있다'를 전제로 이야기를 더 해볼게요. 『하드리아누스 황제의 회상록』이라고 마르그리트 유르스나르라는 여성 작가가 쓴 소설이 있어요. 작가는 벨기에 태생이고, 노년은 프랑스에서 보냈는데, 제가 학교 다닐 땐 이분이 일인칭 고백소설의 일인자였습니다. 일인칭 고백소설을 누가 제일 잘 쓰냐 하면 단연 마르그리트라고 답했어요. 정확하진 않은데 이 책은 25~30년에 걸쳐서 쓴 겁니다. 작가가 소설을 써야겠다고 생각한 순간 한번에 원고지 500매 정도의 글을 썼는데 25년이 흐른 후 다시 보니 그 글은 다 없어지고 딱 두 문장이 남아 있더래요. 이 정도면 엄청난 집착과 결벽이라고 할 수 있습니다. 그래서 저는 일인칭 역사소설을 쓰다가 힘들 때면 이 책을 읽습니다. '마르그리트 아줌마에 비하면 나는 아무것도 아니다' 하면서요.

로마에 다섯 명의 뛰어난 황제를 '5현제'라고 하는데 하드리아누스 황제가 그 다섯 명 중에 세 번째 황제입니다. 두 권의 책이 황제의 일인칭 시점으로 이뤄져 있는데, 거기 보면 하드리아누스 황제가 '인간을 아는 방법은 세 가지뿐이다'라고 규정합니다. 첫 번째는 '자신에 대한 연구'인데, 나는 누구인가 하고 자신을 뚫어지게 쳐다보는 것입니다. 내가 인간이기 때문에 나를 뚫어지게 쳐다보면 인간이 무엇인지 알게 된다고 말하고 있습니다. 두 번째는 사람을 관찰하는 것입니다. 내 옆에 있는 인간을 뚫어지게 살펴보고, "너는 어떻게 사니" 이렇게 질문하면서 옆에 있는 애를 계속 살펴보는 거죠. 세 번째는 독서입니다. 나 자신을 들여다보는 것도 아니고 내 옆에 있는 사람도 아닌, 내가 만날 수 없거나 이미 죽어버린 존재에 대해 알 수 있는 방법이죠. 그 존재의 삶과 생각에 대해 알 수 있는 방법은 책을 읽는 것밖에 없기 때문에 인간을 아는 방법이 세 가지밖에 없다고 말한 것입니다. 자신을 계속 들여다보든지, 옆에 있는 친구를 쳐다보든지, 아니면 책을 읽든지. 지금은 뭐 영화도 많이 보고 다른 디지털 매체도 생겨나면서 세 번째인 독서의 위치가 약간 달라지긴 했지만 여전히 유효하죠. 사람을 아는 방법은 이렇게 세 가지밖에 없는 셈입니다. 이것들에 근거해서 이야기를 이어나가려고 합니다.

자기 마음을 실험대상으로 삼아라

'인간이란 무엇인가'를 분석하려면 실험대상이 필요한데, '실험대상'이란 단어를 볼 때마다 제가 떠올리는 책이 있습니다. 『서민의 기생충 열전』이라고 혹시 읽어보셨어요? 서민 교수님은 요즘 TV에도 나오고 해서 많이 아실 텐데 이 책이 진짜 재밌습니다. 회충부터 시작해서 한 40가지 정도의 기생충이 쫙 열거돼 있습니다. 제가 만나본 사람 중에 기생충에 감정이입하는 분은 서민 교수님이 유일합니다. 제가 『불멸의 이순신』을 쓰면서 이순신에 감정이입했듯이 선생님은 회충의 내면으로 들어가서 책을 씁니다.

예를 하나 들어보겠습니다. 회충이 암수딴몸이라는 거 아세요? 회충은 암놈과 수놈이 따로 있습니다. 그러니까 암놈과 수놈이 만나야지만 알을 낳을 수 있는 거예요. 예전에는 우리 몸에 회충이 많이 살고 있었어요. 적게는 천 마리, 많게는 몇천 마리 이렇게 살았었는데, 우리가 회충약을 계속 먹으니까 지금은 한 인간의 몸에 회충이 한 마리 살까 말까 한다는 겁니다. 만일 앞에 있는 학생의 몸에 회충 암놈이 살고 있다면, 이 암놈이 알을 낳기 위해선 이 학생이 회충 수놈을 다시 먹어야 한다는 거예요. 그런데 회충 암놈이 살고 있는 몸에 회충 수놈이 다시 들어가서 둘이 교미할 확률은 매우 희박합니다. 결국 회충 암놈이 한 인간의 몸속에서 쓸쓸히 죽어간다는,

이 얼마나 슬픈 일인가 하는 것을 책에서 이야기하고 있어요.

이 책을 읽고 선생님을 한 번 뵌 적이 있는데, 제가 그랬죠. "아, 선생님, 그렇게 회충한테까지 감정이입이 되니까, 소설을 쓰셔야 합니다. 소설을 쓰시면 아주 뛰어난 작품이 나올 겁니다" 하고요. 근데 이미 서민 선생님이 『대통령과 기생충』이라는 소설을 쓰셨다고 하더라고요. 이야기가 옆길로 샜는데요, 제가 『서민의 기생충 열전』을 읽으면서 가장 감동적이었던 것이, 서민 선생님이 기생충의 세계를 너무 잘 알고 계시다는 거예요. 이 책의 부제가 '착하거나 나쁘거나 이상하거나'인데요. 영화 〈좋은 놈, 나쁜 놈, 이상한 놈〉 패러디입니다. 착한 놈은 먹어도 별로 이상이 없는 기생충이에요. 회충 이런 건 먹어도 우리 몸속에 회충이 있는지 없는지 잘 모르고, 회충이 알아서 다이어트를 해요. 개들은 하루에 밥 한 숟가락 정도만 먹어요. 밥을 너무 많이 먹으면 주인이 아니까, 주인 몸이 상하니까, 주인의 몸을 걱정해서 한 숟가락 정도만 먹는다는 겁니다. 근데 '나쁘거나' 한 놈이 문제인 거죠. 나쁜 기생충이 있어요. 위를 뚫고 나온다든지, 그 기생충이 뇌로 들어가서 뇌를 판다든지 해서 사람이 죽는 거죠. 그런데 이 기생충이 좋은 기생충인지 나쁜 기생충인지 어떻게 알겠어요. 기생충을 딱 보면 '아, 얘는 착하게 생겼어, 얘는 나쁘게 생겼어' 이렇게 알수가 없잖아요. 방법은 하나밖에 없습니다. 먹어보는 거죠. 기생충 학자들은 새로운 기생충이 나타나면 자기가 먹습니다. 실험대상이 자기가 되는 것이죠.

기생충 학자들은 보통 자신의 몸을 실험대상으로 삼는다

정말 감동적입니다. 기생충 학자들이 기록하는 실험일지가 있어요. 교수님이 조교를 불러서 기생충 30마리를 먹이고 교수님은 10마리를 드십니다. 똑같이 30마리를 먹으면 안 되고 차등적으로 먹어야 하잖아요. 10마리를 먹었을 때와 30마리를 먹었을 때의 반응이 다를 테니까요. 그래서 30마리를 먹은 조교는 계속 배탈, 설사를 하고요, 10마리를 드신 교수님은 견디는 거예요. 괜찮다고. 이런 에피소드들이 소개돼 있습니다. 음, 재밌습니다. 기생충을 먹고 위험할 수도 있지만 말입니다. 미국은 기생충을 먹어줄 연구원들을 모집한대요. 사람들에게 돈을 주고 기생충을 먹인다는 거죠. 그런데 우리나라는 그런 게 잘 안 된대요. 그래서 기생충 연구소가 있으면, 교수님부터 석사, 학생들까지 다 모여서 기생충을 먹는다고 합니다. 가족적이라고도 할 수 있고, 좀 이상하기도 하죠.

이걸 소설가에게 적용해보면, 소설가는 보통 자신의 마음을 실험대상으로 삼아요. 자기 마음을 실험대상으로 해서, 나부터 시작해 너를 지나 그에게로 움직여갑니다. 자기 자신을 나에게 던져보고, 너에게도 던져보고, 그에게도 던져보면서 실험을 하는 거예요.

나와 나의 틈

내 인생의 단어 하나, 낭독

그렇다면, 우선 '나'에 관해 이야기해보겠습니다. 내 인생의 단어를 정리해봤는데요, 'ㄴ'만 하겠습니다. ㄱ, ㄴ, ㄷ, ㄹ, 하나씩 하다 보면 3박 4일 걸리니까. 여러분의 인생을 설명할 때 꼭 들어가야 할 'ㄴ'으로 시작되는 단어가 있나요? '놈'이라든지(웃음). 저도 몇 가지가 있는데 첫 번째가

'낭독'입니다. 책을 소개해드릴게요. 제목은 『홍길동전』입니다. 이 책은 세로로 돼 있어, 오른쪽에서 왼쪽으로 읽어야 합니다. 제가 한 부분을 읽어보겠습니다.

> 조선국 세종대왕 즉위 15년에 홍회문(창경궁의 정문) 밖에 한 재상이 있으되, 성은 홍이요, 명은 문이니, 위인이 청렴 강직하여 덕망이 거룩하니 당세의 영웅이라. 일찍 용문에 올라 벼슬이 한림에 처하였더니 명망이 조정의 으뜸 되매, 전하, 그 덕망을 승이(높이) 여기사 벼슬을 돋우어 이조판서에 좌의정을 하이시니

이걸 세로로 읽으려면 어렵겠죠? 이게 조선시대에 있던 책인데요, 지금은 이렇게 읽지는 않죠. 지금은 그냥 왼쪽에서 오른쪽으로 읽으니까 옛날 책들도 다 이럴 거라고 생각하잖아요? 그런데 옛날 책은 세로쓰기예요. 『홍길동전』은 판각본, 완판본, 36장본이라고, 전주 지역에서 판을 새겨서, 목판으로 찍어 유통되던 그런 활자본이고요. 그전에 존재했던 것은 필사본이라고 해서 붓으로 쭉 쓰는 거였죠. 모두 세로쓰기인 데다 띄어쓰기가 안 돼 있었어요.

제가 소설가가 되기 전에 대학교 4학년 때부터 박사과정 수료할 때까지 5년 동안 이런 것만 읽었어요. 4학년 때 공부를 해보겠다고 대학원 교수님 방에 들어갔더니 박사과정 선배가 저를 불러서 책을 던져줬어요. 그게 지금 기억으로 10권짜리 책이었어요. 내일부터 읽을 거니까 집에 가서 읽어 오라고 하더라고요. 읽어 오라는 말은, 띄어쓰기가 안 돼 있는 글을 한번 띄어 읽어보라는 것이죠. 다음 날부터 박사과정 형 하나, 석사과정 누나 하나, 저 이렇게 세 명이서 그걸 소리를 내서 읽었습니다. "조선국 세

종대왕 즉위 15년에⋯⋯" 읽고 있으면 박사과정 형이 졸면서 듣고 있다가 "야, 인마. 띄어쓰기 틀렸어. 밑으로 붙여 읽어야지" 해요. 이렇게 소리를 내서 읽으면 하루 한 권밖에 못 읽어요. 10권짜리 책을 읽으려고 하면 10일이 걸리는 거죠. 10일 동안 그걸 다 읽으면 그다음에는 50권 50책짜리를 가져오는 거예요. 그걸 하루에 한 권씩 읽으면 50일이 걸려요. 제 지도교수님이 쓴 박사논문이 있는데, 그 논문은 100권 100책짜리를 소재로 한 거예요. 그리고 그 책이 조선시대에 인기를 끌었던 거라 2부도 나왔는데, 그건 또 105권 105책이고, 합치면 205권 205책이고, 그 책을 다 읽어야만 답을 쓸 수가 있는 겁니다. 그래서 하염없이 읽은 거죠. 제가 소리 내서 읽으면, 박사과정 형은 졸면서 바로잡아 주고요. 이때 '소설을 읽는다는 게 이런 거구나'를 처음 느꼈습니다. 그전까지 저에게 소설은 하룻밤에 다 읽는 것이었거든요. 아무리 긴 작품이더라도요. '전쟁과 평화' 이런 건 한 일주일 걸리겠지만, 보통 책들, 존 그리샴, 마이클 크라이튼, 무라카미 하루키 이런 책들은 하룻밤이면 다 읽잖아요. 쫙 읽을 수 있죠. 그런데 이 책들은 그렇지가 않았던 거죠.

그래서 제 인생의 단어로 '낭독'이 있습니다. 낭독은 사전적으로는 "글을 소리 내어 읽음"입니다. 저와 다른 소설가와의 차이가 있다면, 저는 제가 쓴 소설을 전부 소리 내서 읽는다는 겁니다. 소설이 가진 운율, 리듬감, 이런 것은 눈으로 알 수가 없거든요. 그래서 소리 내서 하염없이 읽죠. 미친 듯이 읽습니다. 그래서 제 작업실에는 저 이외엔 아무도 못 들어와요. 왜냐하면 전 여자 인물이라면 여자 목소리로 읽거든요. 황진이가 "서방님! 어서 오소서" 이렇게 말하지 않잖아요. "어머 서방님~ 어서 오소서~" 이렇게 할 거 아니에요. 그러니 누가 옆에 있다면 "쟤가 미쳤나?" 이렇게 생각하지 않겠어요? 소리를 내서 계속 읽어야지만 인물마다 달라질 수 있어요. 결정적으로 『불멸의 이순신』 같은 경우에는 주요 등장인물이 120여 명입니다. 120명이 모두 말투, 생김새가 다 달라야 하지 않겠어요? 눈으로만 읽고 손으로만 써서는 인물들이 다르게 느껴지지 않습니다. 다 내 말투 같은 거지. 한 사람 한 사람에게 그들이 잘 쓰는 단어들, 말의 속도, 톤, 이런 것을 정해서 차별화시키는 겁니다. 이순신은 이순신의 목소리로 하고, 유성룡은 유성룡의 목소리로 하는 거죠. 소리를 내서 이야기를 해야만 인물 모두 각각 달라지고, 내가 아닌 다른 인물을 만들 수 있는 거예요. 저와 다른 소설가의 가장 큰 차이는 결국 '낭독한다'입니다. 제 사전에서의 '낭독'이란, "소설을 쓰고 고칠 때 무수히 소리 내어 읽는다"라는 의미입니다.

제가 5년 동안 이렇게 낭독을 했습니다. 학교에 가면 소설만 읽는 거예요, 하염없이. 그게 일이고, 박사과정 형이 제대로 못 읽는다고 야단도 치고, 그걸 읽고 분석해서 논문도 써야 하니 스트레스가 엄청나게 쌓이는 거죠. 근데 또 집에 가면 스트레스를 풀려고 소설을 읽어요. 외국 소설들을 주로 많이 읽었습니다. 아까 말한 무라카미 하루키, 존 그리샴, 마이클 크라이튼 같은 작가의 소설을 읽었습니다. 소설로 받은 스트레스를 소설로 풀었던 거죠. 이런 시절을 보냈어요. 여러분도 한번 소설 읽을 때 소리 내서 읽어보세요. 진짜 재밌습니다. 그러면 그 소설가가 소설을 잘 쓰는지 못쓰는지 금방 알 수 있습니다.

내 인생의 단어 둘, 날치

'ㄴ'이 들어가는 제 인생의 두 번째 단어는 '날치'입니다. 사전에서 날치를 찾아보면 이렇습니다. "동갈치목 날치과에 속하며 따뜻한 바다에 사는 물고기로, 가슴 지느러미가 크며 위협을 느끼면 물 밖으로 튀어나와 달

아나는 모습이 비행하는 듯 보인다 하여 날치라 한다."

이렇게 5년 동안 공부를 하다가 스물여덟 살에 해군사관학교 교관으로 진해에 가게 됐습니다. 3년 동안 생도들에게 국어와 작문을 가르친 뒤 제대하는 교수요원으로 뽑혀서 간 것인데, 좋았던 건 이제 옛날 소설을 안 읽어도 되고, 선배들과 모여서 스터디를 안 해도 된다는 거였어요. 그리고 진해가 제 고향이라서 외롭지 않더라고요. 그때 고등학교 친구들 중에서 진해에서 당구장, 오락실, 술집 이런 걸 하고 있는 애들이 꽤 있었어요. 그 친구들 가게를 돌아다니면서 놀았죠.

그래도 아침 출근은 정말 힘들었어요. 학교 다닐 때는 10시, 11시에도 일어나고 했는데 군인이 되니 7시 30분까지 출근해야 하는 거예요. 매일 아침 통근 버스를 타고 사관학교까지 해안도로를 따라서 지나가곤 했어요. 그런데 어느 날 해안도로에서 사람들이 갑자기 탄성을 지르는 거예요. 창밖을 보니 수천 마리의 날치 떼가 바닷가에서 화~악 하고 올라오는 거였어요. 버스 안에는 모두 해군들인데, 군복 입고 가다가 갑자기 "우와!" 하는 겁니다. 그러면 버스를 세워요. 다들 날치 떼를 보면서 난리가 납니다. 그때 저는 이런 생각을 했어요.

'오늘부터 소설을 써야겠다'

그 날치 떼를 보면서 소설을 써야겠다는 생각을 처음 했어요. 왜 그랬는지는 모르겠어요. 날치 떼가 그때 날지 않았다면 나는 소설을 쓰지 않았을까, 그런 건 아니겠지만. 어쨌든 그 수천 마리의 날치 떼가 비상하는 것을 보면서 '아, 이제는 가만히 있지 말고 뭔가를 써봐야겠다'라는 생각을 했죠. 여러분도 소설을 쓰고 싶으면 날치를 보러 가보세요. 하지만 날치 떼가 아무 때나 날아오르지 않습니다. 물밑으로 다니다가 약간의 수온 차가 생기면 어느 순간 확 올라와요. 제가 군대에 3년 동안 있으면서 출근 시간에 날치를 본 게 세 번밖에 안 됩니다.

날치를 본 후, 저는 습작을 시작했습니다. '그래, 결심했어. 나 오늘부터 소설 쓸래!' 하면 소설이 됩니까? 안 되죠. 결심만 있는 겁니다. 제 책 『불멸의 이순신』이 8500매 정도 되는데 지금은 제가 소설을 쓰겠다고 하면 2000매 정도는 머릿속에서 단번에 구상할 수가 있습니다. 보이거든요. 근데 그 당시엔 다섯 매 정도밖에 쓰지 못하겠더라고요. 원고지 다섯 매, A4로 한 장만 넘어가면 미치겠어요. 또 밤에는 잘 써지는 것 같다가도 아침에 일어나면 '내가 밤에 뭐 했지' 이런 생각이 들어요. 5년 동안 소설을 계속 읽어왔기 때문에 어떤 소설이 좋은 소설이고 이런 건 알고 있었어요. 눈은 굉장히 높은데, 손은 너무 무딘 거예요. 눈과 손의 괴리가 왔습니다. 미치겠더라고요. 굉장히 힘들었는데, 그때 저보고 계속 소설을 쓰라고 해주신 분 중에 소설가 양귀자 선생님이 있었습니다. 그 당시에는 이메일이 없었어요. 팩스를 하나 샀습니다. 또 양 선생님이 팩스 용지도 사주셨어요. 제가 단편소설을 하나 완성하면 그걸 팩스로 선생님에게 보내는 겁니다. 그러면 선생님은 아무 말도 안 하세요. 그러다 한 보름쯤 지나 제가 두 번째 작품을 보냅니다. 또 아무 말씀도 안 하세요. 세 번째 작품을 보낼 때가 돼서야 전화가 와 딱 한마디 하십니다.

"또 써봐"

논할 가치가 없다는 거죠. 또 씁니다. 네 번째 소설 써서 또 보내고, 이짓을 계속하다 8개월이 딱 지났는데, 양 선생님이 한마디 하시더라고요.

"서울로 와봐"

그래서 고속버스를 타고 진해에서 서울로 갔습니다. 서울에 갔는데, 양 선생님이 제가 마지막으로 보낸 단편을 접어놓으셨더라고요. 그걸 펼쳐 보이고는, "넌 소설가가 될 수 있겠다" 하고 말하셨어요. 소설을 써서 보낸 지 8개월 만에 갑자기 소설가가 될 수 있겠다고 하니까 "왜요?" 하고 물었죠. 그러니까 "야, 이 장면을 봐라" 하면서 제가 쓴 부분을 읽어주셨어요. 여기서 세 번째 'ㄴ' 자가 들어가는 제 인생의 단어, '나무'가 나옵니다.

내 인생의 단어 셋, 나무

어렸을 때 외갓집이 앵두나무 농장을 했어요. 산 중턱에 앵두나무를 백 그루 정도 길렀거든요. 5월 초·중순이 되면 앵두가 엄청 열려요. 백 그루의 나무에 앵두가 한꺼번에 열리니까 온 친척들이 모여 앵두를 따러 가는 거예요. 제가 초등학교 때였는데 높은 산길을 30분에서 1시간 정도 걸어가면 언덕바지가 나오고, 또 거기서 보면 앵두나무에 앵두가 주렁주렁 열려서 산이 빨개요. 초등학생이었던 저는 미친 듯이 뛰어가서, 앵두를 어떻게 하겠습니까, 따겠어요? 아니죠. 그냥 막 먹는 겁니다. 어른들은 따고 애들은 먹는 거죠. 산길을 올라가서 그걸 따 먹는, 그 붉은 산을 향해 막 달려가는 그 장면을 제가 소설에 썼어요. 양 선생님이 그 대목을 보시면서 "자, 이건 다른 사람은 못 쓰는 너만의 문장이다. 소설가는 자기만의 풍경을 보는 사람이다. 그전에 네가 썼던 걸 보니, 다 네가 읽었던 문장들을 어디서 대충대충 가져와서 넣어놨는데, 이 대목을 봐. 이건 그냥 네 거다. 김탁환만이 쓸 수 있는 장면을 썼으니 너는 소설가가 될 수 있겠다" 이렇게 말하시더라고요. 그래서 저는 소설가가 됐습니다.

저는 그 8개월 동안 썼던 단편을 한 편도 발표하지 않고 아직도 다 가지고 있는데요. 지금 보면 소설을 갓 쓰기 시작한 습작생 수준의 글이에요. 그런데 양 선생님은 왜 저를 불러서 칭찬해주셨을까요. 소설이 좋아지려면 꾸준히 노력해야 하는 건데, 그 과정에서 소설가가 어떤 사람인지를 집어주셨던 거죠.

이 세 가지 단어 낭독, 날치, 나무, 이게 이제 제가 소설가가 되기까지 내 인생의 단어들인 것 같아요. 근데 이 단어들, 사전들은 더 확장될 수 있겠죠. 또 제가 좋아하는 단어가 '나', '지금', '여기'예요. 혹은 '나는 너다' 이런 말도 있겠네요. 이건 황지우 시인의 시 제목이기도 하지만 이런 것들이 제 인생에서 중요한 화두였던 것 같아요. 어떤 작가는 그런 말도 합니다. "인생을 산다는 건 내가 이야기할 수 있는 자기만의 단어를 늘려가는 것이다"라고요. 스스로 자신 있게 "난 이 단어를 알아"라고 말할 수 있는 것들을 하나씩 늘려가라는 거죠.

여러분이 제 학생이라면 저는 여기서 이런 숙제를 낼 겁니다. '일곱 개의 단어로 나만의 인생을 정리해볼 것.' 여러분 인생에서 자기만의 단어들을 한번 연상해보는 겁니다. 'ㄹ'로 시작하는 것 한 일곱 개 정도를 집에 누워 천장 보면서 오늘 밤 한번 생각해보세요.

나와 너의 틈

너의 이야기를 듣다

이제 '나'는 끝났고요, '너'에 관해서 이야기를 해보겠습니다. 제가 2년째 '메모리 인 서울'이라는 프로젝트에 참여하는 분들에게 강연을 하고 있어요. '메모리 인 서울' 프로젝트의 과정은 이렇습니다. 한 20명 정도의 인원을 선발해서 6개월 정도 훈련시킨 다음, 서울 시내에 보냅니다. 그러면 그 사람들이 서울 시민들을 만나서 인터뷰를 해요. 그리고 서울에 대한 이야기를 전부 모으는 겁니다. 이 홈페이지의 '듣기' 메뉴에 들어가보면 인터뷰 내용이 모두 그대로 실려 있어요. 동네별로 들어갈 수도 있고요. "오늘은 종로구 무슨 동이다" 하면, 이 20명이 모두 그 동네에 가서 이야기들을 전부 모아오는 거예요. 나이 많으신 분들은 "내가 터줏대감인데" 하면서 해방 당시 이야기를 하기도 하고, 젊은 분들은 88올림픽 이야기를 하기도 하고요. 이렇게 모든 사람들의 기억을 모으는 거예요. 그리고 디자이너나 작가가 참여해 이 데이터베이스를 융합된 콘텐츠로 풀어내면 인터뷰한 내용을 바탕으로 2, 3차의 새로운 결과물이 만들어져요. 예전에 서울시청이었던 서울도서관에 가면 부스가 있습니다. 찾아가면 항상 두 분 정도가 있고요. 누구든지 가서 서울에 대한 자신의 이야기를 할 수 있습니다. 원래 뉴욕에서 이런 운동이 시작됐는데 우리나라에 들어왔고, 2014년이 두 번째 작업입니다.

이렇게 '너'에 관해 연구하기 위해서, 인터뷰를 한다든지 사람을 만나 어떤 이야기나 기억을 끌어내려고 할 때 가장 중요한 책 중 하나가 『한국구비문학대계』예요. 도서관에 가서 『한국구비문학대계』를 한번 찾아보세요. 이게 1979년부터 시작된 건데요. '민족의 기억을 수집해 진정한 민족국가를 성립한다'는 의의가 있어요. 이 책 안에는 제가 인터뷰해서 이야기를 풀어나간 부분도 있습니다. 한 권에 약 700페이지 정도 됩니다. 지금까지 나온 책은 82권이고요, 유형분류집 3권까지 포함하면 총 85권입니다.

제가 대학 다닐 때 국문과에서는 답사를 갔습니다. 예를 들어 강화도의 어떤 마을에 답사를 간다면, 대학원생과 학부생이 함께 마을에 들어가서, 노인정에 어르신들을 다 모셔놓고 이야기판을 벌이는 겁니다. 한 시간, 두 시간…… 그분들이 하는 이야기들을 전부 모읍니다. 그리고 이야기한 사람들의 이름과 나이, 특징 등을 조사해서, 테이프를 가지고 학교에 돌아와 그걸 다시 들으며 말을 풀어내는 거죠. 구어체로 전부 풀어내고, 그다음엔 태그를 답니다. 호랑이와 관련된 이야기면 '호랑이', '은혜 갚은 이야기', '보은담' 이렇게요. 유형분류집에서 '호랑이' 하면 82권 중에서 호랑이 이야기만 색인 작업이 되는 거죠. 이게 뭘 할 때 좋을까요? 우리나라 호랑이와 중국 호랑이, 우리나라 여우와 중국 여우가 어떻게 같고 다른지 그 이야기를 비교할 수 있는 겁니다. 누군가를 만나서 이야기를 이끌어내는 과정이 집대성된 대표적인 책입니다. 도서관에 가서 85권을 직접 본 다음 표지들을 손바닥으로 한번 쓸어보세요. 그리고 '이게 우리 이야기들의 보고구나!' 하고 느껴보시기 바랍니다.

기억은 우리와 계속 헤어지고, 죽거나 사라집니다

『열두 마리 고래의 사랑이야기』 이게 제 첫 번째 책입니다. 1996년에 처음으로 날치 떼를 본 후 습작을 거쳐 쓴 첫 장편이죠. 그 책 안에 작가의 말에서 쓴 이야기인데 소개해보겠습니다. 『한국구비문학대계』 채록 때문에 강화도 지역 답사를 갔을 때였는데, 한 어떤 영감님이 이야기를 너무 잘하시는 거예요. 『춘향전』 이런 걸 처음부터 끝까지 외우세요. 옛날엔 '강담사', '강독사'라고 해서 이런 분들을 '전기수'라고 불렀어요. 더 재밌는 건, 이 영감님은 한글을 모르세요. 글을 모르시는데 이야기책을 처음부터 끝까지 외우시는 거예요. 그래서 『홍길동전』을 시작하면, 처음부터 끝까지 세 시간 동안 이야기를 쫙 풉니다. 아까 제가 읽었던 바로 그 리듬을 살려서요. 끝내주는 거죠. 그래서 제가 또 칭찬받았습니다. 할배 하나 잘 만나면 칭찬받는 거예요. 다른 데 안 가도 되거든요. 이상한 사람 만나 옛날 이야기해달라 하면 자기 집안은 양반이라고 족보 가져옵니다. 이러면 완전 미치는 거죠. 그런 사람 만난 조는 엄청 고생하는 거고요. 이야기꾼 할배를 만나면 그냥 한 명만 인터뷰하고 나서 이틀 동안 놀 수 있어요. 이 할배를 만나서 굉장히 좋았습니다. 그런데 다음에 다시 만나러 가니 그만 돌아가신 거예요. 우리의 '기억'이란 어떤 기억을 가진 사람에 관한 기억입니다. 이것들은 계속해서 우리와 헤어지고, 죽거나 사라져가요. 그러니까 바로 그때, 그 사람과 접촉할 수 있을 때, 그를 만나야 하는 겁니다. '내년에 하지 뭐', '내후년에 하지 뭐' 이러면 없는 거예요. 그 할아버지는 돌아가셨고, 할아버지가 살고 머물던 집터에는 이제 러브호텔이 들어섰더라고요. 강화도가 그때 개발되기 시작했던가. 아무튼 굉장히 씁쓸했던 기억이 있습니다.

그의 슬픔과 기쁨

'너'에 대한 이야기를 하나 더 해볼게요. 『그의 슬픔과 기쁨』이라고 하는 책인데요, 이 책은 쌍용자동차 해고자 26명에 대한 인터뷰집이에요. 이 26명이 어떤 사람들이고, 어떻게 선별됐는지에 대한 근거가 있습니다. 'H20000 프로젝트'라고 있었어요. 아는 분들도 있겠지만, 쌍용차 해고자들이 대한문 앞에서 계속 집회와 시위를 했습니다. 어느 순간 이 사람들이 힘이 빠지기 시작한 거죠. 그래서 자동차 한 대를 만드는 프로젝트를 했습니다. "우리는 원래 자동차 만드는 노동자들이니까, 자동차를 만들자" 한 거죠. 자동차 부품이 2만 개 정도 된다고 합니다. 그 2만 개의 부품을 후원받아 자동차를 한 대 만든 겁니다. 이 책에 등장하는 26명 중 상당수가 이 프로젝트에 참여한 사람들이에요. 유튜브에서 'H20000 프로젝트'를 검색하면, 그 과정이 영상으로 나옵니다. 노동자들도 다 각각의 특징이 있죠. 바퀴 만드는 사람, 색을 칠하는 사람 등등. 결국 노동자들은 자동차를 멋지게 만들어냈고, 누군가가 그 26명을 인터뷰해서 책을 썼습니다. 책을 쓴 사람은 '정혜윤'이라는 독서가이자 라디오 PD입니다. 원래 정혜윤 PD는 노동자들이 어떻게 해고를 당했고 삶을 살아왔는지에 대해 한 명씩 인터뷰를 하고, 이것을 라디오 다큐멘터리로 내보내려 했어요. 그러나 라디오에서는 결국 하지 못했고 책으로 낸 것이죠. 당시 정 PD한테 가끔 전화를 해보면 항상 술에 취해 있었어요. 노동자들이랑 계속 술 마시고 있는 거였죠. 한 번 만나서는 인터뷰가 안 끝나니까, 한 명이랑 다섯 번은 만났다고 해요. 모두 합치면 백 번이 넘게 거의 6개월 동안 그 과정을 계속한 거죠.

이 책에서 제가 가장 놀란 것은 차례였어요. 보통 인터뷰집은 사람순으로 차례를 정리합니다. A, B, C, 이렇게 사람순으로 돼 있죠. 그런데 이 책은 차례가 연도순으로 돼 있는 거예요. 노동자들이 2009년부터 2013년까지 싸웠는데 차례가 2009, 2010, 2011, 2012, 2013년 순으로 정리돼 있어요. 차례를 본 순간, 경악했습니다. 이 차례의 의미는 이런 겁니다. A라는 사람이 철탑 꼭대기에 올라가서 시위를 시작했어요. 그 순간에 B라는 사람은 철탑 밑에서 그 사람을 바라보고 있는 거예요. 한편, C는 서울 어딘가에서 어떤 일을 하고 있고, D는 경남 창원에 있습니다. 한 사람씩 모두를 이렇게 인터뷰해서 시간순으로 다시 엮은 겁니다. 26개의 녹취를 모두 풀어낸 후에 시간순으로 누가 무엇을 했는지를 다시 엮은 거니 미친 짓에 가깝죠.

"야, 그거 몇 명이서 같이 했냐?"

정 PD에게 전화해서 물어봤더니, 혼자서 했다고 해요. 혼자서 26명의 삶을 종으로 채록한 다음 횡으로 엮었다는 거예요. 여러분이 혼자서 이런 일을 시도한다면 대부분은 도중에 포기할 겁니다. 한 사람이 할 수 있는 일이 아니거든요.

정 PD는 왜 인터뷰를 해서 사람마다 엮지 않고, 26명을 한 해에 전부 엮었을까요? 바로 그 기간에 노동자와 그 가족들이 25명이나 죽었기 때문입니다. 죽은 사람들은 모두 혼자 있을 때 그런 선택을 했죠. 혼자 있을 때

베란다에서 뛰어내리고, 목을 매고, 심장마비를 일으켰어요. 정 PD는 같은 시간 안에서 이 사람들을 엮어내야겠다고 생각했습니다. 26명을 모두 자기의 텍스트 속에 엮으면서 '이렇게 하면 적어도 이 사람들은 안 죽지 않을까' 생각한 겁니다. 이 26명은 이야기 속에서 모두 얽혀 있어요. 한 노동자가 어떤 친구에 대해서 신나게 이야기합니다. 이야기를 이어가다 한 줄이 떨어져 있고, 어느 순간에 보면 그 노동자는 죽었어요. 다른 인터뷰에서 이야기되던 사람이 시간이 지난 어느 날, 또 다른 인터뷰에서는 '몇 월 며칠 누가 죽었다'로 끝나는 거죠. 인터뷰란 끊임없이 이야기를 해서 어떤 텍스트를 만드는 건데, 침묵의 자리가 그 안에 들어가 있습니다. 그걸 보면 숨이 턱 막히는 거죠.

제가 여러 인터뷰집을 봐왔지만, 이 책은 문제의식이 가장 치열하고, 엄청난 시간의 흔적이 보입니다. 그래서 저는 정 PD를 존경하게 됐습니다. 더 놀라운 것은 이 책을 26명의 노동자들에게 나눠줬다는 거죠. 그 사람들이 '나는 어디에 나오지?' 하며 자기 인터뷰를 찾을 것 아닙니까? 그런데 그들끼리도 몇 월 며칠에 함께 있었다는 걸 몰라요. 그런데 이렇게 여러 사람을 인터뷰하니까 누가 또 다른 누군가와 그 시기에 어느 공간에 있었는지가 밝혀지는 겁니다. 그렇게 사람들을 한 명씩 인터뷰하고, 한걸음 물러서서 각각의 삶을 전체적으로 바라보니, 그 시절을 살았던 사람들도 모르는 어떤 연결망이 보이는 거죠. 이런 대단한 작업을 한 책이니까 여러분도 이 책을 읽고 어떻게 이 인터뷰집이 가능했을지, 또 만들기 위해서 얼마나 자기 시간을 쏟았을지를 생각해주셨으면 좋겠어요.

제가 예전에 학교에서 학생들 가르칠 때 맨날 숙제로 냈던 게 있어요. 여러분의 어머니와 아버지를 만나서, 그분들이 여러분 또래에 뭘 했는지 인터뷰하는 겁니다. 어떤 질문을 할지 고민해서 질문지를 만들고, 녹취해서 파일을 만들고, 완성된 인터뷰를 기사로 만들어 제출하는 거죠. 후일담도 엄청 재밌어요. 엄마랑 부둥켜안고 울었대요. 엄마가 처음엔 막 흥분해서 이야기하다가 마지막엔 함께 울었다는 거죠. 또 부모님이랑 술도 마셨다고 합니다. 부모님이 흥이 나서 "내가 그때 말이야" 하다가 "술 가져와!" 한 거죠. 그리고 부모님이 용돈도 주셨답니다. "학교 보내놨더니 이제야 뭔가 좀 한다", "드디어 내가 내 인생에 대해 관심을 갖는구나" 이게 주로 나왔던 반응입니다. 여러분은 부모님이 여러분 또래였을 때가 있었을 거란 생각이 안 들잖아요, 그렇죠? 부모님은 언제나 중년 이상으로만 여러분 기억 속에 있지만, 부모님도 스무 살, 스물한 살일 때가 있었을 겁니다. 이런 것에 대해 질문하고, 자료를 찾고, 사진을 가져와 글과 함께 옮기는 그런 걸 시켰습니다.

나와 그의
틈

그에게로 넘어가는 그 순간

'나', '너'에 이어 마지막으로 '그'에 관해 이야기해볼게요. 그를 이야기할 때는 항상 세 가지 틈을 생각해야 해요. 제가 좋아한다고 말했던 '나', '지금', '여기'라는 단어를 대응해보면 '나'가 아닌 '그' 혹은 '그녀', '지금'이 아닌 '과거의 어떤 때' 혹은 '미래의 어떤 때', 그리고 '여기'가 아닌 '다른 곳' 이렇게 대응이 됩니다. 그는 직접 만날 수 없고 자료나 책을 통해서만 만날 수 있습니다. 결국 나와 그를 이야기할 때는 나와 그의 틈, 지금과 과거 혹은 미래의 틈, 여기와 거기의 틈, 이 세 가지가 존재하는 거죠.

최근에 제가 작업한 '그'는 삼봉 정도전이라는 인물입니다. 나와 정도전 사이에도 역시 틈이 존재하는데 결정적인 틈은 나는 살아 있고 정도전은 죽었다는 것이죠. 정도전을 만나러 가봤더니 그곳엔 무덤밖에 없고 그 무덤에도 시체는 없습니다. 왜냐하면 정도전은 이방원이 처참하게 찢어 죽였기 때문에 가묘를 쓰고 있어요. 그래서 관을 열어봐도 그 안에 시신이 없습니다. 그리고 저는 작가고 정도전은 정치가이고, 저는 21세기에 정도전은 14세기에서 15세기 초에 살았어요. 한 600~700년 정도의 차이가 있죠. 그리고 저는 서울에서 살고 있고 정도전은 개성, 나주, 영주 이런 곳들에서 살았습니다. 이런 차이 때문에 일단 처음 소설을 쓰게 되면 괴리감을 느낍니다. 하지만 계속 공부하고 노력하다 보면 이 차이가 점점 좁아지고 좁아지다가 어느 순간이 되면 아예 넘어갈 수가 있어요. 이게 되게 어려운 건데, 혹시 여러분은 자아가 어느 순간 내가 아닌 다른 존재로 넘어간 경험이 있나요? 설명하기는 어려운데 저는 수시로 넘어갑니다. 개인적으로 가장 힘든 것은 여자로 넘어갈 때예요. 저는 남자잖아요. 예를 들어 황진이를 공부하다 보면 어느 날 갑자기 15세기, 16세기 전후의 기생으로 넘어가요. 그러면 제 손가락에서 황진이의 목소리가 나와요. 아름답고 가녀린 여자가 돼 이야기를 씁니다. 그런데 집에 들어가면 아내랑 두 딸이 "아빠~"하고 안겨요. 다음 날부터는 글이 안 써집니다. 손가락에서 아빠의 모습이 나오는 거죠. 열심히 노력해서 잘 넘어갔는데 하루 사이에 다시 간극이 생겨버려요. 그래서 두 달 정도 집에 안 들어갔던 적도 있어요. 집 사람과 딸들에게 설명을 했습니다. 손가락에서 여자 이야기가 나와야 하니까 나를 남자로 자꾸 각인시키면 안 된다고. 그러니까 소설을 쓸 때는 이렇게 계속 세뇌된 상태인 거죠. 여자라고 계속 세뇌하면서 몇 달간을 사는 겁니다.

호랑이로 넘어가본 적도 있어요. 『밀림무정』이라는 개마고원의 호랑이와 호랑이를 잡는 포수에 관한 장편소설을 썼을 때였죠. 일단 포수에게 감정이입을 합니다. 그다음에는 호랑이의 시선으로 겨울 개마고원을 바라봅니다. 예를 들어 동물원에 가서 노루가 지나가면 호랑이의 시선으로 '아, 저건 맛이 없어', '저것보다 백두산 사슴이 더 맛있어' 이런 생각을 합니다. 제가 그래서 서민 교수가 기생충으로 넘어간 걸 보고 경악했던 거예요.

정도전으로 넘어가면 정도전의 시선으로 세상이 보입니다. 제가 옛날에 봤던 영화 중에 새의 눈으로 세상을 보는 영화가 있어요. 카메라를 새의 눈에 맞춰서 새의 시선으로 날아가면서 세상을 보는데, 그것과 비슷합니다. 정도전의 눈으로 세상이 보이는 거예요. 정도전이 체험한 것들, 정도전이 상상한 것들이 제 손가락에서 나만의 문장으로 나오는 거죠.

그의 결정적 하루는 언제일까

저는 이 인물에게 가장 결정적인 하루가 언제일까 생각합니다. 여러분 인생에서 결정적인 하루는 언제인가요? 이 결정적 하루가 작가들에게는 굉장히 중요합니다. 그 하루는 기록되기도 하고 기록되지 않기도 하죠. 예를 들어 3년 전의 어떤 날이 나한테 굉장히 중요한 결정적 하루였는데 그날에 관한 기록이 없는 거예요. 그렇다고 '아, 오늘이 나의 결정적 하루구나' 하면서 그날을 기록하는 사람은 거의 없죠. 지나고 나서야 '아, 그때가 나에게 엄청나게 중요한 날이었어' 하고 깨닫죠. 그러니까 어떤 인물의 결정적 하루에 대한 자료를 찾아보면 거의 안 나옵니다. 하지만 가끔 기록돼 있는 경우도 있어요.

바로 일기예요. 결정적 하루라고 생각하지 않고 그냥 썼더니 기록이 돼 있는 거죠. 그 대표적인 인물이 이순신입니다. 이순신의 삶에서 결정적 하루는 언제일까요? 생각하는 건 작가들마다 다르겠지만 제가 생각하는 이순신의 결정적 하루는 1597년 9월 16일이에요. 1597년 9월 16일은 울둘목에서 명량해전이 벌어진 날이죠. 이순신의 전투를 살펴보면 언제나 승률이 90퍼센트 이상 될 때만 싸웠다는 걸 알 수 있어요. '승지'라고 해서 이길 만한 곳을 미리 정해놓고 왜군이 거기 들어오면 싸운 거죠. 이날, 그러니까 명량해전이 특별한 이유는 이길 확률이 10퍼센트도 되지 않았는데 싸웠다는 겁니다. 아군 배는 13척밖에 되지 않았고, 적군 배는 약 130척, 많게는 300척이 있었다고 하죠. 그런데 결과는 우리가 알고 있는 것처럼 이순신이 이겼어요. 영화 〈명량〉에서도 다루고 있는 이야기입니다.

마찬가지로 정도전의 가장 결정적인 하루가 언제일까 생각해보면, 제가 보기에는 1392년 4월 4일인 것 같아요. 이날은 정몽주가 이방원에게 암살당한 날입니다. 저는 이날이 굉장히 중요하다고 생각해요. 이로부터 석 달 후쯤 조선이 개국했어요. 그런데 이방원이 정몽주를 죽였을 때 정도전은 뭘 했는지가 궁금하단 말입니다. 찾아보니 정도전은 경상도 영주에서 그냥 머무르고만 있었다고 합니다. 위에서는 서로 죽고 죽이고 난리가 났는데 정도전에 관한 역사적 기록은 "정도전은 영주에 있었다" 이렇게 딱 한 줄 나옵니다. 여기서 역사학자들은 대부분 '정도전은 이방원이 정몽주를 죽일 때 아무것도 하지 못했구나' 하고 멈춥니다. 반면에 소설가는 '한 줄밖에 없으니 그다음은 내가 쓰면 되겠구나' 하고 생각합니다. 그리고 내가 '접신'한 정도전의 시선으로 이날을 그려내는 겁니다.

인간은 분노와 절망을 느낄 때가 많이 있습니다. 누구와 싸운다든지, 성적이 안 나온다든지, 요즘에는 세월호 참사에서도 우리 모두 분노와 절망을 느끼잖아요. 그중에 대표적인 게 전쟁입니다. 전쟁이 터지면 그 속에 있는 사람들은 빠짐없이 모두 분노와 절망을 느껴요. 그래서 어떤 인물을 탐구하려 할 때, 그 인물이 살아 있는 동안 전쟁을 겪었는지 아닌지가 굉장히 중요합니다. 전쟁 체험 세대와 전쟁 미체험 세대로 나누죠.

정도전은 전쟁 체험이 있습니다. 1361년, 정도전이 스무 살 때 홍건적의 난을 경험했습니다. 원나라가 굉장히 어지럽고 기황후가 섭정을 할 때, 나라가 개방되면서 농민반란 세력이 일어났는데 그들이 홍건적입니다. 명나라를 세운 주원장도 원래 홍건적의 일원이었습니다. 홍건적은 계속 일어나고 원나라에서는 진압을 하니 십만 명 정도의 홍건적이 동쪽으로 몰려왔습니다. 고려의 정규군이 이걸 막지 못해 홍건적이 고려로 밀려 내려온 겁니다. 당시 공민왕도 안동으로 피난을 갔죠. 엄청나게 많은 사람들이 죽는 와중에 정도전도 피난을 갑니다. 그리고 정도전은 계속 나라 상황을 한탄합니다. 원나라 정규군과 싸워서 진다면 그나마 이해가 되는데 도적떼를 못 막아서 나라가 거덜 나니 참을 수가 없는 거죠. 이 사건이 인생의 큰 충격으로 남아 정도전은 병법을 연구하기 시작합니다. 그 덕에 문신들이 병법을 잘 모르던 시대였는데도 정도전만은 병법에 상당히 정통합니다.

고려군은 1362년에 홍건적을 물리치고, 왕도 청주를 거쳐 개경으로 돌아옵니다. 재밌는 건 이때 정도전이 청주에서 과거를 치르고 합격했다는 사실입니다. 백성들이 죽어 분통이 터지면서도 과거가 열리면 거기 가서 열심히 답안을 쓰고 합격을 한 거예요. 전쟁과 관련된 분노와 절망이 담긴 거죠.

정도전에게는 이런 국가적인 분노와 절망뿐만 아니라 다른 절망도 있었습니다. 제가 쓴 정도전 소설의 한 대목인데, 읽어보겠습니다.

곡소리에 잠을 깼다. 옆집 늙은 황소가 간밤에 죽었다. 늙은 농부는 쓰러진 황소 옆에서 울음을 그치지 않았다. 수십 년 정이 들면 사람이 짐승보다 낫다는 말도 있어 자꾸 눈길이 갔다. 점심까지 곡이 이어졌기에 옆집으로 갔다. 방 한 칸 부엌 한 칸이 전부인 농부는 부엌에서 밥을 짓고 소를 키웠다. 여자의 흔적은 어디에도 없었다. 혼인을 했는데 사별한 것인지 아내가 집을 나간 것인지 혹은 처음부터 지금까지 혼자 살았는지는 그때그때 말이 달랐다. 지나침은 무던함만 못 하니 그만 슬픔을 거두라고 권했다. 농부가 울음을 삼키고 물었다. 부모 친척의 상을 제외하고 생명붙이를 위해 하루 종일 운 적이 있습니까? 없소. 왜구들이 침탈하여 많은 이들이 죽거나 끌려갔습니다. 그때 혹시 울지 않았습니까? 울지 않았소. 흉년이 들어 또 많은 이들이 굶어 죽은 해를 기억하시지요? 그때 혹시 울지 않았습니까? 울지 않았소. 어찌 그럴 수가 있습니까? 뒤이어 돌림병 때문에 열두 마을의 주민들이 몰살한 적도 있습니다. 그때 혹시 울지 않았습니까? 울지 않았소. 그렇다면 내가 우는 것을 말릴 자격이 없습니다. 울어보지 않았다고 어찌 이치를 따지지 못한단 말이오? 울음에 이르지 않더라도 알고 행해야 하는 일이 이 세상엔 가득하오. 슬픔을 느끼지 않고 이치만 따지기 때문에 백성이 정치가를 믿지 못하는 겁니다. 왜구에게 어느 날 갑자기 죽임을 당하는 일, 흉년이 들고 돌림병이 도는 일, 또 수십 년을 함께 산 황소가 갑자기 숨을 거둔 일, 이 불행들을 어떤 이치로 명쾌하게 설명하시렵니까? 우는 것 외엔 답이 없는 일도 있는 법입니다.

_김탁환, 『혁명』, 민음사, 2014

이 내용은 정도전의 문집에 없습니다. 제가 다 지어낸 겁니다. 실제 정도전의 문집을 보면 그가 귀양 갔을 때 농부들과 이야기하는 에피소드가 많이 기록돼 있습니다. 그 당시는 백성들은 계속 고통받고 죽어나가는데 정치가들은 처방만 탁 내리던 상황이었을 거예요. 그래서 정도전과 농부가 이런 대화를 나누는 장면을 쓴 겁니다.

　그다음이 더 재밌습니다. 정도전이 밭에 나가 일을 하다가 저녁때 돌아와 보니 아침만 해도 곡을 하던 농부가 동네 사람들을 모두 모아놓고 황소로 국을 끓여 나눠 먹고 있는 거예요. 그래서 정도전이 의아해서 "아니, 아침에는 황소가 죽어가지고 슬퍼서 곡을 하더니 밤에는 이 황소를 잡아먹는 게 말이 됩니까?" 하고 따집니다. 그러자 농부가 답하기를, "나 혼자 곡을 하고 그냥 묻어버리면 이 황소를 기억하는 건 나밖에 없지만 황소를 잘라서 다 같이 나눠 먹으면 마을 사람들 모두가 황소를 기억해줄 것 아닙니까. 그리고 지금 흉년이 들어 먹을 것도 없는데 황소를 왜 땅에 묻습니까. 먹어야지" 합니다. 그리고 정도전에게도 한 그릇을 권하고, 정도전은 울면서 먹습니다. 농부의 지혜를 따라갈 수 없는 거죠.

　이런 이야기들을 적어놓으면 꼭 독자들이 전화로 이게 『삼봉집』 어디에 나오느냐고 질문을 하십니다. 미치겠습니다. 역사소설을 쓰면, "어디까지가 진짜고 어디까지가 가짜입니까?" 이런 질문을 많이 받아요. 하지만 구분이 안 됩니다. 역사적으로 증명할 수 없죠. 이렇게 접신, 붙어 있는 상태니까 오로지 제 눈에만 보이는 겁니다. 제가 정도전에게 넘어가서 정도전이 말했을, 혹은 행동했을 법한 사건들을 만드는 거죠. '황소의 죽음'이 그중 하나이고 저것이 분노와 절망인 거죠.

궁리의 생활화

　그렇다면 이런 접신, 가까이 붙어서 넘어가는 것이 어떻게 가능하냐는 질문을 받곤 하는데요, 그럴 때면 저는 '궁리의 생활화'를 하면 된다고 답합니다. 책을 읽고 답사를 하면서 궁리하고 생각한 뒤에 그 궁리를 모으는 거죠. 그렇게 하면 정도전이 저와 좀 가까워집니다. 궁리를 어떻게 모으냐고 하면 '주제 일기'라는 걸 써보라고 합니다. '궁리 일기'라고도 하죠. 제가 쓴 『불멸의 이순신』이 원고지 8500매 분량인데 이것을 하루에 열 장씩 썼다고 가정하면 850일 정도 쓴 거잖아요. 그러면 제가 이순신을 최소한 850번쯤 생각했겠죠. 이순신이 자신을 아는 것보다 제가 이순신을 더 많이 압니다. 왜냐하면 어떤 사람도 자신을 850번씩 생각하지 않거든요. 그러니까 어떤 인물이나 사건에 대해서 하루에 한 번씩 100번만 생각해도 전문가가 돼요. 그리고 '궁리 일기'에 자신이 생각하는 것들을 전부 적는 거죠. 이것이 제가 교수 시절 '소설 창작 기초' 수업에서 한 학기 동안 했던 일입니다. 소설을 쓰겠다고 수업에 들어와 있는 학생들에게 소설은 못 쓰게 하고 맨날 일기만 쓰게 해요. 100일 동안 본인이 쓰려고 하는 걸 고민한 뒤에 그걸 충실히 기록해내면 좋은 성적을 주고 소설은 다음 학기에 쓰게 합니다. 예를 들어 제가 '죽음'이라는 주제를 주면 학생들은 100일 동안 죽음에 대해서만 고민을 하는 거죠. 어떻게 죽을까, 왜 죽을까, 자살, 타살 등 오만 가지 죽음에 관해서 다시 100일 동안 리포트를 씁니다. 개인적으로 저는 '소설의 수준은 쓰기 전에 이미 결정된다'고 믿는 편이거든요. 소설을 쓰다 보니 점점 잘 써지는 것이 아니라, 자신이 쓰려고 하는 주제를 여러 번 고민하고 생각한 뒤에야 비로소 잘 쓸 수 있는 겁니다. 이건 꼭 글쓰기뿐만 아니라 모든 주제의 탐구가 그래요. 본인이 고민하고 있는 것에 대해 좁혀 들어갈 수 있는 방법은 매일매일 생각하는 겁니다. 매일 생각하고 정리하는 거죠.

오늘 말한 것들을 정리해보면, 먼저 '나와 나의 틈'에 대해 고민합니다. 나는 '나'를 잘 알고 있다고 생각하지만 과연 내가 알 수 있는 단어들은 무엇인지, 내가 장악하고 있는 단어는 무엇이고, 모르는 단어는 무엇인지, 이것을 고민해봐야 합니다. 그다음엔 사람들을 만나면서 '나와 너의 틈'에 대해서 고민하고, 마지막으로 '나와 그의 틈'에 대해 고민하는 거죠. 그러면서 그 틈에 관해 상상해서 글을 쓰는 것이 바로 제가 하고 있는 작업이라고 할 수 있습니다.

3

인생을 버티는 실력과 내공은 좋아하는 일에서 나온다

죽기 살기로 하라,
기회는 반드시
온다

유인택

영화 제작자였고 지금은 뮤지컬 기획자로 일하고 있다. 고등학교 시절 큰형(유인태 국회의원)이 사형선고를 받는 풍파를 겪어야 했다. 대학 시절에는 시위로 감옥살이를 했고, 강제징집돼 군대에 끌려가기도 했다. 결코 순탄치 않은 젊은 시절을 보낸 그를 지탱해준 건 연극에 대한 관심과 열정이었다. 대학연극반에서 시작된 딴따라의 삶은 그를 문화판으로 이끌었고 이후 영화계, 뮤지컬계로 이어졌다. 2015년부터는 동양예술극장 대표를 맡고 있다.

여러분은 수명이 100세인 시대에 살고 있어요. 60살에 은퇴하면 나머지 40년을 어떻게, 뭘 하면서 살아요? 그래서 제가 권하는 것은 젊어서 50대까지는 고생도 하면서 굴곡 있게 천천히 가다가 60대쯤에 정상에 선 다음, 남아 있는 30년 동안 천천히 내려오는 삶입니다. 조급하게 뭔가를 이루려 하지 말고 길게 보라는 겁니다.

실력과 내공을 쌓아두세요. 또 하고 싶은 것, 좋아하는 것을 하세요. 이제 대한민국은 절대 굶어서 사람이 죽는 나라는 아닙니다. 여러분은 앞으로 60년을 일하면서 먹고살아야 합니다. 그 긴 시간 닥쳐올 온갖 시련과 고통을 버틸 수 있는 실력과 내공은 바로 좋아하는 일, 그리고 하고 싶은 일을 죽기살기로 하는 에너지에서 나온다는 것을 잊지 마세요.

반갑습니다. 오늘 저는 거창한 지식이나 이론을 전달하는 게 아니라 제 살아온 경험을 얘기하려고 해요. 여러분이 저에 대해 궁금해하는 건 두 가지겠죠. 영화와 뮤지컬. 요즘 저는 일주일에 한 명꼴로 "뮤지컬 하려면 어떻게 해야 하냐"는 상담을 받아요. 그 친구들이야 뮤지컬배우가 되겠다고 온 친구들이니까 목표는 분명합니다. 어렵긴 해도 자기가 어디로 가겠다는 목표는 뚜렷한 거죠. 근데 예체능 계열이 아닌 쪽 학생들은 취업이나 진로 때문에 참 힘들어해요. 요즘엔 다들 '아프니까 청춘'이라고 하면서 여러분을 굉장히 불쌍한 세대로 취급하더라고요. 오늘 제가 살아온 이야기가 여러분에게 조금이나마 도움이 되면 좋겠어요. 사람마다 생각이 모두 다르겠지만, 이건 남의 얘기가 아니고 제가 실제로 겪었던 나의 얘기니까 여러분이 조금이라도 생각을 다잡거나 바꾸는 데 도움이 될 수 있었으면 좋겠습니다.

그리고 한 가지 또 말하고 싶은 게 있어요. 제가 여러 대학에서 강의도 해봤고 대학원 수업도 들어봤는데 성공회대 학생들이 이 '매스컴특강'을 준비하는 걸 보고 상당히 놀랐어요. 학생들이 특강 전에 강사를 직접 인터뷰하고 동영상도 제작하는 걸 보고 정말 대학다운 수업이라고 생각했죠. 요즘은 대학원에서도 토론수업을 하지 않고 그냥 PPT 파일로 주입식 강의를 하더라고요. 항상 창의력, 창조성을 강조하는 예술대학도 그래요. 수동적인 자세로 의사표현도 하지 않고 앉아서 받아먹기만 하는 수업이 너무 많아요. 제가 영화사만 17년을 운영하면서 신입사원도 많이 뽑았는데, 갑갑할 때가 많았어요. '교육이 문제구나' 하고 느꼈죠. 그저 스펙 쌓고 지식 늘린다고 되는 게 아니라 스스로 적극적으로 뭔가를 만들고 해보는 게 중요하거든요. 이 수업을 듣는 여러분은 행운인 거죠.

절벽을 맨손으로 오른 경험

저는 고등학교 때 산악반을 했어요. 그냥 등산이 아니고 암벽등반이었어요. 그러니까 10대 시절에 북한산, 도봉산 바위 절벽을 맨손으로 오른 거죠. 과장해서 말하면 이건 목숨을 걸고 하는 겁니다. 그러면서 배운 게 있어요. 누구나 살아가면서 온갖 시련과 고통을 겪게 되는데 그럴 때 주저앉는 사람이 있고 극복하는 사람이 있어요. 생각해보면 고등학교 때 취미생활로 했던 이 암벽등반이 제가 살아오면서 겪었던 많은 시련과 역경을 극복하게 만든 원동력이 된 것 같아요. 어려서부터 사서 고생한 것이긴 하지만 그러면서 몸과 마음이 단련된 거죠.

제가 고등학교 3학년, 본격적으로 입시공부를 해야 할 때 큰형이 민주화운동으로 지명수배를 받았어요. 당시 현상금이 200만 원이었는데 지금으로 치면 대략 2억 원이니 중범죄인 셈이죠. 큰형은 도망을 다녔으니 경찰들이 우리 집에 들이닥쳐서 "너희 형 어디 숨었냐" 하면서 내일모레 모의고사를 앞둔 고3인 저를 북부경찰서로 끌고 갔어요. 끌려간 저는 발가벗고 갖은 고초를 당했죠. "너 태어나서부터 지금까지 네가 살아온 거 하나도 빠짐없이 다 기록해." 이렇게 고등학교 3학년을 맞이했어요. 그러다가 그해 여름, 입시공부의 막바지 피치를 올려야 할 때 저희 큰형이 사형선고를 받습니다. 뭐 집안이 풍비박산 난 거죠. 이 상황에서 집안에서 여섯째인 저한테 누가 눈길을 주겠습니까. 집안의 위기 속에서 제가 할 수 있는 일은 대학에 바로 합격해서 재수 안 하는 거 아니겠어요? 그래서 저는 풍비박산 난 집안에서 어떻게든 공부를 했고 운 좋게 남들이 좋다 하는 서울대 약대에 들어섭니다.

대학에 들어가고 입시지옥에서 벗어났으니 이제 좀 낭만을 즐기려고 했는데, 그때는 대학교에 최루탄이 난무하고 전경들이 학교 건물 앞에 쭉 앉아서 학생들을 감시하던 시절이었어요. 큰형은 사형에서 무기징역으로 감형돼 감옥에 있고, 또 대학교라고 들어갔더니 맨날 최루탄이 난무하고……. 그렇게 대학생활을 맞이했어요. 게다가 사형수의 동생이 들어왔으니 당연히 저는 학교에서 요주의 인물이었고, 항상 정보과 형사의 감시 대상이었죠.

어디든 한군데 미쳐라

그러니 어딘가에 미치지 않으면 정상적인 대학생활을 할 수 없는 시절이었어요. 그때 마침 약대 연극반 반장이었던 친구가 정기공연을 앞두고 배우 하나가 펑크를 냈으니 저에게 좀 도와달라고 하더라고요. 저는 방학 때 학교에 갔다가 우연히 들은 거였죠. 그렇게 해서 약대 연극반 공연에 난생 처음 출연했어요. 이 경험이 제 인생을 바꿨습니다. 집안도 풍비박산 나고, 나라도 어수선하고, 그래서 어딘가 미치지 않으면 제 정신으로 살 수 없는 상황에서 이날 이후 저는 연극에 미칠 수 있었습니다. 굉장한 행운이었죠. 뜻이 맞는 연극반 친구, 선배들과 매일 땀 흘리고 연습하고, 끝나면 같이 소주도 마시면서 그 힘들었던 대학생활을 견뎌냈습니다. 그래서 제가 여러분에게 제일 먼저 하고 싶은 말은 뭔가에 미치라는 거예요.

그 미친다는 말이 뭐냐면, 바로 집중이거든요. 그때 저는 전공공부는 거의 때려치우고, 시키지도 않은 연극서적을 찾아 읽었습니다. 그 당시에는 외국의 연극 전문서적이 번역돼 있지 않았어요. 연극에 미치니까 베르톨트 브레히트나 콘스탄틴 스타니슬랍스키의 책도 좀 보고 싶은데 한국엔 번역서가 없었어요. 그런데 일본은 번역서가 많더라고요. 일본어는 한자도 쓰고 우리말하고 어순도 같잖아요? 연극을 알고 싶어서, 연극 책을 읽기 위해서 일본어 공부를 했어요. 여러분에게 꼭 해주고 싶은 말은, 자기가 좋아하고 미치도록 하고 싶은 거라면 누가 시키지 않아도 공부를 한다는 거예요.

젊어서 고생은
평생의 보약이다

그렇게 대학생활을 연극에 미쳐서 보냈어요. 그러다 대학교 4학년 때 저도 학생시위에 가담해서 감옥에 갔습니다. 1년 동안 감옥살이를 했죠. 우리는 정치범이었어요, 사상범. 그래서 도둑·강도·사기·강간 등 잡범들이 있는 감방에 우리를 넣지 않았어요. 여러분 영화 〈7번방의 선물〉 봤죠? 그 방이 잡범들 방인 거예요. 우리를 그런 곳에 넣으면 잡범들을 사상적으로 오염시킬까 봐 0.75평 독방에 격리했습니다. 여러분 한 평이 가로세로 몇 센티미터인지 아세요? 약 180센티미터죠. 그런데 0.75평이니까 180센티미터가 되지 않는 거예요. 제가 키가 작은데도 양팔을 뻗으면 양쪽 벽이 닿는 정도예요. 침대만 한 데서 1년 동안 혼자 지내요. 6시에 기상해서 저녁 8시 취침. 그 작은 공간에서 하루 종일 뭘 하겠어요. 그러니 시간을 보낼 수 있는 게 독서뿐이었죠. 1년 동안 거의 500여 권의 책을 읽었습니다. 눈 뜨자마자 밥 먹는 거 말고는 할 일이 없었으니 하루에도 2권, 3권씩 읽었어요. 먼저 세계적 베스트셀러인 성경부터 읽었습니다. 신약·구약 각각 세 번씩 읽고, 불경도 읽고, 시간 보내기 좋은 장편소설 10권짜리, 20권짜리도 읽고, 삼국지 같은 건 세 번 읽었고요. 『장길산』, 『토지』, 『수호지』부터 예술·철학·인문학·문학 서적까지 정말 많이 읽었습니다. 그때 읽은 약 500권의 책이 제 성공의 원동력이 되었다고 생각해요. 여러분에게도 독서를 꼭 권하고 싶습니다. 대한민국에서 성공한 사람들은 모두 감옥 가서 독서를 하고 성공했죠. 김대중 대통령 같은 분도 실질적으로 감옥에서 공부를 한 거죠. 《뉴욕 타임스》에서 선정한 '20세기 최고의 책 100선'을 쭉 훑어보니까 제가 감옥에서 읽었던 책들이 아주 많더라고요. 그때 괜찮은 책을 많이 읽은 거죠.

당시 저는 긴급조치 9호 위반으로 감옥에 갔는데, 이후 긴급조치 9호가 헌법을 초월했다고 해서 위헌판결이 났습니다. 그리고 2013년 재판을 다시 해서 36년 만에 무죄판결을 받았습니다. 우리 연극·영화 예술인은 노후 보장이 없어요. 공무원이나 교사들은 은퇴하면 연금이 나오지만 예술 종사자들은 그렇지 않죠. 그래서 노후 걱정을 할 수밖에 없는데, 인생사 '새옹지마'라고, 30여 년 전에 억울하게 했던 감옥살이가 돈이 될 줄 누가 알았겠어요. 국가에서 '형사보상금'이 나왔거든요. 그걸로 노후를 조금은 따뜻하게 보낼 수 있을 거라는 생각이 듭니다. 젊어서 고생한 걸로 나중에 이렇게 생각지도 않은 로또를 맞는 경우도 있다는 거죠. 그러니까 여러분, 시련이 닥치더라도 좌절하지 말고 극복하면 나중에 보약이 된다는 걸 명심하세요!

그런데 감옥에 다녀온 후 군대에 또 끌려갔어요. 6개월 이상 징역형을 받으면 원래 군대에 가지 않거든요. 하지만 그때는 유신독재 시절이라 감옥 갔다온 친구들을 잡아서 또 강제징집을 했어요. 저도 강제징집을 당했죠. 영장이 나온 게 아니라, 어느 날 검은 지프차가 집 앞에 오더니 잠깐 병무청에 가자고 하더라고요. 제가 충북 제천 출신이라 청주 지방병무청에 잠깐 가서 뭐 확인만 하면 된다고 거짓말로 속이더니 청주에서 바로 논산으로 가는 거예요. 그리고 밤 10시에 지프차 타고 논산훈련소에 단독으로 입대했어요. 얼마나 으스스합니까. 하지만 그때도 저는 산악반 시절 죽음을 각오하고 바위를 탔던 경험을 떠올리며, 어디 가서 죽기야 하겠냐는 생각으로 마음을 다잡았죠. 논산훈련소에서 퇴소할 때 병역판정을 해요. 저는 원래는 몸이 약해서 방위나 보충역을 받아야 하는데 담당하는 군인이 웃으면서 군대 다녀오라고 하더라고요. 그래서 육군 현역으로 자대배치를 받았죠.

에피소드 하나 더 이야기할게요. 제가 요시찰 인물이라 논산훈련소 분대장이 화장실도 따라오는 거예요. 그런데 저랑 보름 정도 함께 있다 보니까 제가 체형도 아담하고 얼굴도 순하게 생겼으니 사고 칠 것 같지는 않았나 봐요. 그래서 원래는 병적기록부를 가지고 병역판정을 받으러 분대장이랑 동행해야 하는데 그냥 저 혼자 갔다 오라고 그러는 거예요. 그래서 혼자 연병장을 가로질러 갔죠. 손에는 병적기록부가 있고, 그 뒷면엔 '긴급조치 9호 위반'이라고 쓰여 있었고요. 두근두근했죠. 이걸 그대로 가지고 가면 앞으로 군대 생활 무지 고생할 거란 생각이 들었어요. 마침 그게 연필로 써 있더라고요. 그래서 지우개로 지웠어요. 얼마나 가슴이 떨렸겠어요. 콩닥콩닥콩닥. 다행히 안 들켰어요. 보안사 요원이 지운 걸 눈치챌 줄 알았는데, 그냥 웃으면서 군대 가서 조금 고생하고 오라고 하더라고요. 그리고 "인제 가면 언제 오나 원통해서 못 살겠네" 하는 강원도 원통 12사단에 발령받아서 한밤중에 37연대 본부대에 도착했어요. 다음 날 아침에 기상하니 본부대장이 절 부르는 거예요. 또 지프차가 한 대 있더라고요. 이제 지프차만 보면 가슴이 덜컹하는 거죠. 아니나 다를까 병적기록부 기록 지운 게 틀킨 거구나, 올 것이 왔구나 하는 생각에 또 조마조마했어요. 그런데 지프차가 부대의 바깥쪽으로 나가더니 민가로 들어가더라고요. 거긴 연대 장님 사설 숙소인 관사였어요. 그때가 크리스마스 전전날이었어요. 연대 장 사모님이 극성 학부모였는데 초등학생 자녀들이 방학이라 가족이 모두 아빠한테 내려왔어요. 제가 서울대학교 출신이니 부대에 도착하자마자 스카우트해서 이 애들 과외 공부를 시키라고 한 거예요. 이렇게 연대장님 자녀들 과외 공부시킨 것이 제 첫 군대 생활이었습니다. '긴급조치 9호 위반' 글씨를 지우개로 안 지웠으면 저는 전방으로 가서 아마 엄청 고생했을 거예요. 그땐 삼청교육대가 있었으니까 죽었을지도 모르죠.

하고 싶은 것에 단단히 미쳤다는 것이 굉장히 중요합니다

제가 대학 때는 전공공부는 거의 안 하고 연극만 한데다가 이후에는 감옥살이를 하고 바로 군대 가고 제대했으니, 약대 졸업생이라면 다 따는 약사 면허증도 못 따고 졸업했어요. 졸업 후엔 바로 결혼해서 가정을 꾸렸기에 일단 제약회사에 취직했습니다. 1년쯤 다니니까 회사에서 한 달 휴가를 줄 테니 다시 공부해서 약사 면허증을 따오라고 하더군요. 그래서 한 달 휴가를 얻었죠. 그런데 그 한 달 동안 저는 또 연극을 했어요. 아주 단단히 미친 거죠. 하지만 저는 단단히 미쳤다는 것이 굉장히 중요하다고 생각합니다. 회사 다니는 1년 6개월 동안 저는 저녁 6시 '땡' 하면 연극 동료와 선후배들이 있는 극단으로 달려갔어요. 이렇게 이중생활을 지속하다 보니 월급을 타면서 스스로 열심히 일을 안 하고 있다는 양심의 가책을 느꼈고, 한편으로는 내가 하고 싶은 걸 하면서 먹고살 수 있다면 얼마나 좋을까 하는 생각이 들었어요. 아시다시피 연극은 가난한 예술의 대명사 아닙니까. 그래도 너무 하고 싶었어요. '한번 부딪쳐보자. 해보고 안 되면 다시 돌아와도 되잖아' 하는 생각이 들었습니다. 아내에게도 "여보, 나 연극에 미쳐 죽을 것 같은데, 연극으로 먹고살 수 있는지 한번 해보고, 안 되면 다시 취직할게" 하고 동의를 구했죠. 이후 남들이 부러워하던 안정된 제약회사를 때려치고 본격적으로 연극에 뛰어들었습니다.

물론 저는 연극과는 전혀 상관없는 전공을 가진 사람입니다. 근데 엔터테인먼트 쪽은 전공과는 아무 상관없어요. 〈실미도〉, 〈공공의 적〉을 만든 강우석 감독은 성균관대학교 영문과를 2학년에 중퇴하고 아직까지 졸업을 안 해요. 한국의 영화계를 대표하는 스타감독이 되니까 성균관대학교에서 명예졸업장을 줄 테니 받으러 오라고 해도 안 가요. 〈왕의 남자〉 이준익 감독은 세종대 동양화과를 중퇴했고, 〈괴물〉, 〈설국열차〉 만든 봉준호 감독도 연세대 사회학과 나왔죠. 〈해운대〉, 〈국제시장〉을 만든 윤제균 감독은 고려대 경제학과를 나와서 대기업 광고회사를 잘 다니던 사람이었어요. 그런데 IMF 외환위기가 와서 회사에서 월급도 안 주고 한 달간 무급 휴가를 줬어요. 그때 자취방에서 천장만 보다 심심해서 끄적끄적 쓴 게 바로

〈두사부일체〉 시나리오예요. 그게 대박이 나서 일약 영화감독이 되고 제작자가 됐어요. 인생이란 이런 겁니다. 해외영화제에서 유명한 임권택 감독님은 대학교는커녕 고등학교 근처에도 못 가봤고. 김기덕 감독도 가난해서 고등학교를 못 갔죠. 학벌도 전공도 스펙도 상관없다는 겁니다. 이 사람들의 공통점은 다 자기가 좋아하는 것에 미친 사람들이에요.

제약회사를 그만두고 연극판에서 기획 일을 하며 살았는데 연극만 해서는 먹고살기 힘드니까 콘서트 기획도 하고 무용공연 기획도 하면서 청춘을 보냈어요. 노래를 찾는 사람들, 김광석, 안치환, 각 대학 노래패들이 왕성하게 활동할 때였어요. 그때 김창남 교수님이 그 친구들의 대장이었습니다. 제가 민중문화운동협의회에서 활동할 때, 각종 집회가 열리면 이를 테면 '문화선전대'를 공급해야 했어요. 그러면 제가 김창남 교수님한테 전화를 하는 거예요. "어디서 집회가 있는데 노래 잘하는 사람 좀 보내줘요." 이렇게 착취도 많이 했죠. 그때 자주 불려 와서 위험을 무릅쓰고 노래 부르던 친구가 김광석, 안치환이었어요. 이 두 친구가 노래를 참 잘했죠.

문화운동을 하면서 인생의 좋은 스승을 많이 만났어요. 그때 만난 분들이 「아침이슬」의 작곡가 김민기, 김지하 시인, 장선우 감독, 황석영 작가, 유홍준 교수, 김석만 연출가, 김명곤 전 문화관광부 장관, 또 국악하시는 김영동 선생님이었습니다. 좋은 선배이자 스승이었죠. 저는 교과서나 어떤 대학교수의 강의보다도, 이분들을 만나 맨날 밤새워 술 마시고 이야기하면서 문화예술의 철학적·인문학적 토양을 만들어갈 수 있었어요.

젊은 나이에 대한민국 문화예술계의 아주 중요한 분들과 함께 술 마시고, 자고, 뒹굴고 하던 경험이 제겐 굉장히 귀한 자산이 됐습니다. 네트워킹을 너무 이해타산적으로 하는 것보다는 자신이 하려는 목표와 철학이 맞는 사람, 그러니까 뜻과 마음이 맞는 사람과 진실하게 밥이나 술을 먹으면서 자연스럽게 어울리는 것이 중요하다고 생각해요. 그런 경험이 자기도 모르게 몸에 배어 평생을 지배합니다. 친구를 보면 그 사람을 알 수 있다는 말도 있잖아요.

한국 영화의
판도를 바꾸다

　　　　　그러다가 저는 1987년 6월 항쟁 이후 우리나라가 민주화되면서 민중예술판을 떠나 영화판에 들어갔습니다. 그때 한국 영화를 1년에 한두 편씩 만들었어요. 미국 영화계의 압력에 맞서 스크린쿼터 (자국 영화 의무 상영제) 사수 투쟁도 했고요. 그러니까 제가 젊은 날에는 반독재 민주화투쟁을 했다면, 영화판에 와서는 한국 영화 생존권 투쟁을 한 셈이죠.

1990년대 초는 대기업들이 영화산업에 뛰어든 시기예요. 당시 영화판의 우리 세대들은 30대 초반의 나이에 집도 없고 열정만 있는 젊은 영화인이었는데 타이밍이 좋았죠. 삼성, 대우, 현대, 선경(SK) 이런 대기업들이 VCR과 비디오테이프를 생산하기 시작하면서 그 하드웨어를 많이 팔기 위해 소프트웨어가 필요했어요. 그리고 비디오테이프에 적합한 소프트웨어가 바로 '영화'였던 겁니다.

그래서 대기업이 비디오 판권 확보를 위해 돈을 대고 우리가 영화를 만드는 식으로 영화가 제작됐죠. 그리고 그 영화들이 관객을 모으기 시작한 겁니다. 이전까지는 영화시장에서 한국 영화 점유율이 10퍼센트 정도밖에 되지 않고, 헐리우드 영화를 비롯한 외국 영화 점유율은 90퍼센트나 될 정도로 한국 영화가 열악했어요. 하지만 1990년대 초에 우리가 한국 영화 최초의 기획영화라고 할 수 있는 〈결혼이야기〉, 〈미스터 맘마〉 같은 로맨틱 코미디물을 만들어 히트시켰어요. 그러면서 점차 관객들도 한국 영화도 재밌다며 인식을 바꾸기 시작했고, 영화시장의 판도도 변하기 시작했습니다. 지금은 한국 영화 점유율이 50~60퍼센트 정도이니 미국, 인도, 중국 다음으로 자국 영화 점유율이 높은 나라가 된 거죠.

송강호, 설경구, 안석환, 강신일, 그리고 지금은 고인이 된 박광정 씨까지, 이분들 모두 당시에는 연극을 하고 있었어요. 그러다 문성근 씨랑 저랑 먼저 영화계에 왔죠. 연극판에 연기력 있는 배우들이 많았지만 가난 때문에 배우의 길을 포기하는 모습을 보면서, 영화판에는 이렇게 연기력 있는 배우가 드무니까 우리가 이들의 가교 역할을 하기로 한 거죠. 그때는 매니저 시스템이 없었으니까 저희가 후배 연극배우들의 포트폴리오를 만들어서 문성근 씨는 방송 드라마 쪽에 연결하고 저는 영화판에 소개하고 그랬어요. 지금은 이 후배들이 영화와 드라마를 주름잡고 있죠. 정말 찢어지게 가난하고 어려운 시절을 보냈던 사람들이에요. 송강호 씨 같은 경우는 부산의 '현장'이라는 의식 있는 극단 출신이에요. 그러다가 혼자 서울에 올라와 대학로에서 고생하다가 오늘날의 연기파 배우가 됐죠.

〈아름다운 청년 전태일〉이란 영화도 제가 제작했어요. 대기업에서 이런 영화에 투자할 리가 없죠. 그래서 국민 모금으로 시드머니를 만들어 제작한 영화예요. 7700여 단체와 개인으로부터 2억 5000만 원을 모으고, 제가 그전에 〈너에게 나를 보낸다〉란 영화로 대박을 내서 20억 원을 벌었는데 그 돈까지 모두 투자해 이 영화를 만들었어요. 흥행이 되리라곤 생각도 안 하고 그냥 운명이라 생각하고 사명감만으로 제작했는데, 마음을 비우니까 이것도 흥행이 되더라고요. 이 영화의 엔딩크레딧에 7700여 명의 후

원한 사람들 이름이 전부 올라갔어요. 고 김수환 추기경님도 와서 응원해 주셨죠. 그해 청룡영화상을 휩쓸었어요. 게다가 잘되려니까 베를린 국제 영화제 본선에까지 진출했고, 매스컴에서도 난리가 났습니다. 영화판에 뛰어든 이후 최고의 전성기였죠.

스크린쿼터란 한 스크린당 1년에 146일은 한국 영화를 의무적으로 상영해야 하는 제도예요. 그런데 한국 영화가 흥행이 잘 안 되니까 자꾸 외국 영화를 상영하는 극장들이 있었어요. 할리우드 영화 상영하고 기록에는 한국 영화를 상영했다고 속이는 거죠. 그런 걸 우리 영화인들이 감시하자고 해서 스크린쿼터 감시단 활동을 벌였어요. 우리나라에 스크린쿼터를 없애라고 요구했던 미국영화협회 회장 잭 발렌티도 그때 만났습니다. "당신들은 한국 영화가 고사하기를 바라냐"고 했더니 그건 아니라고 하더라고요. 그래서 한국 영화가 자생력을 갖출 때까지만 봐주라고 요구했습니다. 당시 광화문 아스팔트 바닥에서 한국 영화계의 내로라하는 스타들과 스크린쿼터 사수 투쟁을 함께했습니다.

1980~1990년대에는 홍콩 영화가 잘나갔어요. 당시는 인구 600만 명밖에 안 되는 홍콩이 영화 강국이었죠. 그걸 보면서 '한국 영화도 해외에 진출해보자, 해외시장 개척이 살 길이다'라고 생각해서 박중훈 씨 데리고 호주 영화 스탭들과 영어 대사로 영화를 만들기도 했어요. 〈현상수배〉라는 영화입니다. 진입장벽이 높은 영어권 말고 외국 문화에 너그러운 유럽에 진출해보자 해서 국민배우 안성기 씨와 함께 폴란드로 가서 현지 스탭들과 함께 만든 영화가 〈이방인〉이고요. 뭐 이렇게 한국 영화의 생존과 발전이라는 사명감을 가지고 여러 해외 진출 시도를 했었습니다만, 해외 장벽은 높다는 걸 절실히 깨달았죠.

이정재, 심은하 씨하고 제주도에서 한겨울에 〈이재수의 난〉을 찍을 때는 젊은 조명 스탭 두 사람이 촬영현장에서 사망하는 사건도 있었어요. 큰 사고가 났으니 이젠 끝났구나, 영화는 엎어졌구나 생각했는데 결국 완성했어요. 다들 저보고 대단하다고 했는데 돌이켜보면, 제가 이런 역경을 이겨낼 수 있었던 건 모두 산악반, 감옥, 군대 같은 시련과 고통의 경험이 있었기 때문이 아니었나 생각해요.

〈해적, 디스코왕 되다〉라는 코미디 영화도 있었죠. 이정진, 한채영 씨의 데뷔작입니다. 개봉 날 아침에 보니 암표상이 떴어요. 이건 흥행이 된다는 의미거든요. 그때가 월드컵 기간이었는데 한국팀이 승승장구하는 거예요. 8강 가고, 결국 4강까지 갔잖아요. 붉은 악마들이 거리로 나오고…….결국은 종로3가 개봉영화관이 월드컵 때문에 아예 셔터를 내렸습니다. 흥행 대박이라고 생각했었는데 축구 바람이 불면서 대박의 기회를 놓쳤죠. 이땐 정말 피눈물을 흘렸답니다. 그 후로 제가 지금까지 축구를 안 본다니까요.

영화의 부가 수익 창출을 위해 다양한 시도를 하기도 했습니다. 〈맛있는 섹스, 그리고 사랑〉이란 영화를 할 때는 몸에 바르는 초콜릿을 개발하기도 했고, 〈목포는 항구다〉를 할 때는 발렌타인데이에 맞춰 영화 이름을 딴 소주를 만들기도 했어요. 다양한 아이디어를 실험해본 거죠.

광주민주화운동을 다룬 〈화려한 휴가〉는 개봉 초기부터 반응이 상당히 좋아서 1000만 관객을 기대했던 영화였어요. 그런데 심형래 씨의 〈디 워〉랑 붙은 거예요. 개봉 당시 〈디 워〉의 작품성에 대한 관객과 평론가의 논쟁이 인터넷과 TV에서 가열됐고, 이것이 오히려 영화의 흥행에 불을 지폈죠. 〈디 워〉의 관객 수는 800만 명을 돌파했고, 〈디 워〉 때문에 상승세가 꺾인 〈화려한 휴가〉는 아쉽게도 730만 명에 그치고 말았어요. 영화 같은 흥행 산업은 운도 따라줘야 해요. 만약 그때 관객이 1000만 명을 넘어서 제가 50억 원을 벌었다면 저는 지금 영화나 뮤지컬 안 하고 게으름 피우며 놀고 있을 거예요. 저는 이걸 하늘이 더 일하라는 계시로 받아들였답니다.

시련과 고통 없이는
성공도 행복도 없습니다

제 나이 50대에는 벤처캐피털 심사역 자격증을 따서 금융회사를 설립하고 투자자로 변신했어요. 〈화려한 휴가〉가 730만 명이 본 흥행 영화인데도 대기업과의 불공정거래 때문에 제작자인 저는 오히려 적자를 봤거든요. 차라리 내가 자본을 만들어서 흥행될 만한 영화에 투자하고, 잘되면 공정하게 분배하는 시스템을 만들어보자고 생각해서 맨 땅에 헤딩으로 자본금 70억 원을 모으고 150억 원 규모의 영화 펀드도 만들었죠. 이후 영화, 뮤지컬, 게임 등 문화콘텐츠에 공격적으로 투자하면서 영화와 뮤지컬계 후배들에게 존경도 받고 선망의 대상이 되며 승승장구했습니다. 그런데 너무 잘나가니까 어느 날 적대적 M&A(기업인수합병)를 당해 하루아침에 제가 설립한 회사에서 쫓겨났습니다. '토사구팽' 당한 거죠. 갑자기 실업자가 되었고 이때는 정말 상실감도 컸습니다.

그때 〈구름빵〉이라는 창작 뮤지컬에 투자를 했는데 이게 대박이 났어요. 이를 계기로 뮤지컬 쪽에도 발을 들여놓기 시작한 겁니다. 이후 창작 뮤지컬 〈광화문연가〉에도 투자해서 성공하고, 그러다 보니 대학 뮤지컬학과에서 저에게 산학협력 교수를 해달라는 러브콜도 오고, 서울시립뮤지컬단장까지 맡게 됐습니다. 세상에 죽으란 법은 없다죠?

뮤지컬은 영국, 미국이 전 세계 시장을 장악하고 있어요. 티켓 매출로 보면, 미국과 영국이 각각 1조 원으로 1, 2위이고, 일본이 약 5000억 원으로 3위, 한국이 2500억 원에서 3000억 원으로 급성장해서 세계 뮤지컬 시장 규모 4위입니다. 13억 명이 넘는 중국 인구를 생각하면 앞으로 뮤지컬에서도 중국 시장이 크게 성장할 것이라 예측할 수 있어요. 예전에는 중어중문학과가 인기가 없었어요. 그런데 그때 중국어 전공한 사람들 요즘 잘나가죠. 여러분의 미래는 아무도 예측할 수 없어요. 우아한 발레리나 강수진 씨나 스피드 스케이팅 이상화 씨의 발 사진을 보세요. 자기가 좋아서 죽기 살기로 피나는 연습과 훈련을 한 결과인 거죠.

요즘을 100세 시대라고들 하죠? 제가 보기에 삶을 살아가는 몇 가지 유형이 있는 것 같아요. 하나는 20대의 이른 나이에 성공해서 스타가 된 연예인들이에요. 하지만 정상에 섰으니 더는 올라갈 데가 없고 내려가야 하는데 그걸 감당하지 못해 방황하거나 우울증을 겪기 쉬워요. 반면 보통 사람들은 직장에 취직해서 안전하게 월급받고 보통 50~60대에 은퇴해 연금으로 살아요. 여러분 부모님 시대에 대부분 이렇게 살았죠. 그런데 여러분은 수명이 100세인 시대에 살고 있어요. 60살에 은퇴하면 나머지 40년을 어떻게, 뭘 하면서 살 거예요? 그래서 제가 권하는 것은 젊어서 50대까지는 고생도 하면서 굴곡 있게 천천히 가다가 60대쯤에 정상에 선 다음, 남아 있는 30년 동안 천천히 내려오는 삶입니다. 조급하게 뭔가를 이루려고 하지 말고 길게 보라는 겁니다.

제가 영화사를 17년 동안 운영하면서 신입사원도 많이 뽑았고, 뮤지컬 쪽에서도 많은 젊은이들을 보는데 참 갑갑함을 느껴요. 요즘 다들 스펙이니 뭐니 하지만, 실제 성공은 스펙과 비례하지 않습니다. 특히 영어! 영어 잘하면 뭐해요, 전 세계에 영어 잘하는 사람들이 얼마나 많은데요. 영어는 의사표현을 하는 전달수단에 지나지 않아요. 일단 자기 머릿속에 콘텐츠가 있어야 뭐라도 표현할 수 있죠. 그러니까 젊어서 진짜 실력과 내공을 쌓아두세요. 또 하고 싶은 것, 좋아하는 것을 하세요. 이제 대한민국은 절대 굶어서 사람이 죽는 나라는 아닙니다. 여러분은 앞으로 60년을 일하면서 먹고살아야 합니다. 그 긴 시간 닥쳐올 온갖 시련과 고통을 버틸 수 있는 실력과 내공은 바로 좋아하는 일, 그리고 하고 싶은 일을 죽기 살기로 하는 에너지에서 나온다는 것을 잊지 마세요.

우리는 어디서 왔는가?
우리는 누구인가?
우리는 어디로 갈 것인가?

스토리텔링으로
세상을 바꾸는
방법

김태훈

'문화정책'을 공부했고 한국문화콘텐츠진흥원 음악산업팀장으로 일했다. 당시 그는 한국대중음악학회와 함께 한국 대중음악사를 정리하는 작업을 했다. 어떤 분야든 가장 기초적인 역사부터 정리돼야 발전할 수 있다는 게 그의 신념이다. 이후 지역스토리텔링 연구소장을 맡아 활발한 강연 활동을 하고 있다. 그는 문화도 마치 습지처럼 풍부한 생태계를 이뤄야 융성할 수 있다고 믿는다. 지역의 문화를 스토리텔링을 통해 풍부하게 만드는 것이 우리 사회의 문화적 잠재력을 키우는 가장 중요한 일이라는 게 그의 생각이다.

스토리텔링은 '힘'을 얻는 과정이기도 합니다. 사회가 내세우는 잣대와 저울에 수동적으로 평가만 받을 게 아니라, 나 스스로 힘을 갖고 사회에 대해 영향력을 행사할 수 있도록 만드는 것이 스토리텔링입니다. 힘이 있는 사람은 기성사회가 제시하는 선택지 대신에 다른 선택지를 제시할 수 있습니다.

스토리텔링에서도 함께하는 것이 매우 유리하고 효과적입니다. 세상을 향해 비슷한 뜻을 가진 사람들이 힘을 모아 함께 스토리텔링을 하면 그만큼 힘이 생기고, 우리를 위한 공간도 만들어낼 수 있습니다.

스토리가 행동을
결정한다

저는 오늘 스토리텔링에 관해 이야기해보려고 합니다. 여러분 모두가 스토리텔러가 됐으면 좋겠다는 생각에 제가 몇 가지 이야기를 준비해봤습니다.

먼저 시기가 시기인 만큼 세월호에 관한 이야기를 하지 않을 수가 없겠네요(강연 날짜는 2014년 4월 24일로 세월호 참사가 일어난 지 8일 후였다). 오늘의 주제를 '세월호 선장'과 관련해 풀어보겠습니다. 사고가 일어나고 제일 먼저 탈출을 한 선장, 그가 '왜 그런 행동을 했을까?'에 대해 제가 입장을 바꿔 생각을 좀 해봤습니다. 여러분도 기사를 보면 알겠지만, 계약직이었고 나이가 많다는 점이 그런 행동을 하게 만든 배경이 아닐까 하는 생각도 들었습니다. 하지만 그 배 안에는 세월호 선장 이준석 씨와 대비되는 인물이 한 명 있었죠. 바로 승무원 박지영 씨입니다. 이분도 선장과 마찬가지로 비정규직이었습니다. 하지만 그는 도망가지 않았죠. 승객을 한 명이라도 더 구하기 위해 애쓰다가 안타깝게도 자신은 구조되지 못했습니다. 목격자들 말로는 구명조끼가 부족해지자 자기가 입고 있던 것을 여학생에게 줬다고 하지 않습니까? 구명조끼를 받은 여학생이 "언니는요" 하고 물으니 "걱정하지 마. 나는 너희들 다 구조하고 나갈 거야" 하고 대답했다고 하죠.

여기서 궁금증이 생깁니다. 세월호의 선장 이준석 씨와 세월호 승무원 박지영 씨 이 두 사람의 행동에 차이를 만드는 것은 무엇이었을까요? 둘 다 똑같은 사람인데 아주 다른 행동을 했죠. 절체절명의 순간에 한 사람은 도피를 했고, 다른 한 사람은 끝까지 구조에 임하다가 기꺼이 죽음을 받아들였습니다.

역사 속에서도 세월호 선장과 대비되는 인물이 한 명 있습니다. 사육신 중 한 사람인 '박팽년'입니다. 이분은 세종대왕 때 과거에 급제해 집현전 학사를 했고, 세조 때는 형조참판까지 한 분입니다. 세조 집권 당시 몰래 진행하던 단종 복권운동이 발각돼 세조에 의해 고문을 당하다가 죽었습니다. 죽기 전 세조와 박팽년 사이의 유명한 일화를 소개해보겠습니다.

단종 복권운동 발각 후,
세조: 너는 왜 신하인데 역적질을 하였느냐?
박팽년: 나으리, 상소문을 잘 보시지요.

지금 박팽년이 왜 세조에게 '나으리'라고 했을까 의아해하는 분들도 있을 겁니다. 사실 박팽년이 세조에게 올린 상소문에는 '신하 신(臣)' 자가 아닌 이와 비슷한 '클 거(巨)' 자가 써 있었습니다. 즉, 박팽년은 한 번도 세조를 자기 임금으로 생각하지 않았던 거죠.

세조가 상소문을 보고 나서,
세조: 하지만 너는 나라의 녹을 먹지 않았느냐?
박팽년: 저는 나으리께 받은 녹을 한 푼도 쓰지 않고 쟁여놨습니다.
　　　 저의 집에 가서 확인해보십시오.

세조가 신하를 시켜 박팽년 집에 가보게 하니 정말로 이제까지 받은 녹이 다 쌓여져 있었다고 합니다. 여기에서 궁금증이 생깁니다. 세월호 선장과 사육신 박팽년, 이 두 사람의 행동에 차이를 만드는 것은 무엇이었을까, 이 둘도 똑같은 사람인데 아주 다른 행동을 했죠. 절체절명의 순간에 한 사람은 도피를 했고, 다른 한 사람은 당당하게 자기의 소신을 밝히고 기꺼이 죽음을 받아들였습니다.

제가 볼 때 이 둘의 차이는 '스토리'입니다. 저는 스토리를 가지고 살아가는 사람과 그렇지 않은 사람의 차이가 그 사람들의 행동을 결정한다고 생각합니다.

'스토리가 행동을 결정한다'는 것은 제 개인적인 소견이라기보다는 역사가 증명해온 사실입니다. 『조선왕조실록』에서 가장 비중 있게 다루고 있는 부분이 죽음입니다. 조선시대에는 '어떻게 죽느냐'가 그 사람의 인생을 평가하는 중요한 요소였습니다. 예를 들면 이방원이 정도전을 죽이고 정권을 잡았을 당시 등장한 '유만수'라는 인물이 있습니다. 이성계 장군이 위화도회군을 할 때 종군했던 사람입니다. 한마디로 조선의 개국공신인 거죠. 그런데 이 유만수라는 사람은 나중에 이방원이 정권을 잡자 자신의 아들을 데리고 이방원을 찾아갑니다. 그리고 자신과 아들의 생사를 위해 이방원에게 머리를 조아리며 온갖 아첨을 떨죠. 이방원은 그 자리에서 유만수와 그의 아들을 죽입니다. 그리고 유만수의 그러한 행동에 대한 평가가 『조선왕조실록』에 이렇게 기록돼 있습니다.

천하를 근심하는 사대부가 자기 자신만을 근심하는 필부로 전락하면 역사가 그를 조롱하고, 상갓집 개 쳐다보듯이 한다.

이 문장을 통해 제가 말하고 싶은 것은 조선시대 역시 사람을 스토리로 바라봤다는 것입니다. 나중에 어떻게 기록될지, 그것이 어떻게 이야기될지를 생각한 뒤 그 사람의 행동이 결정됐다는 것이죠. 당시 '박팽년'은 자신의 가문이 멸문지화(滅門之禍) 당할 것이라는 사실을 분명 알고 있었습니다. 그런데도 그가 죽음을 선택한 것은, 자신이 역사 속에서 어떻게 평가받고 어떻게 이야기될지에 대해 알고 있었기 때문이었습니다. 그래서 그런 행동을 한 것이었죠.

결국 사람은 스토리로 구성돼 있다고 할 수 있습니다. 일반적으로 사람은 단백질과 지방으로 이뤄져 있다고 하기도 하고, 철학에서는 사람이 몸과 정신, 영혼으로 구성돼 있다고 표현하기도 합니다. 하지만 저는 사람은 스토리로 구성돼 있다고 표현하고 싶습니다. 사람을 구성하고 있는 스토리는 인생의 중요한 선택을 하는 순간에 결정적인 영향을 미칩니다. 이때 말하는 스토리는 자신에게 내면화된 스토리라고 할 수 있습니다. 예를 들면, 배우자를 선택할 때, 전공을 선택할 때, 그리고 직업을 선택할 때, 자신의 내면 안의 스토리는 그 선택에 중요한 영향을 끼칩니다.

배우자를 선택할 때 여러분은 어떤 기준으로 이 사람과 결혼할지를 판단할 건가요? 그 사람의 객관적인 데이터, 스펙 같은 것들을 볼 건가요? 실제로는 그런 것보다는 주변 사람들의 스토리를 살펴볼 겁니다. 나의 부모님이 어떻게 살아왔는지, 내 주변에 나와 비슷한 스토리로 살아가는 사람이 누가 있는지, 혹은 소설이나 드라마에서 나오는 캐릭터들의 스토리는 어떤지 등 이런 스토리들을 자기가 가진 내면의 스토리와 비교하면서 선택하는 겁니다. 결국 '내 안에 어떤 스토리가 들어 있는지'에 따라 나의 행동이 결정됩니다. 우리의 일상 안에는 다양한 스토리가 있습니다. 이 다양한 스토리들이 하나의 완성된 스토리를 만들고, 완성된 스토리는 개인의 정체성을 만듭니다. 그리고 정체성은 나의 행동으로 연결됩니다.

스토리를 통한
치유와 변화

우리 안에는 다양한 스토리가 존재합니다. 우리는 좋은 스토리만이 아니라 나쁜 스토리도 가지고 있습니다. 우리를 옭아매는 트라우마나 안 좋은 추억들이 나쁜 스토리라고 할 수 있습니다. 예를 들어 굉장히 억압적이고 가부장적인 집안에서 자란 딸이라면 연애할 때 굉장히 큰 부담감을 느끼는 경우가 많다고 합니다. 또 실패에 대한 두려움이 많아 사람과 잘 사귀다가도 상대의 흠을 발견하면 곧바로 자신이 먼저 차버리고 헤어진다고 합니다. 이런 행동을 하는 것은 상처에 대한 두려움 때문입니다. 상처받기 싫어서 헤어지는 거죠.

이와 같이 사람들은 저마다 자신의 내면에 '두려움'이 내포된 나쁜 스토리를 가지고 있습니다. 제가 말하고 싶은 것은 그런 나쁜 스토리를 그냥 내버려 두는 것이 인생의 정답이 아니라는 점입니다. 자신의 나쁜 스토리를 계속 내버려 두면 문제가 되지만, 나쁜 스토리에 개입해서 스토리를 고치면 다른 긍정적인 스토리로 자신의 인생을 전개해나갈 수 있습니다. 이것을 '스토리 개입'이라고 합니다. 스토리 개입은 내면의 부정적인 이야기에 개입해서 새로운 서사를 만들고, 이를 통해 새로운 정체성을 만들어 새로운 행동을 이끌어내는 일련의 과정을 말합니다. 대표적인 예로 〈우리 아이가 달라졌어요〉라는 TV 프로그램이 있습니다. 이런 스토리 개입은 상담 혹은 여행을 통해서 일어나기도 합니다. 그리고 우리에게 자신만의 탈

출구를 만들어 새로운 에너지를 얻게 해주며, 새로운 자아를 만들어가면서 치유와 변화를 가져올 수 있도록 도와줍니다.

스토리텔링을 통한 치유 혹은 변화를 보여주는 대표적인 스토리가 있습니다. 혹시 『천일야화』라고 들어보셨나요? 『천일야화』는 페르시아의 샤 푸리 야르 황제에게서 시작되는 설화인데, 앞부분을 간략하게 소개해보겠습니다.

어느 날 황제는 부인이 노예들과 부적절한 관계를 맺는 것을 발견하고, 이에 분노해 부인을 처형합니다. 그다음 날부터 황제는 페르시아에 있는 모든 처녀들을 불러 하룻밤을 함께 보내고, 다음 날 아침이 되면 그 처녀를 처형시킵니다. 황제의 이런 행동은 3년 동안 이어지고, 그러던 어느 날 세헤라자데라는 한 대신의 딸이 황제의 침실로 들어가게 됩니다.

『천일야화』는 세헤라자데가 황제에게 천일 동안 밤마다 들려준 이야기입니다. 이것이 영어로 번역된 것이 『아라비안나이트』이고, 여러분이 잘 알고 있는 「신드바드의 모험」이나 「알리바바와 40인의 도적」 이야기 역시 모두 『천일야화』에 수록돼 있습니다.

제가 『천일야화』에서 놀라웠던 것은 세헤라자데가 황제에게 처형당하지 않고 계속 이야기를 들려주는 것도 그렇지만, 무엇보다 천일 동안 세헤라자데에게 이야기를 들은 황제가 이야기가 끝난 후 더는 처녀들을 죽이지 않았다는 사실입니다. 이야기를 많이 들었더니 사람이 바뀌더라는 거죠. 확실히 『천일야화』 안의 수많은 이야기를 통해 우리는 스토리텔링에 사람을 바꾸는 힘이 있다는 것을 알 수 있고, 이야기 안에 숨어 있는 잠재력을 확인할 수 있습니다.

여러분도 잘 생각해보면 이 천일야화가 아니더라도 일상생활 속에서 이런 스토리텔링의 잠재력을 쉽게 발견할 수 있습니다. 예를 들어 여러분이 답답하거나 어떤 문제에 대한 해결책이 보이지 않을 때, 누군가와 이야기를 하다 보면 고민이 해결된다거나, 혹은 누가 내 이야기를 들어만 줘도 답답함이 풀리면서 기분이 좋아질 때가 있습니다. 그것이 바로 스토리텔링이 가진 잠재력이고, 스토리텔링이 주는 힘입니다. 쉽게는 영화를 통해서도 스토리텔링의 힘이 주는 효과를 경험할 수 있어요. 영화를 보고 나서 인생의 실마리를 찾거나 삶의 에너지를 얻는 것이 그 예가 될 수 있겠죠. 스토리텔링 안에는 이렇게 치유와 변화를 만들어낼 수 있는 잠재력이 있고, 이것이 바로 스토리텔링의 중요한 기능입니다.

스토리텔링의 본질

'스토리텔링이 사람을 바꾼다.' 물론 맞는 말입니다. 하지만 이야기만 잘 만들면 사람을 바꿀 수 있다는 부분에 대해서는 좀 더 생각을 해볼 필요가 있습니다. 요즘 정부나 지자체, 기업 등에서 스토리텔링과 관련된 프로젝트나 마케팅을 많이 실시하고 있습니다. 이런 계획에는 대부분 이야기만 잘 만들면 관광객이 늘어나고 물건이 많이 팔릴 것이라는 기대감이 반영돼 있습니다.

하지만 과연 이야기만 잘 만든다고 사람들의 마음을 움직일 수 있을까요? 이야기를 잘 만들기만 하면 관광객이 늘어나고 사람들이 물건을 많이 사게 될까요? 앞서 이야기했던 『천일야화』를 떠올려봅시다. 『천일야화』에서는 매일 처녀를 죽이던 폭군이 이야기가 끝나고 나서는 더는 죽이지 않게 됐습니다. 그렇지만 이게 단지 이야기 하나 때문이었을까요? 다들 『아라비안나이트』알죠? 여러분은 그 이야기가 사람의 심성을 바꿀 정도로 감동적이라고 생각하나요? 물론 재밌기는 하지만 폭군을 정상적인 군주로 바꿀 만큼 그 이야기가 감동적이었는지에 대해서 저는 약간 의문이 듭니다.

또 다른 의문은 제가 알기로『천일야화』안의 이야기들이 총 280여 개 정도 되는데 '과연 이것들 모두 세헤라자데가 지어낸 이야기들이었을까' 하는 점입니다. 솔직히 저는 그건 아니라고 봅니다. 실제로 천일야화 속 이야기 대부분이 그 지역에서 전해 내려오는 민담, 설화 같은 극동지방에서 떠돌던 것들이었습니다.

마지막으로 의문을 하나 더 제기해본다면, 과연 그 지역에서 민담, 설화로 전해 내려오는 이야기들을 샤푸리 야르 황제가 몰랐을까 하는 점입니다. 분명 황제는 세헤라자데와 같은 동네 출신이었을 텐데 말입니다. 세헤라자데가 했던 이야기 모두 황제 역시 이미 들어봤을 법한 것이라는 거죠. 특별히 황제에게도 새로울 것이 없었던 것들이었겠죠. 물론 그 이야기들을 세헤라자데가 잘 각색했었을 거라고 생각되는데요. 그렇다고 세헤라자데가 이야기만 잘 각색했기 때문에 황제에게서 살아남을 수 있었던 걸까요?

여러분도 학창시절에 사고를 치거나 다른 중요한 이유로 교무실에 불려 가본 적이 있죠? 이때 선생님에게 어떤 이야기를 할 것인지도 중요하지만, 취하는 태도 역시 굉장히 중요합니다. 이런 상황을 세헤라자데의 입장에 적용시켜봅시다. 그 당시 세헤라자데는 분명 다른 처녀들처럼 99.9퍼센트 내일 아침 황제에게 죽을 목숨이었습니다. 물론 자기가 어떤 이야기를 가지고 어떻게 해보겠다는 계획은 있었겠지만 그게 효과가 있다는 보장은 없었습니다. 그런데도 다른 처녀들과 다르게 세헤라자데는 살아남았습니다. 그녀에게 어떤 차이점이 있었을까요?

이 사진은 소피 앤더슨이라는 화가가 그린 세헤라자데의 상상화입니다. 저는 이 그림을 보면서 '과연 세헤라자데가 샤푸리 야르 황제에게 첫마디를 어떻게 꺼냈을까?'를 상상해봤습니다. 분명 다른 처녀들은 내일 아침 자신이 죽는다는 두려움에 바들바들 떨면서 황제 앞에서 말도 잘 못했을 겁니다. 그들과 다르게 세헤라자데는 어떤 태도로 이야기를 했길래 살아남은 건지 저는 궁금했습니다.

• 소피 앤더슨, 〈세헤라자데〉

그 외에도 세헤라자데가 이야기를 서서 했는지 앉아서 했는지, 아니면 어딘가에 몸을 기대서 했는지, 어떤 옷을 입었는지, 어떤 향수를 뿌렸는지 같은 여러 가지 요소도 궁금합니다.

제가 이런 말을 하는 이유는 스토리는 결국 이런 복합적인 요소에 의해서 결정된다고 말하기 위해서입니다. 여러분도 연인을 만날 때 다양한 요소를 고려하죠? 단순히 상대방이 재밌게 말하는 것만 보는 게 아니라 그 사람의 외모, 말투, 성격 등 여러 가지 요소들을 보는 거죠. 저는 스토리텔링도 이와 비슷하다고 생각합니다. 말의 내용뿐만 아니라 다양한 요소들이 함께 어우러져 스토리가 이뤄지는 것이죠.

실제로 미국 캘리포니아 대학의 앨버트 메라비언이라는 심리학자가 실험을 통해서 의사소통에서는 말의 내용뿐만 아니라 다른 요소 역시 중요하다는 사실을 입증했습니다. 그는 '사람을 처음 만나 대화할 때, 무엇이 가장 큰 영향을 끼치는가?'에 대한 실험을 했고, 사람이 말을 할 때 타인에게 영향을 주는 것은 말의 내용이 7퍼센트, 목소리나 말투, 어조가 38퍼센트, 사람의 태도나 몸짓이 55퍼센트라는 결과를 얻었습니다.

우리는 보통 면접을 준비할 때 말의 내용에 신경을 씁니다. 면접관의 질문에 어떤 내용으로 답해야 할지에 대해서만 관심이 있다는 거죠. 하지만 메라비언의 실험결과로 볼 때 말의 내용이 의사소통에서 차지하는 비중은 겨우 7퍼센트밖에 되지 않고, 실제로는 사람의 목소리나 말투가 더 많은 영향을 끼친다는 것을 알 수 있습니다. 그리고 그보다 더 많은 영향을 주는 것이 바로 태도와 몸짓이고요. 그래서 면접관이 뭔가를 물어볼 때 말의 내용보다는 아이콘택트를 확실히 하거나 고개를 약간 끄덕이는 행위가 더 영향력이 있다는 것을 알 수 있습니다.

우리는 평소 이야기할 때 말의 내용에만 초점을 맞추는 경향이 있습니다. 그리고 정부나 지자체의 스토리텔링 프로젝트 역시 이야기의 내용만으로 관광객이 많이 올 것이라 기대합니다. 하지만 '세헤라자데' 그리고 '메라비언의 실험' 이 두 가지 사례를 통해서, 우리는 말의 내용보다는 다른 요소가 스토리텔링에 더 큰 영향을 미친다는 사실을 알 수 있습니다.

현대, 한국의
스토리텔링 문화

프랑스의 작가 크리스티앙 살몽은 스토리텔링에 대해 이렇게 말했습니다.

스토리텔링은 뜻밖의 분야에서 전개되고 있다. 경영자들은 직원들의 의욕을 고취하기 위해 이야기를 하지 않을 수 없으며, 의사들은 환자들의 이야기를 듣도록 훈련되어 있다. 리포터들은 내러티브 저널리즘으로, 심리학자들은 이야기치료로 접근했다. 매년 수만 명가량이 미국 스토리텔링네트워크에 가입하거나, 미국에서 열리는 200여 개 스토리텔링 페스티벌 중 하나에 참가한다. 그리고 어느 서점을 가더라도 스토리텔링 기법을 마치 구도의 길이나 장학금 지원 전략, 갈등 해소방법 혹은 체중 감량 플랜으로 여기고 쓴 책들이 실로 엄청나게 많다는 사실을 한눈에 알 수 있다.

_크리스티앙 살몽, 『스토리텔링』, 류은영 옮김, 현실문화, 2010.

　현재 한국도 상당히 많은 분야에서 스토리텔링이 이용되고 있습니다. 여러분이 자기소개서를 쓸 때도 스토리텔링은 필요하고, 제 딸이 푸는 수학문제집 제목에도 역시 스토리텔링이 들어가 있습니다. 하지만 저는 이런 현상이 그다지 반갑지 않습니다. 스토리텔링이 남용되고 있기 때문입니다. 이러한 현상은 원래 스토리텔링의 의도를 벗어나는 것입니다.

　지금처럼 스토리텔링이란 말이 쓰이게 된 것은 1995년 미국 콜로라도에서 열린 '디지털 스토리텔링 페스티벌'이 그 시작이었습니다. 페스티벌 이전에 스토리텔링은 그야말로 '이야기하기'였고, 독서클럽에서 하는 책 읽기 같은 것을 의미했습니다. 특히 영국에는 이런 독서클럽이 굉장히 많았는데, 대부분 책을 보고 이야기하거나 독후감을 쓴 후 의견을 나누는 일을 가르키는 말이었죠. 하지만 이 '디지털 스토리텔링 페스티벌'을 기점으로 스토리텔링은 기존과 다르게 개념화돼 하나의 고유명사가 됩니다. 인터넷이 확산되고 있던 시점이었는데, 당시 과학자들과 IT계열 종사자들이 만나 본격적으로 스토리텔링에 대해서 정의 내리고 기존과는 다른 이야기를 하기 시작했습니다.

당시의 중요한 화제는 바로 '하이퍼텍스트'였습니다. 지금은 하이퍼텍스트가 너무나 당연하지만 그때는 지금과 다르게 천리안이나 하이텔 같은, 이른바 '데이터통신'을 사용했었습니다. 그 시절 데이터통신을 사용하는 방법은 이랬습니다. 먼저 데이터통신에 로그인을 해서 메뉴로 들어갑니다. 그리고 메뉴에 들어가 '문학', '신문', '만화' 중에 원하는 메뉴를 선택합니다. 만일 선택한 메뉴가 만화라면 다시 그 안에 있는 메뉴에 들어가서 내가 원하는 작가를 선택해 작품을 보는 것이죠. 즉, 데이터통신은 수직적이고 위계적으로 구성돼 있었습니다.

하지만 요새는 하이퍼텍스트를 사용합니다. 하이퍼텍스트가 무엇일까요? 여러분이 인터넷을 할 때 커서를 움직이다 보면 화살표가 손가락으로 바뀌는 부분이 있죠? 그곳을 클릭하면 무슨 일이 벌어지나요? 바로 그 문서로 넘어가죠? 그게 바로 '하이퍼텍스트'입니다. 하이퍼텍스트는 굉장히 놀라운 발견이었습니다. 이전까지는 문서를 찾으려면 어떤 위계가 정해진 경로를 찾아가야 했는데, 이제는 클릭만 하면 바로 그 문서로 이동할 수 있게 된 거죠.

결국 인터넷의 하이퍼텍스트는 수직적인 매체의 소통에서 수평적인 매체의 소통으로 바뀐다는 것을 의미하는 것이었죠. 하이퍼텍스트를 통해 세상은 온통 디지털의 문법으로 해체되고 재구성되는 격변을 겪었고, 디지털은 모든 시간과 공간에 혁명적인 변화를 만들어냈습니다. 이와 같은 변화 속에서 사람들의 새로운 질서에 대한 욕구는 강해졌고, 그러한 욕구를 채우기 위해 스토리텔링이 등장하게 된 것입니다.

우리나라에서 스토리텔링이라는 용어가 본격적으로 쓰이기 시작한 것은 1997년 〈타이타닉〉이라는 영화가 등장한 때부터라고 할 수 있습니다.

당시 〈타이타닉〉의 엄청난 흥행은 소나타 자동차 몇만 대를 파는 것보다 영화 한 편 잘 만드는 게 훨씬 더 많은 수익을 벌어들인다는 것을 우리에게 보여줬습니다. 또 1997년에는 IMF 경제위기가 일어나면서 이를 극복하는 것이 중요한 전 국민적 과제였습니다. 극복을 위한 두 가지 축이 벤처산업과 문화산업이었습니다. 정부가 외화를 벌어들이려고 한 것이죠. 이 문화산업의 핵심 키워드가 바로 스토리텔링이었고, 그때 미국의 스토리텔링 담론이 국내에 들어오면서 한국에서 본격적인 디지털과 스토리텔링산업이 시작됐습니다. 그리고 이즈음 제가 일했던 '한국콘텐츠진흥원'이라는 기구도 만들어졌습니다.

이런 기구가 만들어지면서, 스토리텔링을 기반으로 한 문화콘텐츠 사업 육성이 이슈가 됐습니다. 앞서도 말했듯이 이런 맥락 속에서 진행됐던 스토리텔링의 목적은 돈이었고, 특히 외화를 벌어들이는 것이 목적이었기 때문에 '수출을 많이 하자, 한류를 널리 알리자'라는 말이 나왔습니다. 사실 지금의 한류는 정부의 정책보다도 가수 '싸이'의 영향이 더 크다고 볼 수 있지만, 어쨌든 그런 목표로 가다 보니 여전히 한국에선 스토리텔링의 본질적인 부분보다는 '스토리텔링을 어떻게 사용해야 돈을 벌 수 있을까?' 하는 도구적인 개념만이 중요하게 여겨지는 경향이 있습니다.

나의 정체성을 찾아가는 여정, 스토리텔링

저는 이 그림을 참 좋아하는데요. 폴 고갱의 〈우리는 어디서 왔는가? 우리는 누구인가? 우리는 어디로 갈 것인가?〉라는 그

● 폴 고갱, 〈우리는 어디서 왔는가? 우리는 누구인가? 우리는 어디로 갈 것인가?〉, 1897, 보스턴 미술관 소장.

림입니다.

누구든지 항상 이와 비슷한 고민을 할 겁니다. 영화를 봐도 그렇습니다. 제가 최근에 〈다이버전트〉라는 영화를 봤는데요. 마지막에 영화의 주인공이 이런 이야기를 합니다.

"내가 누군지 잘 모르겠다."

영화의 배경은 폐허가 된 지구인데, 인류는 사회의 유지를 위해 개인의 특성에 따라 안전을 책임지는 사람, 선행을 하는 사람, 머리를 쓰는 사람 등으로 신분이 나뉘고, 그들은 오로지 자신이 속한 신분의 일만 합니다. 그리고 이곳에서 아무것에도 속하지 않는 사람이 '다이버전트'입니다. 주인공은 자신이 다이버전트라는 것을 알고 방황하다가 결국에는 사랑에 빠지는데, 영화 마지막에 연인에게 "내가 누군지 잘 모르겠다"고 말합니다. 그랬더니 할리우드 영화의 하나의 공식처럼 그 연인은 "나는 네가 누군지 확실히 알겠다"고 대답하죠.

이처럼 영화나 드라마의 핵심 메시지는 "나는 누구인가?"입니다. 우리가 잘 아는 스토리텔링의 기원은 신화, 설화입니다. 사실 이런 것도 자세히 보면 결국 모두 같은 이야기를 하고 있습니다. 우리나라의 대표적인 신화인 '단군신화'는 하늘에서 환웅이 내려와서 어떻게 하고, 곰이 어떻게 해서 우리가 태어났다는 이야기죠. 즉, '우리는 어디에서 왔고, 무엇인가? 그리고 어떻게 살아야 하는가?'에 대한 답을 제시하고 있습니다. 그러니까 신화나 설화의 스토리텔링은 우리는 어디서 왔는가, 우리는 누구인가, 우리는 어디로 갈 것인가를 설명해주는 것이라 할 수 있죠. 그리고 이 신화와 관련된 의례나 규범들이 있습니다. 예를 들어 고구려의 동맹, 부여의 영고, 동예의 무천 같은 제천의식이죠. 이것들이 스토리텔링의 신화나 설화를 반복적으로 확인해주는 것이라고 생각합니다. 각 동네마다 있는 전설, 설화도 마찬가지입니다. 이런 이야기 속에는 그 지방의 기원이나 명언, 또는 그 지역에서 해서는 안 되는 것에 대한 규범들이 들어 있습니다.

개인의 이야기도 이와 마찬가지입니다. 남자들이 좋아하는 스토리텔링 중 하나가 '17대 1'입니다. 요즘 대학생들은 그렇지 않을지도 모르지만, 저희 때만 해도 '어디서 몇 명하고 붙었다'는 것은 상당히 중요한 스토리텔링이었습니다. '내가 누구다'라고 말하는 것이죠. '나는 17대 1로 붙은 적이 있다. 그리고 나는 그만큼 남자답고, 용감하고, 강한 놈이다'라는 것을 설명해주는 것입니다. 즉, 스스로 나를 위한 스토리텔링을 만들어 이런 몇 가지 이야기를 통해 나의 존재를 내 자신과 상대방에게 확인시켜주는 방법입니다.

저는 첫 만남 술자리에서 사람들과의 분위기가 좋으면 제 이야기를 많이 합니다. 그런데 몇 년 동안 이야기했던 것을 곰곰이 생각해보니, 주로 내가 어떤 사람이라는 것을 알려주기 위한 몇 가지의 한정된 이야기만을 하고 있었습니다. 전공을 바꿨던 이야기, 내가 어떤 선생님을 만났던 이야기 등의 범위를 못 벗어난다는 것이죠. 앞서 말한 것처럼 사람은 스토리로 구성돼 있습니다. 특히 그 속에 결정적인 스토리가 몇 가지 있는데, 그것이 그 사람이 어떻게 변화해왔는지를 말해줍니다.

앞에서 스토리텔링을 '정체성을 찾아가는 여정'이라고 정의했죠. 저는 여정이라는 말을 참 좋아합니다. 그것은 아직 완성되지 않은, 그래서 계속 해서 뭔가를 찾아나가는 과정을 의미하기 때문입니다. 사실 정체성이라는 말이 한 가지로만 정해져 있는 것은 아닙니다. 나의 정체성은 청소년기만이 아니라 사회에 나와 직장생활을 할 때도 계속 변화하면서 스스로에게 질문을 던집니다. 여러분도 사회에 나가 일하면서 3개월 정도가 지나면 '이것이 과연 내가 하려고 하는 일인가?' 하는 생각을 많이 할 겁니다. 그리고 결혼을 하면 '내가 계속 이 사람과 함께 살 수 있을까?' 하는 고민도 할 겁니다. 누구나 자신의 삶의 여정에서 중요한 변곡점을 만납니다. 이런 변곡점에서 자신의 이야기를 만들어내고 해답을 찾아가는 과정이 바로 스토리텔링의 본질이라고 생각합니다.

하지만 지금의 스토리텔링은 '안'보다 '밖'을 생각하는 경우가 많습니다. 각종 지자체, 마케팅에서 사용하는 스토리텔링들은 주로 밖을 보고 있습니다. 예를 들어, 취업을 위해 자기소개서를 쓸 때도 '내가 어떻게 해야 저 사람들이 나를 뽑아줄까?'를 먼저 생각합니다. 또 관광객을 유치하기 위해서 '어떻게 하면 관광객들이 우리 동네를 찾아올 수 있을까?'를 생각합니다. 지금 세상에서는 밖에 있는 사람들에게 나를 매력적으로 보이게 하는 것이 스토리텔링이라고 인식되고 있는 것이죠. 하지만 본질적으로 스토리텔링은 자신을 위해 하는 것입니다. 밖보다는 안을 먼저 생각하는 스토리텔링을 해야 합니다.

고조선에서 중국에 있는 오랑캐나 이민자들을 유치하기 위해 단군신화를 만든 것은 아니잖아요? 어떤 동네든지 그 동네만의 전설이 있습니다. 하지만 이 전설은 이웃 동네의 사람들을 위해 만든 것은 아닙니다. 우리 동네 사람들의 규율을 만들고, 우리 민족의 공동체 질서를 만드는 것이 스토리텔링의 본질인 것입니다. 스토리텔링이란 남을 위해서 하는 것이 아니라, 자신을 위해 혹은 우리를 위해서 하는 것이라는 점을 꼭 기억해주셨으면 좋겠습니다.

스토리텔러란 누구인가

이제 스토리텔러에 대해 말해보겠습니다. 오랜 옛날 부족공동체나 씨족사회에서는 스토리텔러의 역할을 하는 사람이 정해져 있었습니다. 스토리텔러는 '우리는 어디서 왔고, 누구이며, 어디로 갈 것인가', 즉 공동체의 정체성을 이야기해주는 사람입니다. 그 이야기를 토대로 공동체는 규율과 질서를 가지게 됩니다. 부족국가 시대에는 부족장이 스토리텔러였고, 종교적으로는 경전을 가지고 있는 사람들, 즉 사제나 성직자가 그 역할을 했습니다. 지금도 교회나 성당에 가면 목사님이나 신부님이 매일 강론을 합니다. 그 이야기는 우리가 어떻게 살아가야 하는지, 무엇을 해야 하고, 무엇은 하면 안 되는지를 가르쳐줍니다. 조선시대에는 성리학을 기반으로 하는 행동규범에 대해 잘 알고 있는 학자나 사대부가 스토리텔러였습니다. 그리고 그 사람들에 의해 사회의 질서가 만들어졌습니다. 예를 들면 제사를 지낼 때 그 안의 스토리텔러는 누구일까요? 제사의 형식과 절차를 속속들이 아는 사람 아니겠습니까? 생선 머리는 어디로 향해야 하는지, 잔을 올린 후에는 몸가짐을 어떻게 해야 하는지 등에 해박한 사람일 겁니다. 제사 지내는 동안에는 그 사람의 영향력이 절대적입니다. 그 사람이 힘이 가장 강하죠. 스토리텔러는 말이 많은 사람이 아닙니다. 여러분도 대학생활을 하면서 학교 안에서 말이 많은 사람과 스토리텔러가 항상 일치하지 않는다는 사실을 알고 있을 겁니다. 말은 많이 하는데 영향력이 없는 사람은 스토리텔러가 아닙니다. 하지만 누군가가 한마디 말했을 때, 조직 전체가 영향을 받아 굉장히 크게 움직인다면 그 사람이 바로 스토리텔러인 것입니다.

이런 의미에서 스토리텔러는 권력과도 밀접한 관계가 있습니다. '매체'와도 연관성이 있죠. 옛날에 매체라는 특별한 전달수단이 없을 때는 이야기를 들을 수 있는 공동체의 규모에 한계가 있었습니다. 하지만 매체가 발달하면서 메시지를 전달하는 방식 자체가 달라졌습니다. 15세기 요하네스 구텐베르크가 근대 활판인쇄술 발명에 성공하면서 새로운 스토리텔러가 등장한 것이죠. 좀 더 많은 사람들이 이 인쇄혁명 이후 신문, 소설, 성서 등을 읽기 시작했습니다. 그 결과 이전처럼 신분이나 지위에 따라서 영향력이 결정되는 것이 아니라, 신분적인 한계가 있더라도 글이나 텍스트, 지식을 잘 다룰 줄 아는 사람이 영향력이 생기는 시대가 됐습니다. 또 이시대에는 잡지가 굉장히 많았습니다. 여러분도 국어 시간에 근대문학을 배울 때 주로 문학잡지에 실린 작품을 배우지 않았나요? 이런 잡지를 보는 사람들을 중심으로 공동체가 만들어지고, 거기에서 새로운 스토리텔러가 등장하게 된 것입니다.

그러다 매스미디어의 시대가 옵니다. 그때부터 압도적인 영향력을 가진 스토리텔러가 등장하죠. 그 이전 인쇄매체 시대에는 잡지를 중심으로 다양한 스토리텔러가 다수 존재하고 있었다면, 매스미디어 시대가 되면서 대중매체, 특히 대중적으로 보급된 TV가 압도적인 스토리텔러로 등장하게 됩니다. 당연히 권력과 자본이 이것을 가지고 싶어 할 수밖에 없습니다.

스토리텔러가 권력과도 밀접한 관계가 있다고 말했죠? 매스미디어 시대에는 스토리텔러가 어떻게 말하는지에 따라 그 사회의 규범과 질서를 만들 수 있었습니다. 그래서 권력가, 자본가들이 이를 장악하고 싶어 했던 겁니다. 인류 역사에서 매스미디어를 장악해 자기 욕망을 이뤘던 가장 유명한 사람이 아돌프 히틀러입니다. 라디오가 없었더라면 히틀러는 나치즘을 그렇게 확산시킬 수 없었을 겁니다. 라디오라는 매체를 통해서 그 사람의 메시지, 세계관이 확산됐고, 그것이 힘을 갖게 되자 그가 세계전쟁을 일으킬 수 있었던 겁니다. 이전 인쇄매체 시대에 다양한 스토리텔러들이 기존의 수직적인 신분사회를 뚫고 수평적으로 등장했다면, 매스미디어 시대로 변화하면서 다시 수직적인 구조로 변화한 것입니다. 이 때문에 매스미디어를 장악하는 사람이 세상을 뒤흔들 수 있었습니다.

그리고 지금, 인터넷과 소셜미디어 시대가 왔습니다. 그러면서 매스미디어 시대의 수직적인 구조는 다시 수평적인 구조로 바뀌기 시작합니다. 이는 인터넷과 소셜미디어의 특징과 연관이 있는데, 이 매체에서는 누구나 스토리텔러가 될 수 있기 때문입니다. 과거에는 특별한 사람만이 스토리텔러가 될 수 있었습니다. 매스미디어 시대에서 스토리텔러가 되려면 언론고시를 통과해야 하고, 이후에도 어느 정도 자기 관점을 가지고 세상에 대한 이야기를 하기까지는 상당히 오랜 훈련을 해야 합니다. 그래서 10~20년은 일을 해야 자기의 관점에 따라 기사도 쓸 수 있었죠. 즉, 전문적으로 훈련받지 않으면 스토리텔러가 될 수 없는 시대였습니다. 하지만 소셜미디어가 그러한 진입 장벽을 낮췄습니다. 예전과 비교하기 어려울 정도로 진입 장벽을 낮춰 어떤 중개인을 통하지 않고도 내가 생각하는 것을 세상과 바로 소통할 수 있는 시대가 됐습니다. '구글'의 회장인 에릭 슈미트는 이런 말을 했습니다.

역사상 그토록 많은 장소에서, 그토록 많은 사람들이, 그토록 많은 힘을 자기 손끝에 가졌던 적은 없었다. 사실 우리는 제대로 시작하지도 않았다.

제가 예전에 홍보·마케팅 쪽에서 일을 한 적이 있습니다. 회사나 회사의 사업 내용을 세상에 알리는 일인데, 이를 위해서는 기자와 친해지는 것이 가장 중요합니다. 그래서 기념일을 챙겨주거나, 맛있는 것을 사주거나, 함께 술을 마시면서 기자들과 친분을 쌓습니다. 이런 식으로 친해져야 내가 미디어의 힘이 필요할 때 '보도자료를 좀 크게 내달라'고 부탁할 수 있는 것이죠. 이렇게 하지 않으면 뭔가를 세상에 알리기가 참 어려웠습니다. 하지만 지금은 자기가 원하면 얼마든지 세상에 뭔가를 알릴 수 있습니다. 예를 들어, 최근에 페이스북 친구를 맺은 분이 있는데, 그분의 딸이 세월호 희생자 중 한 분입니다. 세월호 참사가 일어나고 구조작업을 하면서, 피해자 가족들이 방송에 나와 언론이 구조 상황을 진실되게 보도하지 않는다고 많이 분노하고 억울해하셨죠. 이분은 분노하는 데 그치지 않고 진도에서 매일매일의 상황을 직접 페이스북을 통해 알렸습니다. 어떤 날은 자기가 직접 배를 타고 사고현장 근처까지 가기도 했고요. 이분이 기자들보다 더 정확한 정보를 실시간으로 전달해주셨죠. 그리고 어제 딸의 시신을 찾았다고 글을 올리셨습니다. 거기에 사람들이 '좋아요'를 몇천 개씩 누르고 추모 댓글이 몇백 개씩 달렸습니다. 이전에는 기자들을 통해 이런 이야기를 전달해야 했는데, 지금은 자기가 세상에 직접 알릴 수 있게 된 것입니다.

매스미디어 시대에는 작가, 신문, 방송기자 같은 엘리트 스토리텔러들이 일방적으로 이야기를 대중에게 전달하고, 대중은 이를 '사실'로 받아들일 수밖에 없는 구조였습니다. 하지만 이제 대중이 스토리텔러가 됐기 때문에 이전처럼 그들의 이야기를 그대로 받아들이지 않습니다. 그들의 이야기를 피드백하면서 고쳐주기도 합니다. 물론 여전히 엘리트 스토리텔러들만의 역할이 있지만, 이제는 이 사람들도 대중 속의 스토리텔러들을 무시하지 못하는 시대가 왔습니다. 그래서 그들도 대중과 좋은 관계를 맺으려고 하는 것이죠. 여러분도 이제는 한 사람 한 사람의 스토리텔러가 돼 엘리트 스토리텔러에게 영향력을 미치는 존재가 될 수 있는 것입니다.

스토리텔링 네트워크를 이용하라

이렇게 자기만의 스토리텔링이 중요해지는 상황에서 마지막으로 제가 여러분에게 제안하고 싶은 것은 바로 '스토리텔링 네트워크'입니다.

옛날 군사정권, 독재정권 시절 '막걸리 보안법'이라고 들어보셨나요? 막걸리 보안법은 술자리에서 정치나 정권과 관련된 말을 잘못하면 어느 날 쥐도 새도 모르게 사라진다고 해서 생겨난 말입니다. 그런데 이를 역으로 생각해봅시다. 술자리에서 말 한마디 하는 게 뭐가 문제라고 독재정권이 그렇게 예민하게 반응하고 통제했을까요? 뭐가 무서웠을까요? 바로 사람들이 모이는 것이 무서웠던 거죠! 사람들이 모이면 무슨 이야기를 할 것이고, 그러면 불만이 나올 테고, 그게 커지면 문제가 생길 것이라 예상했기 때문에 사람들이 모이지 못하게 막았던 겁니다. 그러니까 사람들이 모이고 연결되면 어떤 힘이 생긴다는 겁니다. 저는 그 부분이 중요하다고 생각합니다.

두 도시 이야기

스토리텔링 네트워크와 관련해, 미국의 두 도시 이야기를 해보겠습니다. 이 이야기는 두 도시에서 오랜 기간 산 경험이 있는 연세대 언론홍보영상학부 김용찬 교수님에게서 들은 것입니다. 두 도시는 미국의 남동부에 있는 터스컬루사와 중서부에 있는 아이오와 시티입니다. 두 곳 모두 해마다 재난상황이 생깁니다. 터스컬루사는 내륙 지역이라 토네이도가 자주지나가고, 아이오와 시티는 인근에 높은 산이 있어, 겨울에 눈이 많이 오면 봄에 눈이 녹을 즈음 홍수가 일어납니다. 그런데 이런 재난상황을 대하는 시민들의 태도가 상당히 다르다고 합니다. 터스컬루사는 토네이도가 지나간 후, 오랫동안 방치됩니다. 빈부격차가 심한 도시인데 주로 가난한 지역에서 그렇다고 합니다. 반면, 아이오와 시티는 봄철에 눈이 녹기 시작하면 시민들이 너나없이 강변으로 나와 모래주머니를 쌓습니다. 자연재해를 막기 위해 시민 대부분이 함께 나서는 것이죠.

이런 차이가 왜 생기는 걸까요? 김용찬 교수는 두 도시의 지역신문에 주목했습니다. 터스컬루사에는《터스컬루사 뉴스》라는 신문이, 아이오와 시티에는《프레스 시티즌》이라는 신문이 있습니다.《터스컬루사 뉴스》는《뉴욕 타임스》의 자회사로 웬만한 기사들은《뉴욕 타임스》에서 받아오고, 지역 관련 기사는 지역 미식축구팀과 관련한 내용이 대부분이라고 합니다. 반면,《프레스 시티즌》은 자기 지역의 이슈를 굉장히 상세하게 보도합니다. 심지어 주민 세금으로 운영되는 아이오와 주립대학교의 교수 연봉까지 매년 발표하죠. 두 도시 모두 평화로울 때는 아무 문제가 없습니다. 하지만 위기가 닥치면 달라집니다. 위기 속에서《프레스 시티즌》은 저력을 발휘하지만《터스컬루사 뉴스》는 큰 힘을 발휘하지 못합니다. 시민이 이 매체를 중심으로 연결돼 있기 때문입니다. 지역 문제에 관심이 많은 시민이 지역신문을 읽고, 이슈를 공유하면서, 어느 특정한 순간이 오면 이것이 위력을 발휘하는 것입니다. 이게 바로 스토리텔링 네트워크의 힘입니다.

스토리텔링 네트워크란 무엇인가

두 도시 이야기를 들려주신 연세대 김용찬 교수는 "공동체의 문제해결 행동은 구성원이 '스토리텔링 네트워크'에 얼마나 연결돼 있느냐에 달려 있다"는 내용의 '커뮤니케이션 하부구조 이론'을 만들었습니다. 다음 그림이 이론을 설명한 개념도입니다.

내부에 있는 원이 '스토리텔링 네트워크'로 주요 스토리텔러들 사이의 연결을 가리킵니다. 중요한 스토리텔러들로 지역 주민, 지역 미디어, 지역 단체와 모임 등이 언급돼 있습니다. 공동체에 관해 이야기하는 이 스토리텔러들이 유기적으로 연결돼 있는지 여부가 매우 중요하다는 뜻입니다. 여러분 학교에도 대학신문과 홈페이지, 블로그, 방송국 등의 매체가 있고, 동아리와 동문회, 과모임과 같은 공식·비공식적인 단체나 모임이 있죠? 이들이 스토리텔러들이고, 또 이 스토리텔러들이 연결돼 있는 상태가 스토리텔링 네트워크인 겁니다.

아울러 이 스토리텔링 네트워크는 '커뮤니케이션 활동맥락' 속에 있다는 걸 기억해야 합니다. 그림에서 맥락으로 제시된 다양한 조건들이 어떻게 조성돼 있느냐에 따라 스토리텔링이 촉진되기도 하고 억제되기도 합니다. 즉, '이야기하고 싶은 분위기'라고나 할까요? 쉬운 예를 들어 보면, 여러분도 다양한 모임에 참가하고 있죠? 그중에는 참여한 지 얼마 되지 않은 모임인데도 마음속 이야기를 쉽게할 수 있는 곳이 있는가 하면, 굉장히 오래된 모임이지만 말 한마디 하기도 부담스러운 곳도 있을 겁니다. 이는 각각의 커뮤니케이션 활동맥락이 다르기 때문에 나타나는 현상입니다.

커뮤니케이션 하부구조 이론

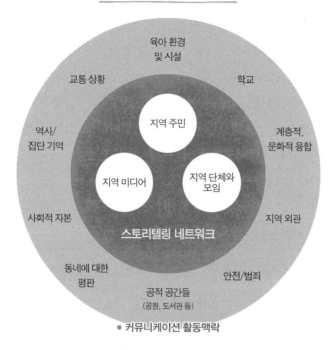

● 커뮤니케이션 활동맥락

_김용찬 외, 『커뮤니케이션의 새로운 은유들』, 커뮤니케이션북스, 2014.

커뮤니케이션 활동맥락에서는 공간적인 변수도 매우 중요합니다. 여기 강의하러 오기 전에 학교 도서관 앞 느티나무 아래에서 지인과 잠시 만나 이야기를 나눴습니다. 거기서 이야기하다 보니 여기가 성공회대학교 내의 하나의 커뮤니티 장소라는 것을 알게 됐죠. 여러분은 잘 느끼지 못하겠지만, 이 '느티나무'라는 장소가 지닌 힘은 상당히 큽니다. 이런 공간이 있으면 마음의 구심점이 생기고, 그곳에 가서 이야기를 하고 싶어지기 때문입니다. 하지만 이렇게 머물 곳이 없다면, 사람들을 만나기가 어려울 겁니다.

세상을 향해
함께 스토리텔링하라

이제 이야기를 마무리해야 할 것 같습니다. 스토리텔링은 단순히 상대방에게 어필하기 위해 이야기를 멋지게 만드는 것을 가리키는 것이 아닙니다. 스토리텔링을 하는 이유는 자기의 정체성을 찾기 위함입니다. 내가 누구인지, 왜 여기에 있는지, 앞으로 어떻게 살아가야 할 것인지에 대해 해답을 찾아가는 과정입니다. 자기소개서처럼 남에게 보이기 위해서 스토리텔링할 게 아니라 자기의 미래를 위해 스스로를 스토리텔링해야 합니다.

스토리텔링은 '힘'을 얻는 과정이기도 합니다. 사회가 내세우는 잣대와 저울에 수동적으로 평가만 받을 게 아니라, 나 스스로 힘을 갖고 사회에 대해 영향력을 행사할 수 있도록 만드는 것이 스토리텔링입니다. 힘이 있는 사람은 기성사회가 제시하는 선택지 대신 다른 선택지를 제시할 수 있습니다. 협상력이 생기는 것이죠. 물론 혼자서 이런 힘을 갖기는 쉽지 않습니다. 혼자서 해내라는 뜻도 아닙니다. 스토리텔링은 개인뿐만 아니라 우리에게도 매우 중요한 과제입니다. 제가 이렇게 '커뮤니케이션 하부구조 이론'을 장황하게 설명한 것은 혼자가 아니라 함께 이야기를 만들어가자는 취지였습니다. 혼자는 힘들어도 함께하면 힘이 나지 않습니까? 스토리텔링에서도 함께하는 것이 매우 유리하고 효과적입니다. 세상을 향해 비슷한 뜻을 가진 사람들이 힘을 모아 함께 스토리텔링을 하면 그만큼 힘이 생기고, 우리를 위한 공간도 만들어낼 수 있습니다.

스토리텔링은 단순한 화장술이 아닙니다. 나와 우리의 생존을 위한 매우 전략적인 활동입니다. 세상이 던져주는 선택지에 만족하지 말고, 우리

스스로 선택지를 만들어봅시다. 그리고 세상을 흔들어 우리의 공간을 만들어봅시다. 우리가 스토리텔링을 해야 할 이유가 바로 여기 있습니다.

5

창조의 시대, 전문가가 되세요

네트워크와 지역문화, 창조력을 잃지 않는 힘

김보성

대학 시절 민중가요 노래패 활동을 했고, 졸업 후에는 노동현장에서 활동하면서 「대결」, 「시다의 꿈」 같은 민중가요를 작곡했다. 현장을 떠난 후 '노래를 찾는 사람들'에 합류해 대표를 지냈으며, 한국민족음악인협회 사무국장을 역임했다. 노찾사 대표 시절에는 문화적으로 소외돼 있는 중소도시를 대상으로 한 순회공연을 기획했다. 이후 주로 지역 기반의 문화정책 전문인으로서 다양한 경력을 거쳐 2012년부터는 마포문화재단 대표이사를 맡았으며, 2015년부터는 성남문화재단 문화진흥국장으로 일하고 있다.

예술가들이 뭔가를 만들었는데 그곳이 상업화되고 황폐해지고 밀려나 버렸다? 아니라고 생각해요. 예술가가 만들어내는 창조력의 불꽃이 끊임없이 발화점을 이동하고 있는 거예요. 이게 중요합니다. 척박한 대지에 들어가 창조력의 불을 발화시키고, 거기에 또 새로운 불을 만들어낼 수 있는 근원을 제공한 후 스스로는 다시 다른 곳으로 이동하는 것, 그게 예술의 운명인 거죠. 이게 문화적 통찰력이에요. 그것을 주도하는 위치에 있을 것인지, 그것을 관찰하면서 '저거 이제 망했네' 하는 관찰자에 머무를지는 여러분의 몫이에요.

전문가란
무엇일까요

　　　　　오늘 저는 여러분에게 이 시대가 요구하는 전문가란 어떤 사람인가에 대해 얘기하려고 합니다. 전문가란 무엇일까요? 제가 이 질문을 수백, 수천 군데서 했는데 한 번도 오답이 없었어요. 이 질문에는 늘 정답이 나오더라고요. '특정 분야에 깊이 있는 지식과 경험을 가지고 있는 사람.' 전문가를 정의하라고 하면 모두 이렇게 말해요. 근데 정말 그럴까요? 지금 여러분이 알고 있는 전문가의 정의는 누구에게 배운 건가요? 아무도 가르친 적이 없고, 누구도 배운 적이 없는데 전문가를 정의하라고 하면 모두 똑같이 얘기합니다. 이상하지 않나요? 아날로그 시대에서 디지털 시대로 바뀌었다고 하는데 우린 여전히 아날로그 시대에 정의했던 전문가의 개념을 똑같이 되뇌고 있어요. 머릿속에 각인돼 있는 거예요. 겉으로는 우리의 생각과 행동방식이 디지털형 인간처럼 보이지만 머릿속의 사고유형과 감성구조는 여전히 아날로그 시대에 머무르고 있는 것 아닌가요? 이건 어쩌면 아주 심각한 문제일 수 있습니다.

전문가는
변화합니다

그렇다면 먼저 중세의 전문가로 거슬러 올라가 봅시다. 중세의 생산방식은 한 명의 걸출한 장인이 원료부터 완제품에 이르기까지 전 생산공정을 관할하는 것이었죠. 생산력이 낮을 수밖에 없어요. 그래도 중세시대에는 그 정도의 생산력만 있어도 사회가 지탱될 수 있었어요. 장인이 만들어내는 완성도 높은 제품은 그 시대의 봉건 영주나 왕족, 귀족 같은 소수의 사람에게만 공급됐기 때문입니다. 낮은 생산력으로 품질 좋은 제품을 만드는 것만으로도 그 사회가 유지될 수 있었죠. 그런데 시민혁명 시대가 도래합니다. 시민이 드디어 이 사회의 주인으로 등장한 겁니다. 소수 귀족이 누리던 삶을 평범한 사람들도 누릴 수 있게 된 거죠. 그리고 지금까지의 낮은 수준의 생산력으로는 더는 사회를 지탱할 수 없어집니다.

그래서 인류가 선택한 새로운 생산방식이 분업입니다. 다른 말로 정의하면, 단순 반복에 의한 숙련도의 증가예요. 21세기 전까지 인류는 분업을 통해 생산량을 극대화하는 방식으로 대량생산·대량소비 사회를 만들어 왔습니다. 20세기 초에 프랭크 길브레스라는 사람이 '미세동작연구'라고 하는 노동 과정을 관리하는 방법을 개발해요. 제가 1980년대 용접공으로 공장생활을 8년 했어요. 예를 들어 벤치프레스 기계, 노동자, 어떤 원재료가 있다고 합시다. 미세동작연구는 벤치프레스 기계와 원재료를 어떤 위치에 어떻게 두고, 노동자는 어떤 위치에 서서 움직여야 가장 높은 생산력을 얻을 수 있는지를 설명하는 거예요. 길브레스의 이 연구는 자동차 공장 등 많은 곳에 적용되며 큰 성과를 얻었습니다. 아날로그 시대의 인류의 과제는 대량생산, 대량소비였던 거죠.

아날로그 시대에 후진국은 정보가 부족했어요. 그렇기 때문에 유학이 중요했죠. 그 시대에 유학이란 우리의 미래가 이미 과거가 돼버린 선진국에 비행기라는 타임머신을 타고 날아가 우리에게 앞으로 닥쳐올 필요한 정보와 지식을 선점·독점하는 행위였어요. 그런데 어느 날 갑자기 디지털, 인터넷 때문에 정보의 홍수 시대가 열린 겁니다. 이제는 정보가 없는 게 문제가 아니라, 어떤 정보가 나한테 유용하고 필요한지를 가려내는 안목, 여기에 그런 정보들을 재조합·재창조하는 능력이 훨씬 더 중요해졌습니다. 다시 말해 이 시대에는 전문가에게 요구되는 능력이 달라진 거죠.

아날로그에서
벗어나세요

과거에는 한 분야에 깊이 있는 지식과 경험만 있으면 전문가가 될 수 있었지만, 정보의 홍수 시대인 21세기에는 한 분야만 정통해서는 전문가가 될 수 없습니다. 가장 대표적인 예로 미국 실리콘 밸리의 헤드헌터라는 직업을 들 수 있습니다. 헤드헌터는 기업이나 기관에 필요한 좋은 전문가를 잘 연결하고 인력개발을 해주는 전문직업이에요. 유능한 헤드헌터는 가능한 모든 분야에 깊이 있는 지식과 경험이 있고, 필요할 때마다 지식을 재조합·재창조할 수 있는 사람일 거예요. 그런 사람이 헤드헌터를 하면 클라이언트가 어떤 사람이든 요구하는 사항에 맞는 인력을 아주 효율적인 방식으로 구성할 수 있겠죠. 과거의 전문가라면 유능한 헤드헌터는 되기 어렵겠죠. 바로 그 얘기입니다. 디지털 시대인 21세기는 전문가의 개념이 바뀐 거예요. 가능한 모든 분야에 깊이 있는 지식과 경험이 있으면서 자기가 내가 필요한 지식과 경험을 순발력 있게 재조합·재창조할 수 있는 사람, 그게 21세기의 전문가입니다.

20세기를 상징하는 단어는 reaction, 반복 실행입니다. 바로 대량생산을 의미하죠. 그렇다면 21세기를 상징하는 단어는 뭘까요? creation, 창조입니다. 두 단어의 차이는 c 하나예요. c가 앞에 있냐, 중간에 있냐에 따라 의미가 아예 달라집니다. 절묘하지 않나요?

과거에는 한 분야에 깊이 있는 지식과 경험이 있는 사람을 전문가라고 정의했죠. 이 말은 분업에 기반을 둔 생산양식이 우리의 인식에도 영향을 미쳤다는 얘기고, 새로운 정보가 나오면 그걸 끊임없이 쪼개고 나누기에 바빴다는 거예요. 그렇지만 요즘이라고 뭐 달라졌나요? 한쪽에서는 융합의 시대, 통합의 시대, 통섭의 시대를 이야기하고 있는데 여전히 고등학교에서는 너 이과야, 문과야 하면서 나누고 있죠. 우리 시스템이 아직도 이런 겁니다. 세상은 바뀌었지만, 시스템은 안 바꾸거나 못 바꾸고 있는 거죠. 이게 무슨 선진국이고 새로운 세상인가요. 우리의 제도와 의식은 여전히 과거인데 말이죠. 그렇기 때문에 여러분은 이제 '나는 과연 변하는 이 새로운 세상에 적응할 준비가 돼 있는가'에 대해 스스로 질문해봐야 합니다. 여러분은 과연 디지털 시대의 지식인이냐는 거죠. 여전히 아날로그 시대의 지식인 개념이 여러분 사고를 지배하고 있는 것은 아닌지 생각해봐야 합니다.

디지털 시대에 도태되지 않는 이유, 네트워킹

　　'생태계에 적응하지 못하는 종은 도태된다', '살아남는 놈만 살아남는다'. 생물학 시간에 배우는 적자생존론이죠? 여러분은 디지털 시대에 적응할 준비가 되지 않았기 때문에 도태 대상이에요. 앞서 정리한 21세기 전문가의 유형으로 보면 여기에 어느 누구도 모든 분야에 깊은 지식과 경험을 가지고 정보를 순발력 있게 재조합·재창조할 수 있는 사람은 없어요. 그렇다면 우리는 도태돼야 마땅한데 도태되지 않고 있단 거죠. 그 이유는 이런 거예요. 개인은 그 모든 능력을 갖추고 있을 수 없지만, 어떤 일을 하려고 할 때 거기에 필요한 서로 다른 요소들을 가지고 있는 사람들은 함께 모여 네트워크를 형성할 수가 있어요. 네트워킹이란 필요한 사람들을 모아 그물망을 짠 다음, 함께 일을 하기 위한 시스템을 구축하는 겁니다. 인류가 21세기에도 우주에서 살아남을 수 있는 비결은 네트워킹인 거죠. 21세기 지식 생태계와 환경 안에서 진정으로 인정받는 지식인이 되기 위해 필요한 소양은 네트워킹이에요.

　　자, 그러면 여러분 스스로 반문해보세요. '현재 나는 네트워킹에 주체적인 사람인가', '혹시 아직도 홀로서는 것을 두려워하지 않는가', '다른 사람과 서로의 장점을 공유하기보다는 나 혼자 튀고 싶어 하지 않는가' 하고 말이죠. 지금 여러분 스스로 얼마나 훌륭한 네트워커로서 준비하고 있고, 거기에 대한 실전 연습을 하고 있는지 반문해보라는 겁니다. 수많은 정보와 관계망 안에서 어떤 역할을 수행하고, 누군가를 지도하고, 누군가에게 협조하면서 생기는 무수한 시행착오들을 학부 때 경험하지 않고 졸업해버리면 이후에는 그런 기회들이 엄청나게 줄어들어요. "너는 왜 이리 오지랖

이 넓니, 일도 잘 못하면서" 하고 부모님과 교수님이 걱정해도, 오히려 이런 사람들이 나중에 사회에 나가면 발군이 될 수도 있어요. 앞으로는 네트워크가 여러분의 생존 방식이 될 겁니다.

그럼 네트워크가 성공하는 이유와 실패하는 이유에 대해 설명해보겠습니다. 먼저 실패하는 이유는 우리나라의 많은 사람들이 앞에서는 '자, 우리 협력합시다' 하고 악수하면서, 속으로는 '너, 내 밑으로 헤쳐 모여' 하는 사고가 너무 많다는 겁니다. 말은 네트워크라 하지만 느슨한 수평적 연대의 개념으로 관계를 맺는 방식에 익숙하지 않아서 내가 주도하지 않으면 성이 안 풀리는 거죠. 그래서 생각보다 대한민국 사회에서 네트워크 시스템을 통해 일을 성공시킨 사례가 많지 않아요. 요즘 사회적 기업, 협동조합을 들여다보면, 미안한 얘기지만 네트워크 시스템이 잘되는 경우보다 안 되는 경우가 훨씬 많아요. 여러 가지 이유가 있지만 네트워크에 필요한 필요충분조건이 제대로 구성돼 있지 않다는 것도 그중 하나죠.

앞서 이야기한 것처럼 어떤 일을 할 때 개인이 모든 분야에 필요한 장점을 가지고 있지 않더라도 여러 명이 모이면 능력을 갖출 수 있듯이, 네트워크를 이루기 위한 필요충분조건을 위해서는 다른 사람에게 도움이 되는, 그리고 자신에게 확실한 'something special'이 있어야 합니다. 이것은 아날로그 시대의 전문가가 여전히 지속할 수 있다는 의미기도 합니다. '확실히 이것만큼은 잘할 수 있다' 하는 자기만의 무기가 반드시 있어야 해요. 과거의 장인들처럼 말이죠. 나에게 확실한 뭔가가 있어야 한다는 것은 가장 중요한 만고불변의 진리입니다.

그다음엔 뭐가 필요할까요? '자, 모이자' 해서 모였는데 주최한 사람 얘기를 가만히 들어보니까 자기 속셈이 뻔해요. '아, 저 친구는 이걸 통해서 본인이 뭔가를 가져가려고 하는 놈이구나' 이런 느낌이 들면 같이 일할 생각이 들겠어요? 공력이 높은 사람일수록 다른 사람을 더 잘 속이고 사람들이 그걸 알아차리는 시간이 오래 걸려요. 그래서 보통 많은 동업이 실패로 끝나죠. 안목이 높고 선한 의지를 가진 사람이 주도해야 네트워크가 성공할 확률이 높아져요. 선한 의지와 높은 안목. 이게 말은 쉽지만 되게 어려운 거예요. 제 바람은, 이 얘기를 듣는 여러분이 각자 확실한 'something special'이 있으면서, 선한 의지와 높은 안목을 지닌 사람으로 성장해 스스로가 네트워커가 됐으면 좋겠다는 겁니다.

사실 이번에 이 특강을 의뢰하러 온 학생들을 보고 약간 감동했어요. 1, 2학년 학생들인데도 특강을 하는 사람을 두 번씩이나 찾아와서 인터뷰도 하고 얘기도 하고, 이 수업을 준비하기 위해 함께 노력하는 모습이 참 보기 좋았어요. 최소한 그 정도의 성실성은 보여야 한다고 생각해요. 우리 어렸을 때 상을 받으면 품행이 방정하고 성실해서 상을 준다고 써 있었죠? 그런데 사실 그건 기본입니다. 성실하지 못한 건 규탄할 수 있지만 성실한 건 아주 기본적인 덕목인 거예요. 당연한 거죠.

문화로 바라보는 창조력의 시대상

제가 1998년쯤에 문화정책을 연구하는 문화정책연구소 부소장으로 있었어요. 하루는 문화부 사무관이 전화를 해서 "대한민국이 드디어 21세기 뉴밀레니엄 시대를 준비하기 위해 '문화산업진흥기본법'을 만들었습니다. 시행령까지 준비해서 지금 발표를 앞두고 한 번 더 민간 전문가들에게 자문을 받고 있는데, 내용을 검토해주시고 의견을 부탁드립니다" 하면서 자료를 보내왔습니다.

연구원들과 함께 자료 내용을 봤어요. 다른 나라들에서 쓰고 있는 정책 용어를 똑같이 따라 쓰고 있었어요. 이 법을 왜 만들었는가 하는 법 제정 취지를 봤더니 여전히 생산 - 유통 - 소비라는 전통적인 제조업적 사고를 벗어나지 못하고 있는 법을 '문화산업진흥기본법'이라고 만들어서 우리에게 검토를 부탁한 겁니다. 심지어 기획력이라든지 지적 노동에 대해 인정하는 부분도 전혀 없었어요. 그래서 이걸로는 안 되겠다 싶어 우리가 다른 나라들은 어떤 문화정책을 준비하는지 당장 찾아보기로 했죠. 그래서 세계 각국이 21세기 뉴밀레니엄에 대해 어떤 정책을 준비하는지를 알아보기 시작했습니다.

미국: 거리의 악사들을 주목하라

미국은 국가 부서에 우리나라처럼 문화관광부가 없어요. 그러나 유럽 각국에는 문화부가 있습니다. 왜 미국은 없고, 유럽은 있을까요? 이건 철학의 차이입니다. 전통적으로 유럽에서는 문화를 사회적인 공공재로 인식합니다. 문화를 국가의 덕목으로 생각해 국가가 책임져야 한다고 생각하는 거죠. 미국은 반대입니다. 문화는 개인의 덕목인 거지, 굳이 국가가 관여하는 것이 아니라고 보는 거예요. 그래서 미국은 국가 부서에 문화부라는 게 없고, 그 대신 기부금 제도가 발달했어요. 개개인들의 기부금들을 모아서 자그마한 기금들을 만들고, 이 자그마한 기금들을 모아서 중규모의 기금들을 만들고, 이걸 또 모아서 대규모의 기금을 만들고, 이런 식으로 민간영역에서 다양한 기금을 모아 필요한 사업들을 자발적으로 운영합니다. 우리와 시스템이 완전히 다르죠? 그러다 보니 전통적으로 미국에서는 이런 건전한 비영리조직(NPO)이 매우 중요한 영역이었습니다. 동시에 브로드웨이 뮤지컬로 상징되는 상업적 창조 영역도 존재하죠. 이 두 가지가 미국 문화정책의 두 가지 축이라고 할 수 있습니다.

그런데 이러던 미국에서 1997년에 발표된 "Creative America"라는 보고서를 통해 21세기를 준비하는 새로운 세 번째 문화정책을 언급하기 시작한 거예요. 보고서의 전문엔 "대통령님, 지난 20세기까지 미국은 초일류 강대국이었습니다. 그런데 지금 지구촌 사회는 굴뚝 없는 공장이라고 하는 지식기반 사회로 급격히 이행하고 있습니다. 지식기반 사회는 과거 제조업과는 전혀 다른 양상을 띠며, 얼마나 효과적으로 창조력을 극대화하는지에 따라, 또 그 창조의 크기에 따라 국가나 지역사회가 달라질 수 있습니다. 그래서 우리는 미국이 21세기에도 초일류 강대국을 유지하기 위해 무엇을 준비해야 하는지에 대해 연구했습니다"라고 써 있습니다.

그러면서 언급한 과거 두 가지 영역 외에 새롭게 언급한 것이 바로 세 번째, 공공의 삶에 생기를 불어넣고 예술과 인문학에 자연스럽게 관심을 가질 수 있도록 하는 아마추어 예술활동의 촉진이었습니다. 여러분 통기타 가수가 노래 부르는 걸 본 적이 있나요? 주로 그분들은 심장병 어린이 돕기 라는 플랜카드를 뒤에 달고 있는데, 여러분은 거기에 돈 넣을 때 여기에 우리의 창조사회가 숨어 있구나 생각했나요? 내가 여기다 돈 넣으면 도와주기나 할까 의심하지 않았나요? 이게 미국 인문학자와 우리의 차이인 거예요. 미국의 인문학자들은 "거리의 악사들을 주목해라. 거기에 새로운 창조력이 있다"라고 했죠. 이렇게 인문학이 있나, 없나에 따라서도 통찰력이 달라집니다.

그렇게 해서 미국에서는 21세기에 아마추어 문화예술활동이 얼마나 중요해질지에 대해 언급합니다. 우리 연구소에서 모든 선진국의 보고서를 연구하면서 특히 놀랐던 것은 뉴밀레니엄을 준비하며 마치 약속이나 한

● 이미 2000년이 오기 전, 미국 인문학자들은 "거리의 악사들을 주목하라. 거기에 새로운 창조력이 있다"고
  말했다.   © Allan Rostron(Flickr.com)

듯이 모든 나라에서 아마추어 문화예술활동에 대해 계속 언급하고 있었다
는 것이었어요.

영국: Creative Industry

영국은 1997년도에 창조산업 특별위원회를 출범해 기존의 국가 문화
정책을 확 바꿔버립니다. 여기에서 'Creative Industry'라는 개념이 등장
해요. '창조산업'이라는 개념이 영국에서 처음 나왔죠. 제가 당시 제정된
우리나라 '문화산업진흥기본법'이 제조업적 사고의 수준을 벗어나지 못
한다고 생각했던 것 중 하나는 전문을 읽어봤을 때, 거기에 법을 왜 만들었
는지에 대한 철학이 없었기 때문이었어요. 거기에 비하면 영국의 전문에

서 창조산업을 정의하고 있는 표현들은 참 놀랍습니다.

영국의 전문에서는 창조산업을 "인간의 창조성과 기술과 재능에 기반을 두며, 경제적 부와 일자리를 생성할 수 있는 잠재력을 가지며, 세대에 걸친 지적재산의 활용"이라고 정의합니다. 1차산업은 농업·어업, 2차산업은 제조, 3차산업은 서비스업으로만 배웠던 분류 체계가 아니라 디자인, 광고, 건축, 미술과 고미술품 시장, TV와 라디오들을 창조산업으로 설명합니다. 지금 여러분은 고개를 끄덕일 수도 있지만, 당시 이걸 처음 접했던 우리는 충격이었어요. 이때부터 영국은 창조산업의 전반을 기획하는 지도(map)를 만들고 있었던 거죠. 밀레니엄 돔(Millennium Dome)이라는 새로운 프로젝트를 가장 먼저 시행한 나라이기도 하고, 나중에 그것이 부도가 나서 일본에 넘어가긴 했지만, 어쨌든 영국은 한동안 그 붐업에 힘입어 문화의 종주국이었던 프랑스를 능가한 시기도 있었어요. 그 정도로 영국에는 새로운 변화가 있었던 거죠.

일본: 생활문화가 중요하다

문화정책연구소에서 세계 각국의 뉴밀레니엄 준비 정책이 무엇인지를 연구할 때, 산업통상자원부의 어느 공무원이 21세기를 준비하는 동아시아 각국의 상황에 관한 기사들을 정리해 쓴 논문도 읽었습니다. 거기에 한자로 일본의 21세기 유망직종이 두 개 쓰여 있었어요. '인력과 생활문화.' 인력은 이해가 됐어요. 전문가의 시대에는 전문가의 양성이 중요할 테니 말이죠. 그런데 생활문화가 21세기의 유망직종? 그 당시에는 도저히 이해가 가지 않았어요.

그리고 몇 년 후, 저는 한국민족음악인협회에서 일하게 됐고, 우타고에(歌声)라는 일본의 합창운동 조직단체와 국제문화교류 활동을 했습니다.

그때 '우타고에 50주년 기념 대전'에 초대를 받아 일본에 갔는데, 그곳에서 이 의문이 풀렸죠.

5000명을 수용할 수 있는 도쿄국제포럼홀이라는 극장에서 아침 9시부터 오후 5시까지 행사를 진행합니다. 합창제라 규모가 작을 때는 50명에서 많을 때는 300~400명까지 합창단이 나오는데, 각 합창단이 두 곡 정도만 하는데도 관객 모두가 그 노래를 따라 부릅니다. 객석 5000석에 앉아 있는 사람 모두가 합창단인 거죠. 그 축제를 모두 함께 자급자족하는 겁니다. 객석에 앉은 5000명이 모두 전국 각지에서 올라와서 그 전날 인근 호텔에서 자고, 다음 날 함께 행사를 만들어요. 그걸 보고 충격을 받았어요. 만약 본인이 몸담고 있는 단체에서 50주년 기념행사를 할 때, 여러분이라면 돈 내고 참여할까요? 요즘 세대라면 돈 내고 들어온다는 것을 금방 이해할 수도 있겠지만, 우리 세대 정서로는 내가 만든 조직의 기념행사라면 돈 내고 안 들어올 겁니다. "나를 뭘로 보고" 이게 우리 세대의 정서죠. 그런데 그 일본 합창제를 확인해보니 초대권이 한 장도 없는 거예요. 한국 측 교류 단장인 제가 일본 측 교류 단장에게 "좀 이상한데, 초대권이 없나요?"하고 물었더니 오히려 "초대권이 뭐죠?" 하고 되묻는 거예요. 제가 설명을 했더니 그런 건 없다고 하더군요. 본부에서 "50주년 기념행사를 준비해보니 이런 행사비가 듭니다. 참가할 지부들은 신청하세요" 하고 이미 돈을 다 받은 거예요. 당연히 초대권이 없는 거죠. 거기서 또 한 번 놀랐습니다. 또 관찰해보니까 들어오는 사람마다 로비 기념대에서 뭔가를 사요. LP, CD, 기념티셔츠 다 있을 거 아니에요? 회원들이 주섬주섬 그걸 사는 거예요. 또 물어봤죠. "이게 모두 이 행사를 위해 만든 거예요?" 하니까 그게 아니고 평상시 일할 때마다 각 지부에서 회원들한테 미리 주문해서 물건을 만들다 보면 물건이 조금씩 남으니까 이런 큰 행사 때 가져와서 정리한다는 거예요. 개념이 다른 거죠. 우리는 무슨 큰 행사를 한다고 하면 일단 물건부터 만들고 보잖아요. 생활문화라는 것을 제대로 실천하고 있는 걸 일본에서 목격했습니다.

네덜란드: 아마추어 예술 산업의 중요성

네덜란드는 우리에게 익숙하죠. 거스 히딩크의 나라. 저는 이미 네덜란드 문화에 대해서도 그때 공부했기 때문에 히딩크가 왔을 때 그를 조금 다른 관점에서 관찰했었어요. 물론 직접 본 게 아니라 신문, 라디오를 통해 보긴 했지만, 그는 역대 어떤 대표팀 감독보다 남다른 지도자였어요. 이 사람이 한국에 와서 했던 첫 번째 공식 일정이 파주 트레이닝센터 세미나실에 선수들을 모은 거였어요. 히딩크가 인사를 하고 선수 한 명을 지목해서 "축구 대표선수 맞아요?"라고 영어로 물어요. 그다음에 "당신이 생각하는 대한민국 축구 문제점이 뭐예요?" 하고 물어봐요. 선수들이 뭐라고 대답했을까요? 아무도 대답 못 했어요. 어렸을 때부터 두들겨 맞으면서 '까라면 까'라고 배웠던 선수들이 당연히 이런 성찰적 질문에 바로 답을 못 하죠. "당신이 생각하는 대한민국 축구의 문제가 뭐예요?" 이 질문은 보통 질문이 아닌 거예요. 저는 그 질문을 뉴스에서 보면서 혼자 무릎을 탁 쳤어요. '어? 히딩크는 개개인의 자발성을 끌어낼 수 있는 사람이네' 생각했죠. 제가 만약 그 자리에 있던 선수였다면, 그 질문을 받은 순간 "You are my boss"라고 답했을 거예요. 왜냐하면 지금까지 어떤 감독도 선수에게 이런 성찰적 질문을 던진 적이 없었으니까요. 다른 사람들은 "몸 관리 잘해, 부상당하면 아웃이야" 하며 겁박하기 바빴겠죠. 이런 질문을 한 적이 없었을 거예요. 히딩크는 월드컵 내내 생각하는 축구를 강조했어요. "뛰어가면서도 생각해라", "볼이 오면 어떻게 처리할지 항상 생각해라", 이런 걸 주문했던 지도자예요. 물론 히딩크가 러시아에서도 성공하고 호주에서 성공한 걸 보면 그에게는 천재적인 리더십도 있었을 거예요. 하지만 제가 네딜란드 사회를 공부해보니 저런 히딩크의 모습은 네딜란드의 사회적·문화적 자본이 만든 성과물일 수도 있겠다는 생각이 들었어요.

제가 공부해본 결과 네딜란드는 우리랑 많이 달랐어요. 네딜란드에서는 향후 4년간의 정기적 문화정책을 1년 전에 발표하도록 돼 있었는데 우리 연구소는 1997년부터 2000년까지 네딜란드의 정책 보고서를 입수했어요. 우리나라에서 일반적인 정책 보고서 제목은 여러분도 금방 만들 수 있어요. '참여정부 5개년 개발계획' 이렇게 적고, 제목처럼 내용도 아주 딱딱하게 그리고 무슨 무슨 기대효과 이런 식으로 쓰죠. 국가 공공 보고서는 건조체로 수식 없이 쓰는 걸 상식으로 알고 있단 말이죠. 그런데 네딜란드라는 나라의 보고서는 제목이 이상하더라고요.

갑옷인가, 척추인가

뭔 말이래? 이어지는 내용을 읽지 않고서는 도저히 독해가 되지 않는 거죠. 우리와 타인의 무리를 구분하기 위해 갑옷처럼 또아리를 틀어서 지금까지 획득한 기득권을 지키기 위해 노력할 것인가, 아니면 문화를 척추 삼아 수많은 신경과 근육과 혈액을 붙여서 가능한 모든 유연성을 가지고 바다를 헤엄칠 것인가. 이것을 묻는 질문이 국가정책 보고서의 제목이었던 거죠. 소제목은 더 멋있었어요.

거미줄을 잃은 거미는 절망적인 방랑자이다.

무슨 판타지 소설 제목 같지 않나요? 거미가 움직이려면 뭐가 필요하죠? 거미줄이 필요하죠. 그 거미줄이 뭘 상징할까요? 바로 직업적인 예술가와 전업적인 예술활동을 지지하는 후원제도를 얘기하는 거예요. 또 이런 제목도 있어요.

몸통 없이 깃털만 있는 새는 날지 못한다.

화려한 깃털로 장식하고 비상을 꿈꾸는 새는 전업 예술가를 의미해요. 그렇게 화려한 예술활동을 하려면 그 속에 몸통, 즉 아마추어 예술활동이 뒷받침돼야 한다는 거죠. 이렇게 미국에 이어 네덜란드의 문화정책 보고서에서도 아마추어 예술활동을 활성화시키는 것이 얼마나 중요한지 강조하고 있었어요. 네덜란드의 어떤 문화 관련 법에는 이런 문장도 있었어요. "누구나 스스로 예술가라고 생각하는 순간, 그는 예술가다." 놀랍지 않나요?

누구나 스스로 예술가라고 생각하는 순간, 그 사람은 예술가다

제가 부천시의 문화정책전문위원으로 문화도시 프로젝트를 했었어요. 우리나라 광역정부들은 의무적으로 그 지역의 예술가들을 위한 문예진흥금고를 운영해요. 그래서 경기문화재단, 서울문화재단 이런 식으로 지역마다 문화재단이 있고 예술진흥금고를 운영하고 있죠. 기초지자체는 의무사항이 아니라 권고사항일 뿐이고요. 그런데 그 당시 기초자치단체인데도 전국에서 유일하게 문화예술진흥금고를 운영하는 도시가 부천시였어요. 남다른 도시였죠. 어쨌든 그런 일을 해본 경험이 있기 때문에 저에게 네덜란드의 '예술가 생계소득 지원법'에 나오는 "누구나 스스로 예술가라고 생각하는 순간, 그 사람은 예술가다"라는 이 문장은 너무나 감동적이었어요. 아, 이런 표현이 가능한 나라도 존재하는구나.

이런 대목도 있었어요. "지금 이 땅에는 예술 창작을 지속하지 못하고 생계유지를 위해 직업을 찾아 거리를 전전하는 예술가들이 많다. 그리고 우리가 만약 이들을 지원하지 않는다면 먼 훗날 혹시 이들이 만들어낼지 모르는 위대한 예술생산물을 잃게 될지도 모른다. 따라서 우리는 지금 당장 이들을 지원해야만 한다." 감동적이지 않나요?

앞으로 여러분이 직장생활을 해보면 금방 알게 되겠지만 현실에서 여러분의 CEO는 새로운 모험을 원하지 않아요. 좋은 것들을 잘 베껴서 2등이라도 하면 좋겠다는 사람이 훨씬 많아요. 앞으로 세계는 창조력의 시대다? 말은 좋죠. 새로운 일을 하려고 시도를 하면, 규정이 없어서 안 돼, 전례가 없어서 안 돼, 근거가 없어서 안 돼, 맨날 안 되는 것투성이에요. 군대 훈련소에서 기합 얼차려 주고 연병장 집합시키면, 막 뛰어서 일등해야 되잖아요. 다 같은 쫄병들이니까. 그런데 자대배치받아 가면 다른 상황이 되죠. "선착순 뛰어가" 해서 죽기 살기로 뛰어왔더니 뒤에 고참이 말해요. "김이병, 너 잘하면 일등하겠다?" 저는 이 말이 우리 사회의 단면을 보여준다고 생각해요. 지금은 제가 대표라 결재권이 있지만 얼마 전까지만 해도 저에게 결재권이 없어서 뭔가를 창의적으로 하고 싶어도 할 수 없었어요. 마찬가지로 결재권이 없는 여러분도 마음속에서 그 창조력의 불꽃을 꺼내는 순간 꺼트려야 하는 상황인 거죠.

그럼에도 새로운 일을 하는 것은 필요해요. 어떻게 하는지가 중요하죠. 물론 이런 사회 분위기에서 내 마음속의 창조력의 불꽃을 유지하고 사는 것은 절대 쉽지 않습니다. 제가 부탁하고 싶은 것은 여러분이 비록 지금은 결정권이 없지만 마음 한구석에 창조력의 불꽃을 오롯이 보관해 두라는 거예요. 이걸 꺼뜨리지 않아야 여러분이 중요한 결정권자가 됐을 때 이 창조력의 불꽃을 여러분의 실질적인 무기로 쓸 수가 있습니다.

여러분, 중학교 교과서에 수록된 백범 김구 선생님의 『나의 소원』 알아요? 이 책에 「내가 원하는 나라」라는 글이 있어요.

> 나는 우리나라가 세계에서 가장 아름다운 나라가 되기를 원한다. 가장 부강한 나라가 되기를 원하는 것은 아니다. 내가 남의 침략에 가슴이 아팠으니 내 나라가 남을 침략하는 것을 원치 아니한다. 우리의 부력(富力)은 우리의 생활을 풍족히 할 만하고, 우리의 강력(强力)은 남의 침략을 막을 만하면 족하다. 오직 한없이 가지고 싶은 것은 높은 문화의 힘이다. 문화의 힘은 우리 자신을 행복하게 하고 나아가서 남에게 행복을 주기 때문이다.

중요한 것은 이 글이 언제 쓰여졌는지예요. 상해임시정부 시절, 그 암흑 같은 시절에 이런 주옥같은 명문장을 쓰신 거예요. 반세기가 넘은, 그 엄혹한 시절에 문화의 힘에 대한 놀라운 통찰력이 있었던 김구 선생님을 보면서 이 땅에도 이런 지도자가 있었구나 하고 생각하게 되죠.

네트워킹을 할 사람은
어느 곳에든 있습니다

제가 쓴 자기소개서를 소개해볼게요. 여러분이 앞으로 어떤 분야에서 일을 할 때, 20년, 30년 뒤의 자신의 모습이 어떨지 생각해봤으면 좋겠어요. 사실 제 자기소개서에 쓰여 있는 것들은 그 당시에는 결코 출세에 도움이 되는 이력이 아니었어요. 그런데 그 이후 제가 문화예술 분야의 여러 일을 하면서 그때의 경험들이 많은 도움이 되고 있어요. 저는 1980년대에 시대가 요구하는 흐름에 따라 노동자의 삶을 살아야겠다는 결심을 하고 노동현장에서 기름밥 먹으며 일을 했어요. 그러면서 노동자들과 소모임을 하고 그들을 위한 노래인 「시다의 꿈」이나 「대결」 같은 민중가요를 만들었죠. 자기소개서에 그런 이야기들을 다 썼어요. 저는 지금 문화예술 분야에서 일을 하면서 그 당시 저의 경험이 얼마나 큰 도움이 되는지를 다른 사람에게도 설명해줘요. 리얼리티가 살아 있는 예술창작이 왜 중요한지, 상상의 세계가 아니라 내가 직접 몸으로 체득한 경험을 가지고 어떤 일을 만들어가는 것이 얼마나 중요한지 그 시절에 경험했기 때문이죠. 대학 시절에는 바깥에 나가서 네트워크를 만드는 일을 하기도 했어요. 그 당시 서울대 노래패였던 '메아리'를 다른 대학에도 확산시키기 위해 '연합메아리'라는 조직을 만들어 네트워킹을 한 경험이 있죠. 지금은 지역과 개인의 자발성을 끌어내 이것을 극대화시키는 방식으로 뭔가를 만들어가는 시대니까 저는 바로 그런 경험들을 심사위원들에게 어필하고 싶은 거예요. 그래서 자기소개서에 조직이든 개인이든 자발성을 극대화해서 네트워크 체계를 강조했던 이야기들을 쓰고 있는 거죠.

그다음에 쓴 것은 제가 노찾사 대표를 하면서 중소도시 순회공연을 조직했던 이야기예요. 당시 저의 생각은 간단했어요. 그 지역 네트워크의 핵심인 조직을 만나 제안을 하는 거죠. 그 지역에 건강한 지역신문이 있으면 지역신문사를 만나고, 청년조직이 있으면 청년조직을 만나고, 교사모임이 있으면 교사모임을 만나는 식인 거예요.

"선생님, 제가 노찾사 대표인데요. 제가 한글과컴퓨터 아래아한글 새 버전을 바꿔주는 이벤트 프로모션을 유치하는 조건으로 노찾사 개런티는 확보했어요. 그런데 양질의 공연을 위해서는 음향, 조명이 필요한데, 돈이 한 500만 원이 드네요. 이미 저는 개런티는 확보했으니 여러분은 지역에서 티켓을 팔아서 공연장을 대관해주시고 우리 음향이랑 조명비만 대주세요. 그리고 남은 수익은 여러분이 다 가지세요."

이런 식으로 지역과 상생하는 방식을 계획했어요. 어떻게 됐을까요? 그쪽에서는 기를 쓰고 표를 파는 거죠. 1995년에 점촌에서 토요일 2회 공연했는데 몇 명 왔을지 맞춰보세요. 3000명이 왔어요. 믿어져요? 제가 이 얘기를 서울에 와서 하면 아무도 안 믿어요. 하지만 당시 저는 가구당 TV 보급이 1.2대라는 사회적 통계를 보고, 문화적인 욕구는 대도시나 지방이나 거의 똑같은데 다만 지방은 기회가 없을 뿐이란 걸 알고 있었어요. 그런 욕구를 극대화해서 끄집어내기만 하면 될 거라고 확신했어요. 표를 팔고 스스로 홍보할 수 있는 지역 내 단체들을 섭외해서 역할을 줬고, 그들이 공연 제작비만 대주고 남은 돈을 다 가지도록 하는 윈윈게임을 한 거죠. 저는 그런 식으로 네트워킹을 해왔습니다. 여기서 중요한 건, 어느 지역에 가도 올곧게 그 지역사회를 위해서 일하시는 분들을 꼭 만나게 되더라는 거예요. 사람들은 마치 중앙에만 사람들이 모여 있고 지역에는 사람들이 없는 것처럼 얘기합니다. 그건 거짓말이에요. 네트워킹을 할 사람은 어디든 있어요. 내가 못 보고 안 보는 거지. 저는 그걸 알고 있었던 거고, 그래서 그런 경험들을 통해서 지역사회, 지역문화의 중요성을 제 자기소개서에서 계속 강조하고 있는 거죠.

이 시대가
원하는 인재

그다음에 제가 얼마나 전문가인지를 설명하기 위해서 예술의 진보와 문화정책의 균형이라는 관점에서 저를 소개합니다. 제가 영향을 받았던 분들이 누구인지, 영향을 받은 조직이 어떤 곳인지, 그리고 제가 이런 NGO 활동을 통해서 어떤 경험을 했는지 쭉 설명하죠.

그리고 마지막에는 임팩트를 줍니다. 저에게 창조적인 기획을 할 수 있는 기회가 주어진다면 저는 이러이러한 일을 할 수 있는 준비가 돼 있는 사람이라는 걸 설명하죠. 제가 얼마나 새로운 일들을 만들어왔는지 깨알 같은 자랑질을 하는 거예요.

제가 살면서 했던 최초의 일들에 대해 쭉 이야기하고, 마지막에 "우리나라 문화예술 정책에서 중앙과 지방이 협력해 함께 상승하고 움직여 건강한 문화 생태계를 조성하는 데 저의 능력이 제대로 쓰일 수 있다면 정말 기쁘겠습니다"라고 문장을 끝맺죠. 제가 생각해도 잘 쓴 자기소개서예요. 읽어본 사람들은 다들 감동하더라고요.

제가 여기서 이렇게 자랑질을 한 건 여러분을 위해서예요. 여러분이 지금까지의 경험을 자기소개서에 쓴다면 쓸 게 별로 없을 거예요. 당연하죠. 이 중에는 아마 학부 졸업하자마자 바로 대학원 갈 사람이 있을지도 몰라요. '할 일도 없는데 부모님한테 돈 받아서 대학원이나 갈까?' 하는 거죠.

하지만 이건 여러분의 치명적인 결함이 될 수 있어요. 제가 인사권자인데, 제일 뽑고 싶지 않은 사람이 누군지 알아요? 취업 입사 서류를 받아보면 이런 사람들이 있어요. 나이도 젊은 사람이 벌써 석사고, 심지어 박사인데 현장경험은 전무예요. 실무경험이 하나도 없다는 거죠. 좋게 얘기하면 그냥 공부만 한 거예요. 그런 사람은 제 입장에서 뽑을 수가 없죠. 왜? 석사졸업생은 기대치가 높아서 월급을 많이 줘야 돼요. 근데 막상 일을 시키려고 보면 실무경험이 하나도 없으니 일을 잘하지도 않아요. 당연히 안 뽑는 거죠. 그래서 고등실업자가 생기는 거예요.

마지막으로 여러분에게 주는 팁. 아직 여러분은 학부생이잖아요. 졸업하기 전에 여러분이 하고 싶은 분야에서 다양한 NGO 활동을 제발 많이 좀 해보세요. 정말 많이 하셔야 돼요. 자기소개서에 그냥 추상적으로 '저는 성격이 쾌활합니다' 이런 거 쓰지 마시고요. 별로 중요하지 않아요. '나는 이런 일을 하고 싶은 사람인데 내가 이런 일을 하고 싶어서 이런 분야의 활동을 학교생활 못지않게 했고 어떤 성과를 얻었다, 나의 이 경험은 앞으로 나에게 정말 많은 도움이 될 것이다' 같은 실질적이고 구체적인 경험을 자랑할 수 있어야 한다는 거예요. 물론 요즘은 각자 나름대로 아르바이트도 해야 하고, 학점도 올려야 하고 정신이 없으니 이게 말처럼 쉽지는 않을 거예요. 저도 이해는 해요. 하지만 같은 조건이라면 일하고 싶은 분야의 NGO 경험을 많이 해보고 졸업한 사람 쪽이 심사위원한테는 더 어필하겠죠. 그러면 심사위원이 그 분야에 대한 질문을 던질 거예요. 왜냐하면 여러분의 경험에 대한 자랑질을 듣고 싶어서요. 그리고 질문에 듬직하고 열정에 찬 대답이 나오면 그 사람을 뽑는 거예요. 그게 인사권자의 판단이에요. 스펙 좋은 거요? 다 소용없어요. 그런 건 뽑고 난 다음의 일이지, 하기도 전에 단지 토익 높다고 뽑아주진 않아요.

관계망을 통해 집단지성의
지혜를 구하는 힘

　　　　　　　이제 마무리를 할게요. 저는 여러분이 자기가 좋아하는 일인데 그 일이 나한테만 좋은 게 아니라 우리 지역사회와 국가와 민족, 전 세계적으로도 좋은 일이라면 같은 조건일 경우 그쪽을 선택하면 좋겠어요. 정말로 이 좁은 한국에서만 머뭇거리지 말고 어학공부도 좀 열심히 해서 국제 NGO 활동도 하면서 세계적으로 스케일 크게 살아보자고요. 한국에는 할 게 별로 없어요. 교과서 같은 얘기일지 모르지만 할 수 있는 한 많은 경험을 해야 합니다. 언젠가 다 쓸 기회가 생겨요. 대신에 어디에 가서라도 갑돌이 갑순이처럼 살지는 마세요. 그러면 그냥 함몰되고 끝나버려요. 여러분이 남과 조금 더 다른 삶을 살기 위해서는 스스로 좀 더 많은 경험을 쌓고 관계를 만들어나가야 합니다.

　　제가 존경하는 스승이 한 분 계세요. 제가 30대 초반이었을 때, 스승님을 만났는데 술자리에서 물으셨어요. "조바심 나나?" 저는 노동운동을 한다고 젊을 때 한 10년 허비했어요. 그리고 돌아왔더니 갑자기 전문가의 시대라고 하면서 주변 사람 모두 교수, 판사, 회계사가 돼 있더라고요. 그때 저는 아무것도 내세울 게 없었죠. 조급하다고 대답했어요. 그러니까 스승님이 씩 웃으시면서 "아직 멀었어. 마흔 살 될 때까지는 뭘 이룬다고 생각하지 말고 뭐든지 그냥 해. 다 나중에 써먹을 거야" 하시더라고요. 그 한마디가 굉장히 큰 위로가 되고 힘이 됐어요. 좋은 스승을 만난다는 것은 참 중요해요.

　　제가 경남문화콘텐츠진흥원 원장으로 갈 때 로비해서 간 게 아니에요. 제가 이것저것 열심히 하면서 경력을 쌓아왔던 그 성과가 사회적 크레딧으로 만들어지면서 그걸 인정해준 주변 사람들이 저한테 기회도 주고 연결도 해주고 그래서 간 거죠. 결국은 너무나 뻔한 얘기지만 인생은 마라톤이에요. 단기로 승부를 내려고 하면 안 돼요. 100미터 스프린터로 뛰려고 하면 안 되고, 마라톤으로 뛰어야 해요. 대신에 다양한 경로의 경험을 하라는 거죠. 그러다 보면 어느 순간 그 경험이 어느 누구도 따라올 수 없는 나의 스펙이 되고 그 스펙이야말로 여러분에게 진정 필요한, 21세기가 요구하는 모든 분야를 아우르는 고르고 깊이 있는 지식이 될 겁니다. 기왕이면 남들과 다른 길을 가세요. 그렇게 일해본 사람은 어떤 일을 할 때 어떤 분야에 누가 필요한지를 이미 경험으로 알아요. 네트워크를 많이 해봤기 때문이죠. 결국 그 힘이 여러분을 전문가로 만들 수 있다고 생각해요.

거짓말이 아니라 저는 사람들하고 어울리는 걸 정말 못해요. 워낙 내성적이라서요. 그런데 어디 가서 이 말 하면 아무도 안 믿어요. 사람들은 제가 마당발인 줄 알아요. 왜 그럴까요? 저는 네트워크는 열심히 해요. 그래서 저는 어떤 사람이 필요할 때 구하지 못한 적이 한 번도 없었어요. 왜? 모든 분야에서 순도 있게 일하는 사람을 알고 있고 관계망을 열어놓고 있거든요. 관계망을 통해 집단지성의 지혜를 구하는 안목, 이게 정말 중요한 겁니다. 집단지성의 지혜를 구하는 능력은 네트워크 경험에서 나온다는 거죠. 이제부터라도 4학년이라고 늦었다 생각하지 말고 자기가 하고 싶은 분야의 경험을 해봐야 해요. 물론 늘 좋은 사람만 만나지는 않습니다. 사기꾼도 만나고, 여러분을 이용만 하는 선배들도 만나요. 하지만 그것도 다 자산이 돼요. 자기 그릇만큼 보여요. 어차피 똑같은 일을 해도 이 중에 누구는 성공하고 누구는 실패할 거예요. 그건 어쩔 수 없어요. 하지만 여러분이 조금 더 많은 경험의 세계를 만들어가면서 일을 한다면 그렇게 안 하는 사람보다 훨씬 더 많은 기회가 여러분한테 주어질 겁니다. 오늘 강연 내용은 제가 상상한 얘기가 아니라 제가 살아오면서 터득한 제 삶의 경험을 기초로 한 이야기라 리얼리티는 충분히 있었을 거라고 생각해요.

수도권 집중 마인드에서 벗어나세요
다른 곳에도 많은 잠재력이 있습니다

질문자1 마포구가 아닌 다른 지역 중에 생활예술을 발전시키고 싶다고 생각하신 곳이 있나요?

김보성 수도권 집중 사회에 살던 여러분의 경험에서는 다른 지역의 가치를 잘 모를 수 있고, 그곳에 별 게 없다고 오해하기가 쉬워요. 근데 제가 전국을 다녀보니 그게 아닙니다. 모든 곳에는 이미 다양한 가치를 가진 훌륭한 사람들이 많이 살고 있어요. 다만 그 사람들을 발굴하려는 노력을 하지 않는 것뿐이죠. 잠재력이 있다고 확신한 상태에서 지역을 볼 때와 '없을 거야'라고 생각하며 볼 때는 지역을 보는 시야에 상당한 차이가 있어요. 확신을 가지세요. 이제 어느 지역에서든, 이미 주민들이 의식하든 안 하든 생활예술의 시대가 됐다는 것이 중요하고, 여러분도 그러한 철학적인 사고를 기초로 '거기'에 '지금' 필요한 것을 찾아내는 능동적인 정책 개발자가 될 수 있다고 생각해요.

예술가가 만들어내는 창조력의 불꽃은
끊임없이 발화점을 이동합니다

질문자 2 요새 마포구는 땅값이 오르고 유흥가가 범람하면서 원래 있던 예술
가들이 외곽 쪽으로 이주를 해서 문화가 산회되는 현상이 일어나고 있
는데 어떻게 생각하시나요?

김보성 매우 좋은 질문입니다. 이때 중요한 건 관점의 이동인데요. 질문한 학
생은 그게 문제로 보이십니까? 물론 대부분이 이런 현상을 문제라고
생각할 겁니다. 하지만 창조력의 불꽃은 계속 이동합니다. 혹시 안트워
프라는 도시 아시나요? 패션으로 유명한 벨기에의 도시예요. 그런지룩
이라는 거지 패션으로 유명한 곳이죠. 안트워프에 있는 어떤 대학 의
상학과에서 갑자기 거지패션이라는 새로운 패션을 만들어내고, 그게
유명해지면서 도시가 확 달라졌어요. 'SXSW 락페스티벌'이 개최되는
오스틴이라는 도시는 아시나요? 미국 텍사스 주 외딴 구석에 있는 시
골 도시인데 그곳이 불과 몇 년 사이에 엄청난 음악씬으로 성장해 놀라
운 창조도시가 됐어요. 멕시코의 티후아나라는 도시는 아시나요? 이곳
은 미국의 대표적인 밀입국 통로입니다. 마약, 섹스, 폭력, 살인 등 온갖
오명이 가득했던 도시예요. 근데 이 티후아나라는 도시에 제3세계 모
든 사람들이 모이다 보니 새로운 하이브리드 문화가 싹텄어요. 각각의
문화가 한데 뒤섞이고 새롭게 만들어지면서 문화의 최신 유행을 선도
하는 매우 핫한 도시로 변모한 거죠. 이런 게 21세기입니다. 브로드웨
이도 중심가는 다 상업화됐어요. 초기에는 가난한 예술가들이 모여서
연극을 만들었는데, 조그만 뮤지컬들이 빵빵 터지기 시작하자 관광객

- 예술가들은 더는 집값 상승을 감당할 수 없어서 브로드웨이에서 밀려나게 되지만, 그들은 다시 오프 브로드웨이를 만들었다.

이 몰리면서 집값도 오르고 유명 브랜드도 대거 입점하게 됩니다. 예술가들은 더는 집값 상승을 감당할 수 없어서 브로드웨이에서 밀려나게 됐고요. 하지만 그들은 다시 오프 브로드웨이(Off-Broadway)를 만들었어요. 이와 유사한 과정을 겪으면서 오프오프 브로드웨이(Off-Off-Broadway)가 만들어지기까지 했죠.

대학로는 어떤가요? 예전에 대학로 안에 밀집돼 있던 소극장이 이제 삼선교까지 확대됐죠. 마포도 마찬가지입니다. 홍대 앞에 있는 인디씬으로 끝나지 않고 합정, 상수, 심지어 상암까지 확장되고 있어요.

질문한 학생 말대로 예술가들이 뭔가를 만들었는데 그곳이 상업화되고 황폐해지고 밀려나버렸다? 아니라고 생각해요. 예술가가 만들어내는 창조력의 불꽃이 끊임없이 발화점을 이동하고 있는 거예요. 이게 중요합니다. 척박한 대지에 들어가 창조력의 불을 발화시키고, 거기에 또 새로운 불을 만들어낼 수 있는 근원을 제공한 후 스스로는 다시 다른 곳으로 이동하는 것, 그게 예술의 운명인 거죠. 이게 문화적 통찰력이에요. 그것을 주도하는 위치에 있을 것인지, 그것을 관찰하면서 '저거 이제 망했네' 하는 관찰자에 머무를지는 여러분의 몫이에요. 저는 그것을 관찰자로서 보지는 않는다는 거죠. 전 세계의 많은 사례를 봐도 그렇잖아요. 사실 지금은 뉴욕이 가장 핫한 전 세계 문화 수도라고 하지만, 불과 100여 년 전만 해도 베를린, 파리, 런던 같은 유럽 각국의 수도가 그 역할을 하고 있었어요. 하지만 한 세기가 지나면서 진흙밭 도시였던 뉴욕이 급부상하게 된 거죠.

우리나라는 어떤가요? 산천어 축제로 유명한 화천 아나요? 이곳이 왜, 누구 때문에 유명해졌을까요? 소설가 이외수 때문이죠. 자, 이게 뭘 의미하는 거 같나요? 21세기 창조의 시대에는 한 사람의 뛰어난 예술가의 이주만으로 새로운 창조력의 불꽃이 점화되는 세상이라는 거예요. 완전히 다른 세상을 만들 수 있어요. 아까 학생이 질문했던 것처럼 그것을 피폐해지는 모습으로 볼 것인지, 창조력의 불꽃이 발화점을 이동하는 것으로 볼 것인지는 여러분의 판단에 달려 있습니다. 저는 후자의 관점으로 그 문제를 분석해주기를 기대하는 거예요. 물론 전자의 시각 또한 존재한다고 인정합니다. 그렇게 볼 수도 있어요. 경제학자의 입장이라면 그렇게 볼 수 있겠죠.

6

너에게 주고 싶은 세 가지

'가지가지' 하는 잉여 이야기

최서윤

격월간으로 발행되는《월간잉여》의 편집인이다. 그는 대학을 졸업하고 언론사 입사를 준비했다. 몇 번 입사시험에 떨어지고 난 후, 차라리 내가 매체를 만들겠다는 생각으로《월간잉여》를 창간했다. 잡지를 만들면서 만나게 된 사람들과 함께 재미도 있고 사회적으로 의미 있는 일을 만들어보기 위해 다양한 시도를 하고 있다.《미디어오늘》,《한국일보》등 여러 매체에 위트 있고 시의성 있는 글을 기고하는 칼럼니스트이기도 하다.

일단 본인이 잉여라는 자각이 있는 자체만으로도 어느 정도 소수자의 감성이 있다는 것을 의미하고요. 그렇다는 건 남들이 보지 못하는 틈을 찾을 수 있다는 거죠.

제가 궁극적으로 여러분에게 하고 싶은 말은, 가만히 있지 말라는 거죠. 무엇을 하든지요. 사실 '무엇을 한다'는 것 자체가 매우 중요해요. 그게 뭐가 됐든 결국엔 다 배우는 게 있더라고요.

제가 미래에 대한 고민을 접은 큰 이유는 지금 만나고 있는 사람들과 일종의 동질감을 느끼고 있기 때문이에요. 이 사람들과는 뭔가 할 수 있을 거라는 희망이 있어요. '지금 우리가 뭔가 하고 있으니, 뭐라도 되겠지. 미래에도 뭐라도 하고 있겠지'라는 생각이죠.

첫 번째 가지
《월간잉여》

깊은 빡침

저는 오늘 여러분께 세 가지를 이야기하려고 해요. 그래서 화면에 가지 그림이 세 개예요. 첫 번째 가지는 《월간잉여》인데요, 이걸 만든 동기부터 말해보겠습니다. 제가 2011년 10월에 언론사 입사 준비 2년차였어요. 그 때가 심리적으로 가장 자괴감이 많이 들었던 시기였어요. 연말이 되니 스터디 그룹 안에서도 점점 언론사에 입사하는 사람이 많이 생기더라고요. 축하를 하면서도 기분이 묘하고 소외감도 들었어요. 또 "2년이나 준비했는데 내년에 또 준비해서 시험을 봐야 하나, 이 생활을 언제까지 해야 되나" 하는 생각이 들었죠. 그러면서 사회구조에 눈을 돌리게 됐죠. 청년실업률이 점점 높아지는 통계는 단적으로 그 구조를 보여줍니다. 심지어 우리가 보는 통계는 실업자가 전부 잡히지 않은 거란 거 아시죠?

그즈음 뮤지컬 〈레미제라블〉 자원봉사 관련 사건이 일어났어요. '뮤덕(뮤지컬 덕후)'들을 우롱했다는 논란이 있었죠. 매일매일 게다가 5개월이나 나오는 일인데 '자원봉사자'를 모집한다고 하는, 알고 보면 현대판 장발장을 만들겠다는 모집공고였어요. 〈레미제라블〉처럼 규모가 큰 뮤지컬에서도 이런 일이 일어났다는 것은 한국 사회의 단면을 보여주는 상징적인 사건이었다고 생각해요. 사실 '열정노동'을 착취하는 그런 기업의 행위는 2011년 이전부터 쭉 있었습니다. 그렇기에 더더욱 실업률은 높아지고 양질의 일자리는 없는 거죠. 이런 걸 보니까 세상에 다 청년들 이용하려는 사람만 있는 거 같고, 뭐 이런 '빡침'이 있었어요. 앞으로 '님들'도 겪게 될 일이에요.

언론사에 빠르게 취업이 되는 사람도 있어요. 1년 안에 될 수도 있지만, 길면 3~4년 준비하기도 해요. 그 시기가 젊은 사람들에게 참 귀중한 시간인데 언론사는 큰 돈 들이지 않고 우수한 인재들을 쏙쏙 골라가고 있죠. 이런 상황은 기본적으로 언론사뿐만 아니라 사기업에도 해당돼요. 어쨌든 이런 현실에서 저 스스로가 잉여로 느껴졌어요. '잉여'라는 게 쓰고 난 나머지를 의미하는 말인데, 인간이 스스로를 잉여라 느끼는 시대가 왔잖아요. 구직시장에서 필요한 인간을 기업이 모두 "퍼가요~♡" 해서 다 퍼갔는데 남은 사람들이 있는 거고, 그렇게 남아 있는 나라는 존재가 마치 잉여 같다는 느낌이 들었어요.

그런데 내가 왜 남았나를 생각해보니 이게 단지 내 잘못만이 아니라 사회구조적인 요인들이 작용한 것이라는 생각이 든 거죠. GDP 같은 거시적 수치로 보면 경제가 성장한 것처럼 보이지만 이 수치는 실질적 고용과는 연결되지 않고, 삶은 더 팍팍해져가는 사람이 대부분이었어요.

이런 상황들을 봤을 때 '빡쳤어요', 아주 많이. 이 시점에 저 또한 이런 경쟁을 뚫고 가는 선택을 할 수도 있었겠죠. 하지만 경쟁에서 승자가 된다는 보장도 없었고, 기자가 된다 해도 내가 하고 싶은 말을 데스크에서 자를 수 있다는 게 싫었어요. 그냥 '내가 하고 싶은 거 한다. 너희들(언론사)까지도 까겠다'라는 마음이 있었어요. 그래서 '하고 싶은 말을 할 수 있는' 방법을 생각한 거죠.

아예 잡지를 만들었어요, 내가 하고 싶은 말 할 수 있게

그때 마침 〈슈퍼스타K 3〉가 방영되고 있었어요. 거기에 참가한 장범준 씨가 좋아져서 열심히 팠는데 유튜브에 그분이 예전부터 올린 자작곡이나 버스킹 영상이 엄청 많은 거예요. 저는 뒤늦게 그 자료들을 2011년 10월에 접했지만, 장범준 씨는 2000년대 중·후반부터 꾸준히 만들어왔더라고요. 그걸 보면서 "장범준처럼 뭐라도 만들어서 이렇게 뿌려놓아야겠다. 헨젤과 그레텔이 빵 부스러기 뿌리면 비둘기가 주워 먹는 것처럼, 나도 내 생산물을 뿌려놓으면 그걸 나중에 보는 사람이 있고, 거기에 영감이나 영향을 받는 사람이 있겠지" 하는 생각이 들었고, 잡지를 만들기로 결심했어요.

그렇게 무작정 잡지를 만들 결심을 했고, 이왕이면 그럴듯하게 등록해야겠다는 생각이 들어서 검색을 해봤죠. '1인 창조기업'을 검색해보니 사업자등록증이 먼저 필요하다는 거예요. 사업자등록증은 세무서에 가서 받으면 된다고 해서 일단 찾아갔어요. 잡지사 사업자등록을 하려고 한다 했더니 그럼 또 정기간행물이라고 등록을 해야 한다는 거예요. 그래서 다시 검색을 해봤더니 이게 되게 어렵고 복잡한 거예요. 등기부등본 등 굉장히 많은 서류가 필요하고, 또 어디로 가서 등록해야 하는지도 잘 안 나오고, 어떤 건 서울시청에서 어떤 건 구청에서 하라고 해요. 그래서 일단 서울시청을 갔는데 그때가 또 신청사 공사 중이라 임시 서울시청은 다른 곳에 있고, 거기 도착했더니 또 구청에 가야 한다고 하고, 그래서 구청을 가고……

어쨌든 이런 우여곡절 끝에 간신히 등록증이 나왔어요. 이래 놓고 결국 1인 창조기업은 신청 및 등록을 하지 않았어요. 잡지사 등록증을 낸 다음부터는 본격적으로 잡지 발간 준비를 했죠. 스스로 글도 쓰고, 주변 잉여들을 인터뷰하고, 또 SNS 계정을 만들어서 홍보도 했어요. 그렇게 홍보를 계속하니까 SNS를 보고 연락하는 사람들이 생기고, 여기저기서 글도 보내오시더라고요. 그런 준비 과정을 거쳐서 2012년 2월에 창간호가 나왔어요. 몇몇 카페에도 배포했고요. 또 제가 한겨레 문화센터 언론사 입사 준비반을 들었거든요. 여기가 언론사 입사를 준비하는 사람들한테는 유명할거예요. 그곳에도 제 잡지를 놓아두었는데, 그걸 기자가 보고 인터뷰 요청을 한 거죠. 이후《한겨레신문》에 제 기사가 나오면서 제 취지에 공감하는 사람들이 많이 생겼어요. 그분들이 저에게 글을 보내기도 하고, 그러다 보니 지금 16호까지 나오게 됐네요. 먼 미래를 보지 않고 일단 냈는데 운이 좋아 여러 도움을 받았고, 지금까지 올 수 있었죠.

《월간잉여》의 구성에 대해서 설명할게요. 우선 매달 시의성이 있는 스페셜 이슈를 다뤄요. 예를 들어 5월이면 가정의 달이니까 '부모님에게 좋은 불효자가 되는 법', 뭐 이런 생각을 하고. 6월은 6·25전쟁이 있었던 달이니까 '전쟁의 상흔이 우리에게 남긴 레드 콤플렉스 및 종북 좌파로 사는 법', 7월에는 제헌절이 있으니까 '헌법 정신을 가지고 사는 법' 이런 것들이 잡지에서 다룬 스페셜 이슈였어요. 그리고 인터뷰는 제가 언어유희를 좋아해서《월간잉여》의 '잉터뷰'라고 이름을 지었구요. '각잉각색'은 잉여 논단이라고 설명하면 될까요. 스페셜 이슈와는 조금 거리가 있는 글을 모은 부분이에요. 잡지 가격은 4800원입니다. 무가지에서 유가지로 전환하던 당시 최저임금이 4860원이었는데, 거기서 60원 에누리한 가격입니다. 온라인 서점 '알라딘'에서 구매가 가능하십니다(웃음).

그렇게 잡지 제작을 2년 이상 하다 보니 스스로 잉여라고 생각해서 저에게 연락을 하거나 글을 보내는 분이 꽤 많았어요. 취업준비생이 대부분일 줄 알았는데 직업이 다양하더라고요. 이렇게 많은 분들을 만나면서 저도 더 성장했고, 보람과 자존감을 찾은 부분도 있었던 것 같아요. 특히 SNS

에서 저와 아무런 이해관계가 없는 분들이 내용이 좋다며 자발적으로 잡지를 홍보해주신 것이 정말 고마웠어요.

만남, 그리고 존재의 재발견

사실 1주년이 됐을 때 잡지 제작을 그만두려고 했거든요. '1년 했으면 된 거 아닌가?' 하는 생각도 들었고, '이제 할 이야기 다한 거 아니야?'라는 생각도 했고요. 하지만 《월간잉여》를 통해 많이 위로받고 공감했다는 메일들을 읽으면서 '그래, 계속 내보지 뭐' 하고 생각을 바꿨어요. 그분들이 딱히 제가 생각하지도, 의도하지도 않았던 부분까지 찾아서 의미부여를 해주시니까, '스스로 이 기사에 이런 의미가 있었구나' 하고 새로운 것을 발견하기도 하면서 계속 잡지를 내야겠다고 생각했죠. 그렇다면 천천히, 꾸준히 내는 것이 낫지 않나 싶었어요. 그래서 발간 당시에는 《월간잉여》였는데 《(격)월간잉여》로 바뀌었고 천천히, 꾸준히, 가늘고 길게 내는 방향으로 가고 있습니다. 이 잡지의 존재 자체가 위안이 되는 부분이 있나 보다 생각도 했죠. 예전에는 《월간잉여》를 빡치고 불합리한 구조를 고발하는 매체로만 생각했는데, 많은 사람들을 만나면서 점차 잉여의 긍정성을 발견하게 됐던 것 같아요. 경제적인 부분을 제외하면 일단 시간이 많으니까 본인이 멘탈관리만 잘하면 잉여이면서도 행복할 수 있다고 생각해요.

잡지에 참여하는 잉여분들을 보면 저보다 더 감수성이 좋더라고요. 일단 본인이 잉여라는 자각이 있는 자체만으로도 어느 정도 소수자의 감성이 있다는 것을 의미하고요, 그렇다는 건 남들이 보지 못하는 틈을 찾을 수 있다는 거죠. 또 본인이 잉여로서 많은 시간 온라인 공간을 점유하거나 혹은 취향이 같은 친구들과 만나기도 하니까 어떤 분야에서는 남들보다 깊이 알고 있는 부분도 많았어요. 폭넓게 알기도 하고요. 그래서 잡지를 만들

● 제1회 사생대회 1등 작품

면서 잉여의 긍정적인 측면을 찾게 됐습니다.

그래서 이렇게 관심을 가져주시는 분들과 온라인 공간만이 아니라 오프라인으로도 많이 만나야겠다고 생각했어요. 그래서 오프라인 이벤트를 개최했죠. 제1회 사생대회에는 예상보다 참가자가 꽤 많이, 한 15명 정도 오셨고, 2회에는 25명 정도 오셨어요.

1회에 우승한 이 작품은 전쟁을 주제로 한 그림이에요. 그림의 내용은 이렇습니다. 많은 사람들이 모두 같은 곳으로 가고 있는데 거기에 핵폭탄이 터져서 그곳으로 향하던 이들이 전멸해요. 하지만 남들과 똑같은 곳을 향하지 않고 집에서 컴퓨터를 하고 있던 잉여는 살아남았죠. 우리가 공멸하지 않기 위해서는 사회 구성원 각자가 다양한 삶을 사는 것이 필요하다는 시사점을 주는 거예요. 두 번째 사생대회 때 우승 작품은 전래동화 '토끼와 거북이'를 재해석해서 그린 그림인데요. 토끼에게 감정을 이입을 해서, 잠깐 쉬었다고 패자로 영원히 기억되는 토끼의 마음을 그린 의미 있는 작품이에요.

사생대회 말고도, 추석 날 만나는 이벤트도 했어요. 추석 때 친척들을 만나면 웃으면서 꼭 사람 속 긁는 말 하잖아요. 친척이 아니라 '친적' 같아요. '왜 그런 말을 하는 거지?' 싶죠. 게다가 설날은 돈이라도 주는데 추석에는 돈도 안 주잖아요. 그래서 아예 추석 때는 친척들을 보러 가지 말아야겠다고 생각했어요. 그래서 추석이 반갑지 않은 사람들끼리 모여 시국에 대한 이야기를 하기로 했죠. '우리는 왜 친척을 만나기 싫은가? 단지 친척들이 싸가지 없어서인가?'에 대한 고민들. 한국만의 아비투스(habitus)도 있을 거 같고, 경제·사회 구조적 원인도 있을 거라는, 그런 내용의 토론회를 했어요.

크리스마스에는 마니또 이벤트도 했어요. 제 나름대로 '만잉또'라고 이름을 붙였죠. 크리스마스의 의미가 변질되고, 단순히 연인들끼리의 소비주의적인 기념일로 전락한 것 같다는 생각에 그렇지 않은 우리는 또 다른 가족처럼 훈훈하게 크리스마스에 만나보자는 취지의 이벤트였죠.

이런 오프라인 모임 말고, 인터뷰를 하면서 여러 사람들을 만나기도 했어요. 가장 인상 깊었던 분은 밀양 송전탑 건설 반대운동을 하시는 이계삼 선생님이었어요. 저에게는 무엇보다도 '앎과 삶을 일치시킨다'는 인상을 깊게 남겨주신 분이었고, 많은 감동을 받았어요. 저도 아는 것과 행동하는 걸 일치시켜야겠다는 생각을 많이 했죠. 또 희극인이자 〈SNL〉 작가인 유병재 씨는 드립을 잘 쳤어요. 일종의 경쟁심을 느꼈죠. 저도 드립 욕심 있는 사람이거든요(웃음).

이렇게 여러 사람을 만나고 인터뷰하면서 느낀 게 있어요. 인터뷰나 취재를 위해 섭외를 부탁하고 거절을 받으면서 '거절을 잘 받아들이는 법'을 배우게 됐어요. 그리고 인터뷰를 하고 나서 아쉽다고 생각했던 부분은 앞으로 더 좋은 인터뷰를 할 수 있도록 참고하고 있어요. 그뿐만 아니라 잡지를 만들면서 배운 것도 많았어요. 전에 《월간잉여》 신춘문예를 개최했는데, 들어온 작품은 두 편뿐이고 우승작은 없던, 그야말로 망한 행사였어요. 물론 아직도 글을 써주신 분에게는 감사하게 생각하고 있지만, 기획했던 행사의 참여율이 저조해서 당황스러웠던 건 부정할 수 없어요. 하지만 정신승리로 이겨냈습니다! 웃을 수 있는 추억이 됐잖아요? 지금도 님들 모두 웃잖아요?

두 번째 가지 🍆
웹진 '여잉추'

두 번째 가지는 '여잉추'라는 온라인 커뮤니티 겸 웹진이에요. 이 웹진은 저와 인터뷰를 하고 나서 제가 맘에 든다고 친해진 잡지사 친구들이 같이 뭔가를 해보자고 해서 시작한 거예요. 거기에서 한 친구는 문란하게 살겠다고 '문라니', 다른 한 친구는 조금 더 늙었다고 우리끼리 '늘그니'라고 불러요. 친구들이 처음에는 반짝 열심히 하더니 요즘은 또 잘 안 하는 거예요. 그래서 또 빡치고 있는 상황이죠. 그래도 놀러오세요. 이름은 '여잉추'입니다. 여잉추는 '여기 잉여 추가요'라는 말의 줄임말이고요, 검색하면 나옵니다. 저희가 모여서 함께하는 것 중 하나가 노들 텃밭 가꾸기예요. 여기에 주로 쌈채소 및 감자를 심고 있어요.

잉여들이 앞으로 생존할 수 있는 방법을 생각해보다가 텃밭을 가꾸기 시작했어요. 우리 사회에서 정규직 일자리는 점점 줄어들고 있고 사회 시스템 자체가 개인의 생존을 위협하고 있는데, 이런 상황에서 우리가 자존감을 느끼고 생존도 할 수 있는 길은 1차산업의 중요성을 환기하고, 손끝에서 뭔가를 만드는 감각을 복원하는 것이 아닐까 싶었어요. 기술이 발전하니까 인간이 점점 쓸모없어져 가는 거잖아요. 기술이 고도화돼서 돈이 돈을 버는 사회에서는 매우 소수의 인간만 쓰이니까요. 선택받지 못한 인간이 쓰일 수 있는 곳은 비효율적일지라도 1차산업이라고 생각했고, 그렇게 손으로 일해 스스로 쓰임을 만들어낼 필요가 있다고 느꼈어요. 농업이나 목공, 손으로 할 수 있는 수공예 같은 것이 1차산업이라고 할 수 있겠죠.

그래서 이계삼 선생님에게 배운 것처럼 나의 앎을 실천할 수 있는 가장 첫 단계가 지금 살고 있는 곳에서 텃밭을 가꾸는 것이라고 생각했고, 뜻이 맞는 웹진 회원들과 같이 모여서 쌈채소랑 감자를 엄청 많이 심어놓았어요. 감자가 구황작물이잖아요. 척박한 땅에서도 잘 자라고요. 과거에 영국의 수탈로 먹을 게 없던 아일랜드의 인구가 네 배나 증가한 이유가 감자의 덕이라는 분석이 있습니다. 하지만 그러다 감자 마름병이 돌아 훅 갔죠. 감자로 흥했던 아일랜드가 감자로 망하긴 했지만, 다양한 품종을 기르면 괜찮지 않을까요? 나중에는 마을공동체를 만들고 싶은 마음도 있어요. 일단 지주를 섭외해서, 여러 사람들이 한번에 이주해서 농사도 짓고, 문화콘텐츠도 만들고, 최종적으로는 마을공동체나 사람들 사이의 관계망을 통해 완벽하지는 않더라도 기존 시스템에서 어느 정도 자립할 수 있는 길을 찾고 싶어요. 텃밭은 이런 제 바람의 초석이라고 할 수 있고요.

세 번째 가지🍆
언론사 불러오기

잡지를 직접 만들고, 인터뷰를 하기도, 받기도 하다 보니 잡지사나 신문사에서 글을 써달라는 청탁도 오더라고요. 돈도 준다기에 이게 웬 떡이냐 싶어 그중에 나름 맘에 드는 몇 군데에 글을 썼죠. 쓰다 보니 이 상황이 좀 아이러니하다고 느꼈어요. 저에게 기고를 의뢰한 잡지사, 신문사 같은 곳에 입사하고 싶었는데 입사는 못 하고 이렇게 용병으

로 쓰이는구나, 이렇게 쓰다가 또 날 버리겠지 싶기도 하고요. 이런 회의적
인 인식도 있었지만 다른 한편으로는 '그래도 지면을 통해서 내가 정말 하
고 싶은 말을 할 수 있겠다. 내가 중요하다고 생각하는 것들을 이렇게 글
로 다른 사람과 나눌 수 있겠다' 하는 생각도 했어요. 제 글이 다른 사람들
에게 세상에 대해 이렇게도 생각해볼 수 있게 하는 계기가 되고, 그러면서
우리 사회에 대해 성찰하는 사람이 많아지면 소수자의 감성을 가진 사람
들이 늘어나게 될 거고, 결과적으로 지금 살고 있는 한국 사회가 더 나아질
수 있겠다는 생각을 하면서요. 제가 정신승리를 하는 걸까요? 저는 대충
이렇게, 저에게 좋게 의미 부여를 하고 있어요.

뭐라도
가지가지 해라

스스로, 타인과 외롭지 않은 만남을 하세요

이렇게 세 가지를 여러분에게 말하고 싶어요. 이 세 가지 활동을 통해
저에게는 만남, 공감, 우정, 성장 그리고 글쓰기라는 키워드가 남았다고 생
각해요. 《월간잉여》를 만들면서 만났던 사람들이 지금의 저를 만들었습니
다. 여러분도 가끔 만남 속에서 더 외로움을 느끼게 되는 경험을 하지 않
나요? 그래서 누구를 만나는지가 굉장히 중요한 것 같아요. 남들과 만나는
나 자신도 좋은 사람이 돼야 하겠고, 내가 만나는 사람 또한 좋은 사람이어
야 하겠죠.

제가 누군가를 좋은 사람이라고 느낄 때는 두 경우인데요. 하나는 그
사람이 공감능력이 있다는 것을 확인할 때, 또 하나는 그 사람이 사회에 떠

다니는 통념을 그대로 흡수한 게 아니라 한 발짝 더 나아가 자신만의 생각을 조리 있게 표현할 때예요. 저는 운이 좋게도 그런 사람들과 만나며 공감하고, 위로를 얻고, 또 이를 통해 우정을 쌓았고, 그러면서 성장할 수 있었던 것 같아요.

성장하려면 우선 스스로 준비가 돼 있어야 합니다. 앞에서도 말했지만 피해의식이나 열등감이 없어야 하고, 정신승리를 잘해야 하겠죠. 피해의식이나 열등감이 있으면 다른 사람의 좋은 면을 그대로 볼 수가 없어요. 사실 잉여로 사는 기간이 길어지면 밝은 잉여, 피해의식 없는 잉여가 되기가 쉽지 않아요. 그럴수록 본인과 접점이 많은 사람과의 만남을 통해 우정을 쌓아야 하고, 더불어 멘탈관리를 위한 자기만의 방법이 필요한 것 같아요.

저는 사실 개인적인 노력이 뒷받침된다면 우리 세대에서 기성세대에 비해 훨씬 더 인간적으로 성숙하고 좋은 사람이 많이 나올 것이라고 생각해요. 50대 이상 분들을 보면 꼰대 같고, 굉장히 좁은 틀 내에서만 세상을 보는 사람이 많잖아요. 저는 그게 그 세대는 스스로에 대한 고민을 하기 어려운 사회에서 살아왔기 때문이라고 생각해요. 산업화나 민주화에 이바지했지만, 개인에 대한 성찰의 기회는 적지 않았을까 짐작해봐요. 게다가 그분들 20대에는 대학 졸업 후에 취직할 수 있는 폭도 넓었으니까 그냥 아무 회사나 골라 갔죠. 지금 우리처럼 스스로 좋아하는 것, 잘할 수 있는 것, 견딜 수 있는 것에 대해 치열하게 고민하기 어려웠을 것 같아요. 그러면서 계속 20~30년을 더 살며 집도 사고 차도 사고, '이 정도면 되겠지' 생각하면서 사회 보편보다 자기 자식과 가족을 위하는 사람이 되는 경우가 많았던 것 같아요. 자아성찰이나, 삶의 디테일한 부분에 대한 관찰, 섬세한 감수성이 상대적으로 적었을 것 같고요.

그래서 저는 우리가 그들보다 좀 더 나은 사람이 될 수 있을 것이라는 희망이 있다고 생각해요. 그런 면에서 글쓰기가 중요하다고 봐요. 글을 통해 나와 다른 사람을 설득하면 더 좋겠지만, 꼭 사회와의 관계를 위한 것 말고도 자기 자신을 구원하기 위해서도 글쓰기는 정말 필요해요. SNS에서 짧게 쓰는 거 말고 좀 더 긴 호흡으로 생각하면서, 내 생각의 기원을 찾는 글을 써보는 거죠. 그런 글쓰기는 자기 치유에도 도움이 되고, 더불어 자기 자신을 아는 데도 도움이 되고, 정신승리를 하는 데도 도움이 됩니다. 전 주로 빡칠 때 글이 잘 써지더라고요. 내가 지금 느끼고 있는 '빡침'이 어디에서 오는지 생각해봐요. 그러면 '내가 빡칠 일이 아닌데 내 정신질환 때문에 빡쳤나 봐' 이렇게 결론이 나는 경우가 있고 '이건 구조적인 문제잖아, 이거 나만 빡칠 일이 아닌데?' 하고 결론이 나는 경우도 있어요. 그런 생각을 통해 사회구조를 비판하는 글을 쓰기도 하고, 나를 돌아보는 글을 쓰기도 하는 거죠.

가만히 있지 마세요

그래서 결국 제가 궁극적으로 여러분에게 하고 싶은 말은, 가만히 있지 말라는 거죠. 무엇을 하든지요. 사실 '무엇을 한다'는 것 자체가 매우 중요해요. 그게 뭐가 됐든 결국엔 다 배우는 게 있더라고요.

'무엇이든 하면 된다.'

이 말 되게 식상하죠? 하지만 정말 중요하니까 말하는 거예요. 뭘 하든 간에 뭔가를 하고 있다는 거 자체가 정말 소중한 거예요. 이렇게 하려면 멘탈관리를 잘 해야 합니다. '할 만큼 했는데도 망하면 어쩔 수 없는 거지 뭐' 하는 식으로 정신승리하는 법을 마음속에 새기세요. 실패하더라도 '그래, 난 이걸 통해서 뭐라도 조금 해봤으니까 괜찮아' 하는 정신승리를 하는 것이 중요해요.

그리고 자꾸 본인 탓만 하지 말고 남 탓도 해봐야 해요. 이 문제는 구조적인 문제라고 생각된다 싶으면 탓해야죠. 빡칠 때는 빡칠 줄도 알아야 하고요. 결과가 좋지 않을 때, 자기 탓만 하는 사람들도 있잖아요. 사실 그런 건 본인의 정신건강에도 안 좋을 뿐만 아니라 잘못된 현 사회구조를 계속 유지하는 데 기여한다는 생각도 들거든요. 화날 땐 화내고, 구조적인 문제라면 구조 탓도 할 줄 알아야 해요.

폭넓은 경험을 하는 것은 연애하기에도 좋은 것 같더라고요. 모든 대화에 꼭 유머, 센스가 있어야 재밌는 건 아니잖아요. 상대방과 나에게 공통된 관심사가 많으면 대화가 재밌게 느껴지죠. '가지가지' 하면 이렇게 많은 이야기를 이어갈 수 있죠. "어? 저도 그거 해봤는데" 혹은 "아~그렇다고 들었어요" 하면서 사람을 꾈 때도 좋을 거예요. 폭넓은 경험 그리고 뭐든 '가지가지' 해보는 것은 이렇게 많은 측면에서 장점이 있어요.

언론사 들어가느니
언론매체를 만들겠다

질문자 1 경영학과를 나왔는데 언론사에 관심을 둔 특별한 이유가 있는지 궁금합니다. 또 자신이 생각했던 언론매체와 현실이 다르다는 것에 회의감을 느껴 그 길을 포기하는 사람들도 많은데, 준비를 하다가 잡지라는 매체를 선택해 출간하면서 든 생각이나 느낌을 말씀해주세요.

최서윤 대학교 2학년 때까지 저는 사회의식 같은 게 별로 없었어요. 그래서 이른바 저의 '흑역사'를 말해보면, 그 당시 주변에서 고(故) 노무현 대통령 욕을 엄청 하길래 저는 그분이 안 좋은 사람인 줄 알았어요. 이걸 제 흑역사라 생각하는 것은 언론이 한 사람을 '개새끼'로 만드는 게 쉽다는 걸 깨달았기 때문인데요. 한 존재의 입체적이고 다양한 부분 가운데 하나만 부각해 보도하거나, 자기가 원하는 대로 사회를 쥐락펴락하려는 사람들이 있다는 게 빡쳤어요.

또 어학연수 겸 여행으로 외국을 많이 돌아다니고 외국인들과 교류하면서 몇 개월간 한국과 거리를 둔 적이 있었어요. 그때가 한창 대통령 선거철이었는데 이명박 대통령 후보가 부정한 일을 많이 저질렀고, 공약을 봐도 이렇게 하면 안 될 것 같은데도 지지율은 계속 1위인 거예요. 사람들이 그냥 '우리 부자 될 거야' 하는 환상으로 이명박 후보를 지지하는 게 저한테는 너무 이상했어요.

그래서 원래 느꼈던 언론에 대한 빡침과 사회에 대한 문제의식, 또 제가 중요하게 생각하는 가치를 다른 사람들에게도 전하고 싶어서 언론사 시험을 준비했죠. 저도 다른 분들처럼 일주일에 글 두세 편을 써서 첨삭하고, 시사 이슈에 대해 토론하는 방식의 스터디 그룹을 꾸렸어요.

그렇게 2년을 하다 보니까 같은 이슈가 계속 반복된다는 점에 회의감이 많이 들더라고요. 그 주제의 근본 원인은 정해져 있는데 이슈가 돌고 도는 것이 답답했어요. 또 다른 회의감은 이렇게 기자가 된다고 해도 결국 기자가 쓴 글이 데스크에 의해 킬 당할 수 있다는 현실 때문이었죠. 삼성 관련 이야기를 하면 잘리니까, 그걸 《월간잉여》에 투고한 기자분도 있었어요. 삼성 계열사 분들이 집회를 했는데, 거기에 삼성에서 까만 양복을 입은 사람들을 보내 집회를 전부 진압해버리고 이것이 기록된 CCTV도 공개하지 않는다는 사실을 기사로 썼지만 데스크에서 기사를 킬한 경우였어요. 개인이 잡지사를 운영하는 것의 가장 좋은 점은 이런 이야기를 자유롭게 할 수 있다는 거예요. 삼성이 우리의 존재를 몰라서 가능한 것도 있겠지만 어쨌든 거대 자본에 기대지 않는 소규모 잡지니까 하고 싶은 이야기를 할 수 있다는 것이 좋아요. 신문보다는 느린 호흡으로 글을 쓰고, 깊게 생각할 수 있는 주제에 대해 찬찬히 이야기할 수 있다는 게 소규모 잡지의 장점이라 생각해요. 또 일인칭 시점으로 사람 중심의 이야기를 함께 나눌 수 있다는 것도 제가 지향하는 부분이고요. 사람들은 일인칭일 때 글을 더 잘 읽고 흥미를 느끼고, 소비하는 경향이 있는 것 같더라고요. 아주 기초적인 일인칭의 사례들로 시작해서 사회 보편의 구조까지 발견할 수 있도록 하는 게 제가 원하는 방향이에요.

누구나 한 번쯤은 망한다

질문자 2 저는 신문방송학과에 입학하고 2년 동안 학과소식지를 내고 있어요. 이 일을 하면서 뭔가를 기획했는데 사람들이 호응을 해주지 않을 때 가장 스트레스를 받았어요. 저도 《월간잉여》 신춘문예처럼 사람들의 글을 받는 행사를 진행했는데, 아무도 작품 응모를 하지 않은 거예요. 이걸 그만둘까 하는 생각이 들 정도로 너무나 속상했거든요. 편집장님은 신춘문예 응모작이 두 편밖에 없었을 때 속상하지 않았나요?

최서윤 전 재밌던데요. '뭐, 망했구나' 했죠(웃음). 근데 그런 태도가 좀 필요한 거 같아요. 내가 하는 일이 내가 생각하는 것만큼 남들에게는 중요하지 않을 수도 있다는 생각이요. '남들이, 세상이 나를 주목하지 않아' 하는 태도도 필요한 것 같아요. 뭐 좀 하다가 망할 수 있는 거 아닌가요? 그리고 살면서 유머가 필요하다고 생각해요. 우리는 생존도 중요하지만 동시에 권태와도 싸우고 있잖아요. 제 생각엔 생존보다도 권태와의 싸움이 우리 삶에서 비중이 더 큰 거 같아요. 우리가 그 권태에 질식되지 않을 수 있는 방법은 유머를 잃지 않고 사는 것이라 생각해요. 삶이 그냥 재밌다고 생각하거나, 혹은 삶이 나를 웃겨준다고 생각하는 거죠. 망한 게 더 웃기지 않나요? 저에게는 완벽하지 않은 것에서 재밌는 부분을 찾아내는 성격이 있는 것 같아요. 사람들, 친구들에게 "망했어" 하면서 서로 재밌어하기도 하고요. 그리고 질문자분만 망한 게 아니라 웬만하면 다 망하니까요. "망한 게 특별한 일이 아냐, 잘되는 게 특별한 일이지" 하는 거죠.

돈에
지배당하지 않기

질문자 3 저도 새로운 매체를 하나 만들어보고 싶은데, 당장 돈이 없다 보니 인쇄비, 홍보비 모든 게 다 막막하거든요. 말 그대로 이게 진짜 땅 파서 만들어야 되는 거잖아요. 아마 《월간잉여》도 처음에 시작할 때 돈이 많이 들었을 거 같은데 그 비용은 어떻게 충당했나요?

최서윤 학원 같은 곳에서 아르바이트를 해서 보탰어요. 저는 현재 부모님이랑 살고 있어서 삶에서 굉장히 중요한 '공간'에 들어가는 지출이 없어요. 그러니까 이 비용으로 하고 싶은 일을 생각할 여유가 있었죠. 사실 '공간'에 대한 지출은 사회적으로 해결해야 하는 거라고 생각해요. 기회의 평등을 보장하는 게 사회의 의무인데 말이죠. 기본적으로 사람이 안정감을 얻으려면 어떤 공간이 있어야 하는데, 요즘은 이 공간 때문에 사람들이 위협받고, 공간을 확보하기 위해 빚을 져가면서 노동을 하다 보니까 경제도 활성화가 안 되잖아요. 아무튼 저는 일단 공간 문제가 없어서 그런지 비용에서 큰 걱정을 하지 않았고, 또 애초에 수익구조도 생각하지 않았어요. 좀 전에 제가 일을 가지가지 한다고 했잖아요. 잡지를 내는 것은 제가 가지가지 하는 것 중에 한두 개라고 생각했어요. 물론《월간잉여》가 좋은 모델이라고 생각하진 않아요. 하나를 시작해서 그 수익으로 계속 운영하는 것도 중요하죠. 하지만 저는《월간잉여》가 문화를 통해서 사회를 더 나아지게 하려는 활동이라는 자각이 더 커서 그걸로 돈을 벌겠다는 생각이 지금은 없어요. 인쇄비만 나오면 좋겠다는 생각이지만, 그래도 재정이 간당간당한 부분은 있죠. 출판전문점이나 몇 개의 온라인 쇼핑몰에서만 팔고 있는데 두세 달 정도의 오랜 기간에 걸쳐 다 팔려요. 제 잡지가 사람들에게 소개되고, 앞으로 더욱 많은 사람들이 읽고, 더 다채롭고 깊이 있는 이야기를 담아내기 위해서는 이렇게 천천히 가야 한다는 생각이에요.

종이로 전해지는
잉여감성

질문자 4 '혼자 뭔가를 만들어봐야겠다'고 결정하고 난 뒤에, 여러 가지 콘텐츠를 생각할 수 있잖아요. 요즘에는 영상 같은 것들이 워낙 발달해서 사실 긴 호흡의 글에 대한 사람들의 수요가 떨어지는 편인데, 그런데도 왜 잡지라는 매체를 선택하셨는지 궁금합니다.

최서윤 약간 SF적인 상상력도 있었음을 부정하지 않겠습니다. 디지털 문화가 사라지고 지구에 전기가 없어진다면 그때 남는 건 결국 종이 매체잖아요. 그걸 후대 사람들이 발견하고 그중에서 특히 《월간잉여》를 읽고 '과거는 이랬구나' 하면서 역사를 찾아본다는 상상을 한 거죠.

또 다른 이유는 편집 때문이었어요. 인터넷에서의 글 소비는 단편적이잖아요. 온라인상의 글이라면 사람들이 보는 순서나 흐름에 대해 편집이 관여하는 것에 한계가 있다고 생각했어요. 편집장의 의도에 따라 하나의 주제로 글을 묶어 그 순서와 구성을 생각하고, 그걸 하나의 책으로 전달하고 싶었어요. 다 읽었을 때 독자가 느끼는 감성과 태도가 다를 거라 생각했죠. 종이로 된 책을 읽는다는 것은 사람의 또 다른 지성을 건드린다고 해요. 그리고 글을 보내주시는 분들을 떠올렸을 때, 글의 고료도 못 드리는 매체인데 보답할 수 있는 방법은 완성된 잡지를 보여주는 거라고 생각했어요. 이게 그분들의 포트폴리오에 도움이 되면 더할 나위 없고요. 이런 여러 가지 측면들을 고려해서 종이 잡지를 내기로 결심했던 거죠.

님, 정신승리
어떻게 하세요

질문자 5 저도 편집장님처럼 '되면 되는 거고 안 되면 안 되는 거다' 이런 식으로 살려는 사람 중 하나인데요. 하지만 열심히 했는데도 잘 안 됐을 경우 상당히 분하고 짜증나는 경우도 많잖아요. 노력하고자 하는 의지와 정신승리의 접점을 찾는 것이 참 힘든데, 편집장님이 정신승리를 잘할 수 있는 노하우가 무엇인지 궁금합니다.

최서윤 일단 정신승리를 잘하려면 '잘 까먹는 성격'이 필요해요. 저는 잘 잊어버리거든요. 계속 뭔가를 가지가지 해서 그러나 봐요. 처음부터 한 가지만 계속했다면, 그게 망해버렸을 때 그 빈자리가 컸을 텐데, 항상 여러 가지를 하다 보니까 나의 기대치가 나눠지고, 실망한 와중에도 또 다른 가지를 하다 보면 또 금방 잊혀지더라고요.

하지만 무엇보다도 자존감 관리가 가장 중요한 부분이라고 생각해요. 자존감이라는 것은, 망했어도 '내 가치가 훼손된 게 아냐. 실패를 통해 배운 게 있으니 어제보다 나은 내가 된 거야'라고 긍정하는 데서 유지된다고 생각해요. 그렇다고 사람들에게 포장해서 '나는 원래 더 괜찮은 사람인데 지금의 나는 내가 아니야' 같은 자기부정을 한다거나, 자의식 과잉이 생기지 않도록 노력하는 것도 중요하겠죠. 누가 나에 대해 말하면 '그 사람이 그렇게 본 것도 나겠지'라고 생각하는 거죠. 그렇다고 나를 포기하고 막 살자는 건 아닙니다. 저도 묻고 싶습니다. 님은 어떻게 정신승리하세요?

질문자 5 저는 보통 다른 일을 하려고 노력해요. 아니면 여러 사람이 있는 곳에 가서 대화를 하면서 다른 데에 정신을 쏟으며 잊어보려고 많이 하기도 하고요.

최서윤 근데 여러 사람을 만나면, 오히려 자신과 다르다는 점 때문에 기분이 더 안 좋아져 돌아올 때도 있지 않나요?

질문자 5 그런 경우도 종종 있어요.

최서윤 그런 게 딜레마인 것 같아요. 굳이 사람을 만나서 내 시간을 쓰거나 감정노동을 하고 싶지 않을 때도 있잖아요. 내 감정을 회복하기 위해 누군가를 만났는데 그 사람이랑 가치가 충돌하면 그 만남 때문에 더 피곤해질 때가 있어요. 그건 저도 고민하고 있는 문제고요. 그리고 스스로 정신승리를 할 수 있는 방법에 대해 말해보자면 저는 스스로에 대한 약간의 관대함이 있어요. '망했는데도 재밌네. 이걸 통해 난 이런 경험을 했네'라고 생각하는 거죠. 그리고 작은 성취에도 스스로 칭찬해주는 방법도 있어요. '그래, 생각보다 꽤 했네' 하면서 자기 자신을 칭찬하는 것, 이런 게 저는 정신승리의 방법이라 생각해요.
아, 그리고 여러분은 다들 먼 미래를 계획하고 사나요? 아직 그렇게 생각하기 어려운 시기일 텐데, 언제까지의 미래를 계획하고 사나요? 네, 저를 보고 자꾸 웃으시는 저분이 말씀해주세요.

질문자 6 저는 당장 이번 학기만 보고 살고 있고, 방학하면 또 그때 돼서 뭘 할지 생각하고 싶어요. 저도 궁금한 게 있어요. 편집장님은 좋은 의미로 가지가지 하면서 살고 있잖아요. 본인이 '망함'에는 정신승리로 극복도 잘하시는 편이고요. 근데 서서히 나이가 들면서 함께 사는 가족은 또 다른 시선으로 볼 거란 생각이 들어요.

최서윤 그렇지 않아도 부모님이 저에게 이제 끝이 임박해왔다고 통보하셨어요. 2년 남았다, 1년 남았다 하다가 이제 저를 쫓아내겠다고 하시면서요. 그래서 저는 앞서 말했듯이 마을공동체를 만들 수도 있고, 마음에 맞는 사람들과 공동주거를 하거나, 혹은 절에 갈 수도 있고, 해외노동을 떠날 수도 있고요. 이렇게 미래에 대해 막연하게 생각하고 있어요. 아니면 또 이제까지 만난 사람들 중 누군가가 저에게 '같이해볼래?' 하면서 어떤 제안을 할 수도 있겠죠. 좋아 보이면 따라갈 수도 있고요. 무엇이 됐든 아직 닥치지 않은 이런 상황이 저에게 기회를 줄 수 있을 거라는 막연한 긍정이 있어요. 그중에서 제가 원하는 걸 선택하겠죠. 여러분에게는 어떤 불안이 있나요?

질문자 6 저는 현재 하는 게 너무 많아서 반대로 정신적인 안정을 얻으면서 잉여활동을 하고 싶어요. 몸이 피로하니 정신도 피로해져서 잉여활동을 못 하고 있다고 생각하거든요.

최서윤 뭘 하고 있는데요?

질문자 6 학교에서 너무 많은 걸 하고 있어요.

최서윤 왜 그랬죠? 거절을 못 해서 그랬나요?

질문자 6 아니요, 전역을 하고 나서 넘치는 혈기로 그랬던 것 같아요.

최서윤 다음 학기에는 안 그러겠네요. 이미 해봤으니까. 배운 게 있네요. 다음 학기는 훨씬 더 나아지겠죠. 정신승리하세요(웃음)!

질문자 6 정신승리!

같은 생각을 가진 사람들과 만나 현재의 행복에 집중하기

사회자 제가 한마디 거들자면, 저희가 잉집장(월간잉여 편집장)님 텃밭으로 인터뷰를 하러 갔을 때 그곳에 마침 웹진 회원분이 물을 주러 오셨거든요. 우리의 강의 전체 주제가 '남과 다르게 걷는 길'이라는 말을 했을 때 그분이 잉집장님이 한 말과 똑같은 말을 하셨어요. 먼 미래에 대해서 생각하지 않고 지금 당장의 행복에 집중할 수 있다는 것 자체가 이 사람들과 함께하는 즐거움이라고요.

내일보다 오늘, 바로 지금이 중요하다는 마음으로 산다는 건 오늘 주야장천 술을 마실 수도 있고, 게임만 몇 시간을 할 수도 있는 거고, 미뤄놨던 드라마를 볼 수도 있다는 거잖아요. 하지만 그러고 나면 내일이 막상 눈앞에 왔을 때 내일로 미뤄놓았던 두려움들이 바로 현실로 다가오니까 우리는 계속 미래를 계획하며 살아가는 거 같아요. 어딜 가나 먼 미래의 자신을 그려보라고 말하지만, 사실 그런 희망보다는 10년 뒤에 나는 아무것도 돼 있지 않을 것 같은 불안감이 더 많았어요.

그런데 제가 텃밭에서 잉집장님과 웹진 회원분을 만나면서 느꼈던 생각은 '아, 내가 좀 더 현재의 행복에 집중해도 되겠구나'라는 거였어요. 그 만남에서 '나만 그런 게 아니구나' 하는 동질감을 느꼈다고 할까요. 아무리 어디에 소속이 돼 있다고 해도 '난 잉여 같은 존재가 아닐까, 나머지가 아닐까, 깍두기가 아닐까' 하는 생각은 누구나 한 번씩 해봤을 것 같아요. 그런 현실에서 잉여라는 주제로 《월간잉여》라는 잡지를 만들고, 이런 사람들과 존재에 대한 고민을 하고, 또 이를 통해 독자와 더 많은 이야기를 뻗어나가며 행동하고 있다는 점, 저는 그게 잉집장님의 도전이 매력적인 이유라고 생각해요.

최서윤 말씀 좋네요. 고마워요. 맞아요. 그 '만남' 자체가 중요해요. 제가 미래에 대한 고민을 접은 큰 이유는 지금 만나고 있는 사람들과 일종의 동질감을 느끼고 있기 때문이에요. 이 사람들과는 뭔가 할 수 있을 거라는 희망이 있어요. '지금 우리가 뭔가 하고 있으니 뭐라도 되겠지. 미래에도 뭐라도 하고 있겠지'라는 생각이죠.

7

공간의 재구성

지역을 변화시키는
공간 발견하기

최정한

문화예술을 매개로 공간을 살리고 이를 통해 지역의 문화를 활성화하는 일에 오랫동안 헌신해
왔다. 1990년대 초반에는 '녹색교통운동'이라는 시민단체를 조직해 이끌기도 했다. 이후 그가
주목하고 활동 무대로 삼았던 지역은 서울의 인사동, 북촌한옥마을, 홍대 앞, 서천 장항 등이
다. 그는 이 지역이 가진 강점과 특성을 살리면서 단지 돈만 숨 쉬는 상업 공간이 아니라 삶의
결이 살아 있고 문화가 꽃 피우는 공간으로 만들고자 노력해왔다. 현재는 협동조합 같은 사회
적 기업들이 모여 새로운 가치를 만들어내는 '늘장'이라는 시장을 만들어가고 있다.

삶이 정형화돼 있고, 그 삶이 이미 주류의 틀에 갇혀 있다면 사실 변화를 만들어낼 여지는 많지 않습니다. 그리고 저는 이야기를 시작할 수 있는 환경을 만들어낼 수 있는 여유, 여백, 이념 이런 부분들이 매우 중요하다고 생각합니다.

홍대 파티에 초대받아 가보니, 참여자들이 진솔하게 자기표현을 하며 자신의 욕망에서 뭔가를 만들어내며 일을 해나간다는 것을 발견한 거죠. 그 후로 도시라는 것, 삶을 함께 공유한다는 것이 어디에서 출발해야 하는지에 대해서 많은 고민을 하게 됐고, '사회와 도시를 바꿔나가는 에너지는 바로 욕망에서 나온다'는 결론을 내렸습니다.

아까 들어올 때 깜짝 놀랐습니다. 클럽음악 소리도 들리고, 클럽처럼 팔찌를 채워주시니 옛날 생각이 나더군요. 2001년 홍대 클럽데이에서 이런 팔찌 형태의 티켓이 처음으로 사용되기 시작했습니다. 감회가 새롭습니다.

오늘은 10년이라는 긴 흐름 속에서 많은 공간에서 제가 발견했던 의미들을 말하려고 합니다. 내용이 클럽 분위기와는 거리가 멀어 딱딱하기도 하고 재미가 없을 수도 있겠네요. 하지만 가능하면 현장에서 일어났던 사례를 중심으로 이야기해보겠습니다. 저는 이론을 공부하거나 학교에서 강의를 해본 적이 없기 때문에 제가 살면서 했던 일들, 앞으로 할 일들에 대해서 체계적으로 전달할 수 있을지는 잘 모르겠습니다. 어쨌든 제 나름의 방식으로 삶을 풀어내, 그동안 해온 일 속에서 바라본 도시와 공간에 대해 이야기해보겠습니다.

도시의
재구성

2012년에 제가 '한국 사회에서 지역이라는 것이 과연 존재하는가'에 대해, 한국 사회에는 지역이라는 실체가 없기 때문에 우리는 앞으로 삶의 원단위(basic unit)로 새롭게 지역을 만들어가야 한다는 내용의 책을 쓴 적이 있습니다. 『지역의 재구성』이라는 책인데 현재는 안타깝게 절판됐습니다(웃음).

제가 홍대 지역에서 활동했던 이미지가 워낙 강하다 보니 제 개인의 삶을 '홍대 클럽데이' 같은 대표적인 단어로 단순화해서 설명할 수도 있겠네요. 하지만 저는 그 외에도 서울 '인사동', '북촌한옥마을', 일제 때 개항한 군산 건너편에 있는 조그만 소도시 '장항'까지 문화예술로 도시를 살리는 작업들을 해왔습니다. 장항에서 서울로 돌아온 뒤 지금은 월드컵경기장 한쪽에서 새로운 프로젝트를 구상하고 있습니다. 이렇듯 저는 삶에서 그리 간단하지 않은 흐름을 만들며 살아가고 있습니다.

최근에 인사동을 가보면 사람이 굉장히 많아졌다고 느낄 겁니다. 1990년대 중반만 해도, 인사동은 고유의 고즈넉한 골목과 그 속에 존재하던 문화적으로 다양한 업종들이 재건축 때문에 쫓겨나고 있었고, 기념품과 동남아 물건이 판을 치는 공간으로 변해가고 있었습니다. 저는 그 모습을 보면서 인사동이라는 장소의 가치와 고유의 분위기를 보존하고, 그 골목을 살려야겠다고 느꼈고, 이와 관련된 시민단체 활동을 시작했습니다. 구체적으로 1999년에 '작은 가게 살리기 운동'을 하면서 인사동을 문화지구로 지정하는 작업을 했고, 도시기획을 통해 도시의 새로운 그림을 그리는 일들을 했습니다. 이후에는 북촌한옥마을에서 활동했습니다. 가회동 한옥을 중심으로 북촌 전체에 그동안 그곳에 살아온 삶의 이야기들, 그 속에 들어 있는 삶의 내용들, 이어져가야 할 삶의 흐름들, 이런 것들을 담아내기 위한 활동을 해왔습니다.

홍대,
그 변화의 중심에서

'홍대 클럽데이'를 시작부터 주관했습니다. 그 당시 홍대에는 이미 여러 문화예술 콘텐츠가 있었고, 실험예술, 라이브공연, 댄스파티, 프린지페스티벌 등이 한꺼번에 시작되고 있었습니다. 하지만 여전히 복잡하지도 않고 큰 변화도 없는, 마니아들의 독특한 문화 취향이 집적되는 일종의 아지트공간이 눈에 크게 드러나지 않는 수준에서 산재돼 있었죠. 그때 저는 초창기 홍대에서 형성되고 있던 문화적인 계기를 보존하고, 콘텐츠를 건강하게 키워나갈 수 있는 여건을 조성하는 것이 필요하다고 생각했습니다. 그래서 '홍대문화포럼'을 만들었고, 그 포럼의 대표를 맡았습니다. 이후 홍대 앞의 문화적인 가치를 지키기 위해서 하나의 프로젝트를 기획했습니다. 그리고 먼저 홍대의 문화적인 기둥이 돼줄 공간이 필요하다고 생각해 홍대 정문 앞 놀이터를 바꾸는 작업을 했습니다. 다음으로 여러 콘텐츠 간 네트워크를 만들었는데, 이 네트워크를 통해서 서로의 활동을 응원하고 지지하는 틀이 만들어졌습니다. 이러한 네트워크를 기반으로, 당시에 폐쇄돼 있고 밤마다 술판이 벌어지는 우범지대와 다름없던 홍대 앞 놀이터를 개방시키고, 그곳을 디자인했습니다. 그 공간 디자인에 최초로 그려진 그림이 바로 '프리마켓'이었습니다. 작가들의 자발적 참여로 한 장소에 모여 장터를 만들고, 장터가 그 지역 생활문화의 거점으로서 기능하는, 어떻게 보면 한국 최초라고 할 수 있는 프로그램이 홍대 놀이터 앞에서 시작됐습니다. 저는 당시 그 네트워크에 참여해 뭔가를 할 수 있었다는 사실에 대해 지금까지도 자부심이 있습니다.

그리고 자연스럽게 홍대 안의 DJ가 활동하는 댄스클럽과 그곳에서 주로 벌어지는 파티 문화에 대해 특별히 주목하게 됐습니다. 1990년대 홍대 문화는 아날로그적이었고, 사람들은 음악을 들으려면 주로 클럽에 가야 했습니다. 당시에는 새로운 음악적 흐름을 접할 수 있는 공간이 홍대 클럽으로 한정돼 있었고, 또 클럽은 공연이나 파티를 하는 대안적 공간으로 상당히 많이 활용되고 있었습니다. 그런데 2000년대를 지나면서 어떤 변화가 나타났습니다. 그중 가장 큰 변화는 문화를 받아들이고 소비하고 생산하는 흐름 속에서 나타난 디지털 디바이스입니다. 다시 말해, 인터넷이 대중화되고 우리가 사용하는 모바일과 컴퓨터 같은 부분이 우리 삶 속에 깊숙히 자리 잡으면서, 음악을 생산하고 소비하고 유통하는 시스템 자체가 변화한 것이죠. 결과적으로 클럽에 가지 않아도 음악을 쉽게 접할 수 있는 환경이 구축됐고, 음악, 클럽에 와서 공연을 즐기고 파티를 즐기는 행위 이 두가지가 분리되는 흐름이 생겨났습니다. 이런 변화 속에서 홍대 클럽데이가 상업적으로 성공했고, 이후 클럽은 점차 대중적인 욕구에 맞춰가는 형태로 변모하기 시작했죠. 이전에 음악적 퀄리티를 따지던 클럽들은 상당히 견뎌내기 힘든 상황이 됐습니다. 그렇게 라이브클럽이 굉장히 어려움에 처해 있을 때 저희가 댄스클럽의 인프라와 그것으로 얻는 수익을 라이브클럽과 공유하는 프로그램을 만들기로 했습니다. 그래서 2008년부터는 라이브클럽과 댄스클럽을 통합해 매월 마지막 주 금요일, 한 장의 티켓으로 23개의 클럽을 들어갈 수 있는 '통합 클럽데이'라는 프로그램이 만들어졌죠. 이 프로그램이 2011년에 해체됐으니 최근까지도 운영해온 셈입니다.

도시 뒤로 수없이
연결돼 있는 삶의 발견

도시와 함께한 제 삶의 흐름 안에서 제가 느꼈던 것들, 그리고 제가 왜 홍대에서 '욕망'이란 에너지에 주목하게 됐는지에 대해 말해보겠습니다. 제가 대학에 들어와서 가장 먼저 느꼈던 에너지는 분노였습니다. 군사독재 시절, 부조리와 자유롭지 못한 세상을 바꾸는 힘은 분노라고 생각했습니다. '분노에서 세상을 바꾸는 에너지가 나온다'고 판단했던 거죠. 그래서 사회를 변혁할 수 있는 이론적인 틀인 사회주의에 관심이 있었고, 명동성당에서 일할 때는 노동현장에서의 인권운동을 쭉 해왔습니다. 그러다 1980년대 말에 동유럽 사회주의 국가들이 붕괴하고 소련연방이 해체되는 것을 목격했죠. 우리 사회가 가야 할 길, 방향이라고 생각했던 그 아이디어, 모델이 무너지는 걸 보면서 정신적으로 많은 방황을 했습니다. 그러면서 '나도 이제는 다양한 사회구성원이 있는 곳에 들어가서, 내 이름을 걸고 한 사람의 시민으로 활동하고 싶다'는 스스로의 어젠다를 재정립했습니다. 그리고 1990년대 초 밖으로 나가 가장 먼저 한 일이 시민운동이었고, '녹색교통운동'이라는 단체의 초대 사무처장을 지냈습니다. 그 당시가 차가 굉장히 폭발적으로 늘어가는 시점이었는데 도시와 도로의 구조 자체가 사람 중심, 보행자 중심이 아니라는 것을 발견했습니다. 그래서 '사람 중심, 보행자 중심인 도시가 좋은 도시다'라는 슬로건을 내걸고 저의 주도 아래 1993년에 '녹색교통운동'이라는 단체를 창립했죠. 한 1년쯤 활동하니 도로 이면에 무수히 연결돼 있는 삶의 어떤 단층들이 보이기 시작했습니다. 도로, 건축 환경 이런 것 말고도 그 뒤로 수없이 연결돼 있는 삶의 질서 같은 것이 보였죠. '단순히 보행자와 도로만의 문제는 아니다'는 사실을 이해하게 됐고, 도시라는 공간에 대해 더 포괄적이고 종합적으로 접근하게 됐습니다. 실제 문제를 해결하기 위해서는 아주 디테일하고 종합적인 실천이 필요하다는 생각도 했고요. 그래서 이후에는 한 지역에서 일어나는 현상에 접근할 때 대상을 구체적이고 분명하게 설정했고, 실천에서는 좀 더 종합적이고 포괄적인 관점을 가지게 됐고, 시민운동의 지평을 넓힐 수 있었습니다. 그래서 만들어진 단체가 바로 도시연대, 바로 '걷고 싶은 도시 만들기'라는 시민연대 단체입니다. 어떻게 보면 당시로서는 상당히 신선하고 구체적인 삶의 문제를 다루는 단체 이름이라고 할 수 있습니다. "'걷고 싶은 도시'가 어떤 도시인가?"라는 물음에 "문화가 살아 숨 쉬고, 자연환경이 함께 어우러지고, 노인과 장애인들 그리고 여성들이 마음 놓고 안심하고 걸을 수 있는 거리가 있는 공간"이라고 말하는 문제의식이 담겨 있는 이름이죠. 그리고 제가 이 단체를 만들면서 새롭게 눈뜨게 된 곳이 인사동입니다.

참여가 만들어낸
'걷고 싶은 도시' 인사동

1995년, 인사동에서는 '차 없는 거리' 행사를 매주 일요일마다 진행했습니다. 차가 없는 공간에서 그 지역이 어떻게 변화되는지가 저의 호기심을 불러일으켰습니다. 그래서 인사동에 어떤 변화가 생겼는지를 연구해봤는데 '단순히 차가 없는 것만으로 환경이 좋아지고, 그 지역에 어떤 긍정적인 영향을 미치진 않았다'는 결론을 얻었습니다. '차 없는 거리' 행사를 한 다음부터 그 공간이 바로 단순한 이벤트 공간이 돼버리고, 그 공간의 흐름 속에서 존재했던 기존의 삶의 질서나 문화적인 분위기가 깨져버렸기 때문이었죠. 굉장히 많은 사람들이 들어오긴 하지만 모두들 그저 공간을 스쳐가는 식으로 단순히 소비만 할 뿐이고, 그 공간 안의 삶 속에서 뭔가를 만들어내고 함께 나누던 기존의 질서는 역으로 파괴되는 모습을 발견했습니다. 인사동 안의 상가들도 외부에서 유입되는 사람들을 대상으로 하면서 업종 자체에 변화가 생겨났습니다. 또한 임대료가 급상승해 기존에 있던 문화공간들이 지역에서 퇴출되는 현상이 도드라지게 나타났죠.

저는 그런 부분을 보며 '단순히 한 요소가 빠지고 들어가는 것만으로 도시를 이야기하는 것은 곤란하다. 결국에는 그곳에 형성돼 있던 삶의 가치나 장소적인 특성을 중심으로 뭔가가 기획되고, 그러한 방향의 활동이 개발돼야 공간이 좋아질 수 있다'는 확실한 관점을 가지게 됐습니다. 그러려면 결정적으로 그곳에 살고 있는 분들의 참여가 가장 중요하다고 봤고, 바로 그분들의 참여로 좋은 도시, 좋은 사회로 가는 에너지가 만들어질 수 있다는 것을 인사동 활동을 통해서 배운 거죠. 1990년대 중반부터 2000년대 초반까지, 이때가 제게는 어떤 프레임 속에서 도시를 바라보고, 삶을 바라보고, 또 스스로 의미부여를 했던 시기였습니다.

사회와 도시를 바꿔나가는
에너지는 욕망에서 나온다

그런데 제가 인사동 활동을 하면서 놓치고 있던 것이 있었습니다. 사람들의 참여가 필요하다고 생각하기는 했지만 아직까지도 저는 참여를 이끌어낼 사람들을 대상화해 바라보고 있었고, 그 사람들이 어떻게 참여하고, 그 참여 속에서 그들이 무엇을 요구하는지는 읽지 못했던 겁니다. 지금 시간이 지나 돌아보면 사람들의 삶에 대한 에너지, 욕망은 무엇이었을지를 생각하지 않은 채 그들에게 추상적인 가치만 요구했던 것 같고, 결과적으로 개개인의 욕구를 망가뜨렸을지도 모른다는 생각이 듭니다. 그때만 해도 욕망이란 거세되고 통제되고 관리돼야 하는 것으로 생각했던 거죠. 그런데 그 생각이 홍대에 와서 깨졌습니다. 홍대 파티에 초대받아 가보니, 참여자들이 진솔하게 자기표현을 하고, 자신의 욕망에서 뭔가를 만들어내면서 일을 해나간다는 것을 발견한 거죠. 그 후로 도시라는 것, 삶을 함께 공유한다는 것이 어디에서 출발해야 하는지에 대해서 많은 고민을 하게 됐고, '사회와 도시를 바꿔나가는 에너지는 바로 욕망에서 나온다'는 결론을 내렸습니다.

홍대
클럽데이

홍대 클럽데이를 소개해보겠습니다. 2001년 3월 클럽데이를 시작할 때는 4개의 클럽이 뭉쳐서 함께 문을 닫은 다음, 클럽 한곳에 모여 공동으로 파티를 하는 구조였습니다. 거기서 얻어지는 수익은 똑같이 나누고, 각 클럽별로 돌아가면서 공동의 파티를 하는 방식이었죠. 1회가 예상보다 성공하면서 2회부터는 너도나도 참여하기 시작해 이후 약 10개 클럽으로 늘어났습니다. 입장할 때 처음에는 대안이 없어 스탬프를 찍었습니다. 10개의 클럽을 돌 수 있는 공동의 스탬프를 찍어서 그걸

● 홍대 클럽 모습

보여주고 클럽에 들어갔습니다. 그러다 5~6회 때부터는 팔찌를 만드는 업체를 찾아 주문했습니다. 이때 시작한 팔찌가 그 이후에 페스티벌이나 파티, 공연 등에서 일반화됐죠. 원래 클럽은 앞서가는 문화를 공유하는 마니아층과 트렌드세터들의 파티 프로그램이 모인 공간이었습니다. 평소에는 그냥 음악을 듣고 취향을 공유하는 '아지트' 개념으로 유지되다가, 어떤 특별한 파티를 할 때 사람들이 모이는 형태였기 때문에 장사가 그다지 잘되지는 않았습니다. 그러던 와중에 2001년 3월에 홍대 클럽데이가 만들어졌고, 월드컵 이후로 클럽 문화가 주목을 받자 그해 여름에 클럽데이가 성공해 대중화된 겁니다. 초창기 4~5년은 홍대 클럽데이가 홍대를 바꿔나가는 역할을 했던 중요한 시기였습니다.

　60회까지는 댄스클럽을 중심으로 하는 파티 문화가 굉장히 대중화됐고, 2002년 이후부터는 댄스파티가 중심이 된 홍대 클럽데이가 상업적으로 성공했습니다. 상대적으로 부진했던 라이브클럽 활성화를 위해 2003년에는 라이브클럽을 8개로 묶어서 '사운드데이'를 만들었습니다. 클럽데이와 같은 방식으로 팔찌 하나로 자기가 원하는 팀 공연을 어디든 들어가서 볼 수 있는 시스템이었죠. 사운드데이에 올라가는 라이브팀은 보통 40개 정도였습니다. 홍대라는 상징적인 이미지가 그때 만들어졌습니다. 무엇이든 하려는 에너지가 넘쳤고 뭔가를 하고 싶은 사람들은 기회를 찾아 홍대로 왔습니다. 음악이 됐든 파티 기획이 됐든, 이런 장이 2000년대 중반에 많이 생겨났습니다. 그리고 이것이 기업의 홍보대행이나 홍보 프로모션 같은 직종이 확산되는 징검다리 역할을 했다고 볼 수 있습니다.

인사동에서 홍대로:
욕망 에너지를 홍대로 유입하다

제가 인사동 활동에서 홍대로 넘어온 과정을 설명해 보겠습니다. 처음에는 상업적으로 변모하는 인사동을 공공의 기획을 통해서 막으려고 했지만, 결과적으로 기획은 답이 아니었습니다. 그 안에 살고 있는 사람들이 자기 삶을 지켜나가고 지역의 가치를 상승시키려는 노력 없이는 그 동네를 지키기 힘들다는 것을 인사동 활동에서 경험했습니다. 싸구려 수입 기념품 대신에 수준 높은 디자인 상품을 선별해 인사동을 인사동답게 만들어야 한다는 '핸드메이드 인사동' 활동을 펼쳤습니다. 결국 다양한 가게들의 이해관계와 소상인으로서의 불안정성을 극복하지 못하고 유야무야돼 버렸지만 저는 이 활동에서 다양하고도 격한 욕망의 실체를 접하게 됐습니다. 그리고 바로 그 시기에 홍대를 만났고, 욕망이라는 키워드를 가지고 홍대로 들어가게 된 겁니다. 홍대는 1960년대부터 1990년대 초반까지는 눈에 띨 만한 게 전혀 없는 동네였습니다. 홍대가 미술대학으로 유명한 학교라 미술학원만 조금 있었습니다. 그러다가 1990년대부터 신촌이 상업화되고 임대료가 급상승하면서 신촌에 있던 라이브클럽이 조금씩 홍대로 들어오기 시작했고, 여러 개의 작은 문화콘텐츠들이 모여들면서 오늘날 홍대가 만들어진 겁니다.

2000년대 중반에는 라이브클럽이 16개로 늘어났고, 댄스클럽도 초반에는 한 4~5개 정도였는데 20개로 늘어나더니 지금은 70~80개나 된다고 합니다. 클럽뿐만 아니라 여러 공간들도 급격히 증가했습니다. 당시에는 출판사가 100여 개로 파악이 됐는데, 지금은 약 800~900개로 늘어났습니다. 미술 단체라든지 여러 문화 단체들도 2000년대 홍대에 굉장히 많이 생겨났습니다. 또 비주류의 예술인들과 독립예술인들이 모여서 '프린지페스티벌'도 개최했죠. 지금은 제주도로 옮겨간 '실험예술제'에서는 다양한 예술적 실험을 시도했고, 미술을 전공하는 학생들이 함께 연합해 벽화 그리기도 진행했습니다. 저희 사무실에서 1년 동안 진행했던 프리마켓은 길거리에 형성된 시장이 하나의 문화를 담아내는 공간이 될 수 있음을 보여주기도 했죠.

다음으로 저희가 2003년도에 최초로 한 일에 대해 말해보겠습니다. 그 당시 홍대 앞 주거지역에서는 춤추고 공연하는 행위 자체가 법으로 금지돼 있었습니다. 홍대의 댄스클럽들이 유흥주점으로 분류돼 있었죠. 저희는 '클럽이 유흥주점으로 분류돼 있는 것 자체가 부당하다. 클럽을 하나의 새로운 문화적인 현상으로 인정하고, 키워갈 수 있도록 유용한 법적·제도적 적용이 필요하다'고 생각했습니다. 그래서 클럽을 새로운 문화적 환경으로 만들기 위해서 길거리로 클럽문화를 끌어올렸습니다. 홍대 주차

장 길 전체를 막고, 저희가 만든 무대에 DJ가 올라와서 퍼포먼스도 하고, 라이브 밴드팀이 올라와서 공연을 하는 판을 만들었습니다. DJ문화의 본산이 홍대 지역입니다. 홍대 앞에서 활동하는 밴드 수가 약 800팀이라는 추산도 있습니다. 전국의 모든 밴드들이 홍대로 직행한다고 해도 과언이 아닐 정도로 홍대가 인디밴드의 메카인 거죠. 2000년대 초반 이후 이렇듯 서로 다른 퍼포먼스의 밴드가 모여들면서 홍대는 사람 자체가 거리의 풍경이자 인테리어가 되는 문화가 형성됐습니다. 클럽은 바로 이런 사람들에 의해 아무것도 아닌 뒷골목의 지하창고에서 새로운 공간으로 탈바꿈했습니다. 장사하는 사람들조차도 자연스럽게 '홍대는 사람이 인테리어다'라는 말을 할 정도로 다양한 사람들이 이 시기에 홍대로 모여들었죠. 그 사람들이 다양한 공간을 만들어내고, 그곳을 채우고, 그리고 다시 다양한 프로젝트를 시도했던 겁니다. 그들의 욕망이 있을 자리를 '홍대'가 시공간적으로 제공해주었고, 그 욕망을 하나의 에너지로서 해소할 수 있는 계기를 만든 거죠.

이와 함께 '홍대·신촌 문화포럼'을 만들어 놀이터 프로젝트를 진행했습니다. 당시에는 라이브클럽이 신촌 금화터널 앞까지 쭉 있어서 버스조합과 합의해 월드컵 때는 클럽 버스를 운행했습니다. 정류장 방송으로 '어느 클럽 앞이고, 이곳은 어떤 장르가 특화된 클럽이다' 같은 소개 멘트가 나올 정도였습니다.

이런 식으로 지역 상인들과 홍대 앞 문화예술인이 함께 참여해 놀이터를 바꾸는 작업도 진행했습니다. 굉장히 어둡고 막혀 있는 폐쇄적이던 빈 공간이 개방되면서부터 그곳에 놀이문화가 생겨났습니다.

2003년에는 홍대 클럽데이가 이뤄낸 성과를 담아나가는 동시에, 한편으로는 클럽이 자기 욕망을 무절제하게 키워나가는 것을 견제하려고 했습니다. 그래서 클럽을 규제하고 통제하는 공공의 획일적인 관리를 막기 위해 중간자적인 역할을 하는 비영리단체인 '클럽문화협회'를 만들었습니다. 이 클럽문화협회가 과하게 상업적이고 선정적인 클럽 프로그램을 계속 견제했습니다. 구체적으로는 미군이 홍대로 출입할 수 없는 규칙을 만들었고, 마약 판매상이 클럽 안에서 활동할 수 없도록 최대한 내부적으로 견제하는 시스템을 갖췄습니다. 또 라이브클럽과 댄스클럽이 통합되어 진행한 '로드 클럽 페스티벌'도 성공적으로 개최됐죠. 초창기에는 노홍철 씨에게 진행도 맡기고, 빅마마가 데뷔한 지 얼마 안 됐을 때 섭외해서 공연도 했습니다. 당시에는 홍대가 상업적으로는 미숙했지만 문화적으로는 꽤 파워가 있었고, 그 정점이 2000년대 중반이었습니다. 클래지콰이를 비롯해서 색소폰의 대가 이정식 선생님, 미디어 아티스트, 그리고 부활 같은 밴드가 낮은 개런티를 받고도 기꺼이 공연을 할 정도의 공간이었습니다. 2005년에는 아시아 문화외교 단체인 일본 외무성 산하 기구 '재팬파운데이션'과 손잡고 홍대에서 행사를 진행했습니다. 거리에서 미술 전시회를 했고, 한일 인디뮤지션 200여 명이 참여하는 클럽페스티벌도 개최했습니다.

홍대 클럽씬 및
클럽의 변모 과정

초창기 클럽 내부는 지금처럼 거창한 실내 인테리어가 있지 않았습니다. 그 당시에는 테크노클럽이라고 했는데, 상당히 미술적이고 디자인적인 요소가 강한, 눈에 띄는 인테리어가 많았어요. 이러한 인테리어가 많았던 이유는 클럽 내부 네트워크 자체가 굉장히 종합적이었다는 데 있습니다. 뮤지션도 있고, 디자이너도 있고, 미술작가도 있었습니다. 이런 사람들이 하나의 커뮤니티를 형성하면서 클럽 인테리어까지 같이 만들었던 거죠.

전통적이면서 무속 느낌이 나는 '명월관'이라는 클럽이 그 예입니다. 또 우리나라 대중적인 힙합의 시초라고 볼 수 있는 엔비(NB)라는 클럽도 있습니다. 주인 중 한 명이 양현석 씨죠. YG가 성장하는 데는 엔비라는 클럽의 역할이 지대했습니다. 장사가 너무 잘돼서 새벽에 현금이 가득한 까만 대봉투를 두 개나 들고 나올 정도였으니까요. 여기에 YG의 엔터테인먼트 사업까지도 힘을 얻으면서, 2000년대 중반까지 홍대가 우리나라 힙합 음악을 대표하는 공간으로 성장했죠.

열 평 남짓의 독특한 음악이 흘러나오던 'Hodge Podge'라는 곳도 있었어요. '흐지부지'라고 읽었죠. 클럽이라기보다는 일종의 바(bar)인데 클럽이 잘되니까 클럽으로 전환된 사례예요. 이곳이 상업적으로 성공하면서 홍대 클럽은 작은 클럽, 큰 클럽으로 양극화됩니다. 그러면서 좀 더 대중의 입맛에 맞게 상업적으로 변모하는 클럽이 많이 생겨났고, 인기 없는 장르를 고집하다가 몰락한 클럽도 생겼죠. 처음에는 비슷비슷한 클럽들이 이렇게 상업적인 영향을 받아 크기나 분위기나 모든 부분에서 달라지는 양상이 나타나자, 2000년대 중반부터 홍대가 상업적으로 변질됐다는 비판이 생겨났습니다. 여기에 우리나라 최초였고 유일했던 실험예술 소극장이 없어지는 사건까지 발생했고, '이제 홍대 문화는 죽었다'면서 아티스트들이 장례식 퍼포먼스를 하기도 했습니다. 원래 나체 시위를 하려고 했는데 경찰하고 협상해서 하의만 입고 시위를 했죠.

2000년대 후반에는 홍대 클럽데이가 홍대에 부정적인 변화를 초래했다고 많은 비판을 받았습니다. 저도 동의했습니다. 클럽의 변화 과정에서 저도 한계를 느낀 거죠. 좋은 콘텐츠가 만들어질 수 있는 플랫폼으로 클럽을 만들어가려고 했던 실험이 실패하면서, 클럽을 기반으로 지역을 일궈나가는 것이 앞으로 힘들 거라는 판단을 했습니다. 결국 홍대라는 지역에 녹아 있는 사람들의 네트워크, 환경, 문화 생태계, 이 중 가장 핵심은 역시 사람이라고 느꼈고 그들 간의 네트워크, 즉 공간 중심이 아니라 사람이 중심이 되는 플랫폼을 만들어야겠다 생각했습니다. '이 사람들에게 새로운 공간에서의 기회를 만들어줄 필요가 있지 않을까' 하는 고민을 한 거죠. 그리고 그즈음 지방에서 아트캠프 내지는 아트타운을 만드는 프로젝트에 대한 제안이 들어왔고, 충남 끝자락에 있는 서천군 장항읍에 가게 됐죠.

선셋 장항 프로젝트:
사회의 빈 공간을 발견하는 잉여 에너지

　　　　　　　장항은 일제시대 때 개항해 1960년대까지 공업도시로 성장하다가 군산과 달리 몰락한 채 버려진 곳입니다. 그리고 저는 일제 때 사용되던 창고와 공장이 널려 있는 몰락하던 장항을 문화예술을 통해서 다시 살려내는 프로젝트를 진행했습니다.

지붕은 구멍이 나 있고, 벌레와 쥐가 돌아다니는 옛 공장에 새로운 공간을 구축했습니다. 이렇게 공장을 개조한 대안공간 전시와 함께 30개 미술대학의 젊은 신진작가 150명이 그곳에서 10일간 작품을 전시하는 공장 미술제를 열었고, 미디어 아티스트들이 참여하는 미디어 아트스쿨, 유럽의 미디어 아트 전시도 했어요. 미디어콘텐츠의 중심지가 있는 오스트리아 린츠의 아르스 일렉트로니카 센터의 작가들이 노개런티로 서천까지 와

● 젊은 사람들이 지역에 유입돼 지역을 부흥시키기를 기대하며, 더 이상 사용하지 않던 구 장항역에 열차를 끌고 들어갔다.

서 활동하는 프로그램도 진행했습니다. 진행되는 상황은 홈페이지에 실시간으로 업로드했고요. 근처에 더는 이용하지 않는 폐역이 있었는데 여기로 열차를 끌고 들어갔습니다. 서울에서 500명의 승객을 태우고 들어가서 이렇게 젊은 사람들이 지역에 유입되면, 그 사람들이 문화예술로 지역을 부흥시키는 거죠. 이때 이전의 삶의 기억이나 흔적들을 지우는 게 아니라 오히려 그것이 새로운 스타일로 재창조될 수 있다는 경험을 만들어주자는 게 이 페스티벌의 의도였어요.

　　그래서 프로젝트 기본 콘셉트가 마을의 삶을 그대로 살리면서 새로운 에너지를 담아 그 지역을 재생시키는 것이었습니다. 이름을 '선셋 장항'이라 정한 것도 이 프로젝트로 밤이 되면 장항에 완전히 새로운 삶의 풍경이 만들어졌기 때문이었죠. 한 번 바꾸려면 천문학적인 돈을 들여도 그 결

● 지붕은 구멍이 나 있고, 벌레와 쥐가 돌아다니는 옛 공장을 개조해 공장미술제를 열었다.

과가 나올까 말까 할 정도로, 아무것도 없는 황폐화된 지역이었어요. 한 2000~3000명의 사람들이 왔는데 잘 곳이 없어서 밤을 꼴딱 새우고, 아침 기차를 타고 돌아갈 정도로 인프라도 부족했습니다. 이 지역에 문화예술 콘텐츠와 함께 새로운 사람들이 들어오고, 그로 인해 새로운 삶의 풍경이 만들어지고, 이 풍경 자체가 다시 지역의 콘텐츠가 되는 형태의 '선셋 장항 프로젝트'를 제안하면서 제 일이 시작됐고, 이 프로젝트는 3년 동안 진행 됐습니다. 하지만 결국 그 지역 안의 정치 구도나 오랫동안 살아오신 노인 분들과의 커뮤니케이션이 충분하게 이뤄지지 않아 중단할 수밖에 없었고 작년에 서울로 돌아왔습니다.

저희가 그 지역에서 새로운 삶의 풍경을 만들어내려고 했던 것은 세 가 지인데, 첫 번째가 미디어콘텐츠, 두 번째가 젊은 사람들이 와서 밤에 뭔가 를 함께 공유할 수 있는 문화콘텐츠, 세 번째가 그 지역의 사람이든 외부의 방문객이든 함께 공유할 수 있는 교육콘텐츠였습니다. 또 장항이라는 곳은 금강과 서해가 만나는 지역이다 보니 해산물이 풍부합니다. 이를 활용한 새로운 스타일의 로컬푸드도 구상했고, 이 모든 콘텐츠를 한데 모아 그 지역을 새롭게 재생시킬 생각이었습니다.

군산-장항 간 뱃길이 끊어진 뒤 하굿둑으로 다니게 됐는데 그곳에 있는 폐쇄된 도선장과 폐역 철도 부지를 활용해서 문화적인 플랫폼을 만들었습니다. 그리고 미곡창고, 폐쇄된 도선장, 폐역 철도 부지 이 세 곳을 거점 공간으로 해서 여기에 새로운 에너지를 유입시켜 그 지역을 살리겠다는 전략을 세웠습니다. 이것을 산과 꼭짓점을 연결했다고 해서 '트라이포트(Triport) 전략'이라고 합니다. 제가 공간 콘셉트와 용도를 직접 디자인하고 거기에 들어갈 콘텐츠 설계도 진행했습니다.

우리나라는 모든 게 서울로 집중돼 있는 상태인데, 한마디로 지역이 공동화돼 있다고 할 수 있습니다. 이 공동화된 지역을 새롭게 살리는 방법은, 역으로 서울의 새로운 에너지가 그 지역과 관련을 맺으면서 기존 지역문화를 새롭게 만들고, 또 그것을 통해 그 지역의 삶을 새롭게 재구성하는 것입니다. 그래서 제가 장항을 다녀온 후에 『지역의 재구성』이라는 책을 쓰게 된 거죠. 심지어 광주나 부산 같은 대도시에서도 문화적인 욕구나 시선은 모두 서울로 집중돼 있습니다. 경제적인 여유가 있거나, 문화적으로 뭔가를 향유하려는 계층은 주말마다 서울에 와서 기회를 찾는 일이 일반화돼 있다고 보면 됩니다. 홍대의 성장에도 지방에서 올라온 인구의 역할이 컸습니다.

저는 한 지역이 변하기 위해서는 이야기가 만들어져야 한다고 생각합니다. 우리가 뭔가 해보자는 이야기가 나오고, 생각이 맞는 사람들이 모이면서 그 공간은 특별해집니다. 그리고 그러한 공간을 만드는 과정에는 많은 사람의 관계를 엮어 그 공간과 매칭을 시키는 누군가가 있습니다. 그래서 이 커넥터의 역할이 매우 중요합니다. 신사동 가로수길이나 부암동처럼 소위 '핫'한 공간들은 이런 경로를 밟아 일종의 '문화 갯벌'이 만들어진 것이라고 할 수 있습니다. 갯벌에는 삶이 쌓이고 쌓이면서 이야기가 만들어지고, 그 속에 생명의 다양성이 축적되는 생태적인 환경이 존재하지 않습니까? 문화도 마찬가지입니다. 문화 갯벌은 이런 식으로 형성되는 것이죠.

하지만 삶이 정형화돼 있고, 그 삶이 이미 주류의 틀에 갇혀 있다면 사실 변화를 만들어낼 여지는 많지 않습니다. 그리고 저는 이야기를 시작할 수 있는 환경을 만들어낼 수 있는 여유, 여백, 이념 이런 부분들이 매우 중요하다고 생각합니다.

늘장:
새로운 삶의 방식을 만들어내는 공간

다시 저를 돌아보면 저는 잉여입니다. 잉여란 말하자면 미스매칭, 자본주의 사회에서 수요와 공급이 맞지 않아 시장에서 남아도는 것을 말하죠. 어떻게 보면 지금 사람도 그런 처지가 아니냐는 거예요. 하지만 쓰일 곳이 없어 남아도는 사람들이 창조적인 에너지를 만들어나가면서 지역이 바뀌고 장소가 바뀌고, 시장이 바뀌어나가는 가능성을 저는 요즘 상당히 주목해서 보고 있습니다.

새로운 에너지를 발견하는 새로운 하나의 장소로서, 저는 공덕동 폐선 부지 1000여 평에 '늘장'이라는 시장을 만들었습니다. 기존에 크게 경쟁력이 없다고 여겨지던 협동조합 같은 사회적 기업들이 모여 새로운 가치

● '자연의 부엌 마음먹기'는 일종의 공유 부엌이다.

를 만들어내는 시장을 만들고 있습니다.

　얼마 전 서울시의 지방선거 투표 결과가 이런 시도에 힘을 실어주는 것 같아 다행이라 생각합니다. 박원순 서울시장이 사회적 기업이나 잉여들의 새로운 마켓 형성에 대해 정책적으로 지원하는 입장이기 때문에, 저는 이 '늘장'이 자칫 정치적 영향을 받을 가능성도 있다고 생각은 하지만, 그래도 살아남을 수 있을 것이라 기대합니다.

　그렇다면 제가 현재 진행하고 있는 '늘장'을 소개해보겠습니다. 늘장 안에서 제가 운영하는 '합(Hap)'이라는 곳에는 몇몇 핸드메이드 공예작가들이 들어와 운영비를 내면서 이 공간을 공유하고 있습니다. 여기에서 미술작가들이 만 원씩 내고 만원전(展)이라는 것도 합니다. 일종의 공유 갤러리를 만든 거죠. 몇 평 되지 않는 공간이기는 하지만 10여 명 이상의 아티스트들이 적절하게 나눠 쓰면서, 이 공간을 기반으로 상생하고 공유할 수 있는 프로그램을 준비하고 있습니다. 저희 이웃인 '자연의 부엌 마음먹기'는 공유 부엌입니다. 이곳에서는 하루 종일 장작을 패고 화덕을 만들고 있습니다. 요리를 할 수 있는 재료를 팔고, 손님들은 재료를 사서 스스로 요리를 하고, 음식을 먹은 후 설거지까지 하는 구조입니다. 어떻게 보면 귀찮고 비효율적인 장사를 하는 곳이죠. 하지만 여기 사람들은 이 자체를 새로운 삶의 방식이라고 봅니다. 그래서 그것을 체험하고 다시 이걸 공유하고, 또 외국에 나가서 확산시키는 역할을 하고 있습니다. 누가 밤에 몰래 와서 작물을 뿌리째 뽑아가는 경우도 있어 작물 보존이 좀 어렵기는 하지만, 늘장의 '텃밭'이 도시농업을 확산시킨다는 생각으로 보람을 느끼며 작업하고 있습니다. 타로점을 보는 곳도 있는데요. 단순히 타로점만 보는 것이 아니라, 이런 프로그램을 활용해 커뮤니티적인 관계들을 만들어가는 프로그램들을 진행하고 있습니다.

또 다른 프로젝트를 소개할까 합니다. 저희 사무실은 월드컵경기장 안에 있습니다. 월드컵경기장은 1년에 약 70일밖에 사용되지 않기 때문에 나머지 기간은 영화관이나 대형마트로 사용됩니다. 저희는 이 시기의 유효공간과 시간을 활용해 그곳에 새로운 콘텐츠를 불어넣어 새로운 삶을 만드는 작업을 기획하고 있습니다. 영국의 카부츠세일(Car Boots Sale)과 비슷한 프로그램도 준비 중입니다. 카부츠세일이란 차 트렁크 뒤편에 집에서 쓰지 않는 물건들을 싣고 온 뒤, 서로 그것들을 나누고 판매하는 것입니다. 또 핸드메이드 작가나 여러 아티스트가 참여하는 아트마켓, 그리고 수제 음식이나 유기농 제품을 나누는 그린마켓도 준비하고 있습니다.

최근 저는 기존의 시스템 속에서 발생하는 운영체계가 어떻게 하면 새로운 공간과 만나 창조적으로 에너지를 만들어낼 수 있을지, 또 그것이 어떻게 하면 우리 사회를 밑바닥에서부터 서서히 변화시키는 가능성을 보여

줄 수 있을지에 대해 굉장히 많이 고민하고 있습니다. 그래서 저는 작은경제 혹은 사회적 경제활동을 통해 자본주의의 야수적인 경쟁구도를 최소한으로 완화시킬 수 있는 공간, 이런 시장을 만드는 데 관심이 있습니다.

처음 홍대 클럽 분위기에서 시작해 점점 다가가기 어려울 수 있는 이야기를 주로 한 것도 같네요. 하지만 클럽이라는 공간을 사회적인 관점에서, 또 도시 공간으로서 바라본다면, 이것을 여러분이 기존에 생각하던 것과 다른 문화적 맥락에서 해석할 수 있다는 것을 알게 됐으리라 생각합니다. 그리고 여러분이 이런 식의 해석을 통해 사회를 바라보고, 자신의 삶을 다시 돌아볼 수 있다면 좋겠습니다.

8

내 삶을 계속해서 디자인하라

삶 디자이너 박활민의 노머니라이프

박활민

2000년대 초반 통신사 광고 캐릭터 '카이홀맨'을 만들어 선풍을 일으킨 그래픽 디자이너로, 이후 하자센터의 아트디렉터, 편집장, CF감독, 영화 미술감독, 설치미술가, 시각디자이너, 건축가 등 다양한 경험을 해왔다. 촛불정국 때는 그 유명한 촛불소녀 캐릭터를 디자인해 유명세를 타기도 했다. 현재 그는 '삶 디자이너'로 살아가고 있다. 노머니라이프를 주창하며 주거형태나 에너지 문제 등을 고민하고 이를 작품으로 발표하고 있다.

우리는 태어나면서 사회로부터 삶의 지도(map)를 받아요. 그리고 이 지도를 보면서 길을 걷죠. 그런데 아무리 걸어도 계속해서 같은 길이 나오거나 혹은 함정에 빠지거나 수렁에 빠지는 자신을 발견하게 돼요. 그런데도 우리는 '내가 지도를 제대로 못 봐서 그런가' 하고 더 열심히 지도를 봅니다. 하지만 변하는 건 아무것도 없죠. 저는 이 시점에서 우리 손에 쥐어진 그 지도를 의심해봐야 한다고 생각했습니다. 스스로 지도에는 나와 있지 않은 다른 좌표를 지도에 만들고, 그 지도를 가지고 남은 삶을 살아가야 하지 않을까 생각한 거죠.

저는 대학을 졸업한 뒤 남들처럼 회사에 입사해 일한 경력이 있습니다. 열심히 일해서 나름 성공적인 이력을 쌓아갔는데, 어느 정도 올라가고 나니 이걸로는 희망도 없고 더 올라가려는 욕구 자체가 안 생겼어요. 벽을 만난 거죠. 제가 산업디자이너로 살던 방식은 클라이언트의 주문에 따라 일하는 주문자 생산방식이었어요. 하지만 어느 순간 이건 내 삶을 위한 것이 아닌, 단지 산업사회를 활성화하는 일이라는 것을 깨달았죠. 내 삶을 살리는 디자인을 하고 싶다는 생각이 들었어요. 그래서 1999년 회사를 그만두고 청소년 대안학교 하자센터에서 아트디렉터로 일했습니다. 그렇게 2년의 시간이 흐른 시점에서 나 자신의 삶도 어떻게 해야 할지 모르면서 이렇게 마냥 아이들을 가르칠 수는 없다는 생각이 들었고, 그 무력감을 견딜 수 없을 무렵 도피하듯 여행을 떠났습니다.

도피로 떠난 티베트 여행, 이후 삶의 재료가 되다

여행은 도피의 한 수단이었고 당연히 목적 없이 그냥 떠난 것이었어요. 당시 여동완 사진작가가 『티벳속으로』라는 사진집을 냈는데 그 사진집 속 티베트 사람들의 얼굴에서 순수함을 봤어요. 나의 찌

● 다르질링에서 만난 고양이들은 마치 자유로운 한 마리의 영혼 같다. 고양이가 차분히 어딘가를 바라볼 때, 그 느낌은 말로 표현이 잘 안 될 정도다.

든 삶과 그들의 순수한 얼굴이 교차되면서 어떤 강한 느낌이 왔고, 뭔가에 이끌리듯 티베트로 떠났습니다.

　처음에는 심리적으로 불안했고, 지금까지 내가 살아온 방식에 대한 회의감 내지는 반항심 같은 것도 있었어요. 2년 정도는 그랬죠. 2000년부터 2003년까지 티베트에서 네팔로, 다시 인도를 거치며 3년을 보냈어요. 처음부터 인도를 염두에 둔 건 아니지만, 물가가 싸서 장기 여행자에겐 좋더라고요. 그렇게 인도 다르질링에서 1년을 살면서 티베트 불교와 탕카(티베트 전통 불화), 명상을 공부했습니다.

　다르질링에 살 때 산책길에서 고양이를 자주 마주쳤어요. 그곳에서는 대부분 고양이를 애완동물로 생각하지 않아요. 그래서 그런지 산에서 편하게 낮잠 자는 고양이가 많았어요. 마치 자유로운 한 마리의 영혼 같았죠. 그런 고양이가 차분히 어딘가를 바라볼 때, 그 느낌은 말로 표현이 잘 안돼요. 고양이 눈 속으로 막 빨려 들어가는 것 같아요. 특히 새끼 고양이들은 굉장한 집중력이 있는데, 그런 걸 보고 있으면 저 고양이는 전생에 수도승이 아니었을까 하는 생각까지 들어요. 나도 저렇게 인생에 집중하면서 살아야겠구나 싶고…….

쫓기듯 불안한 삶을 사는 한국의 길고양이들과는 달리 여유로운 모습의 다르질링 고양이의 매력에 자꾸 시선을 빼앗겼어요. 그때부터 틈틈이 길고양이들을 그리기 시작했습니다. 그리는 공간은 어디라도 상관없었어요. 일상의 뭔가, 돌멩이 같은 것에도 그렸고요. 그러는 동안 알 수 없는 편안함을 느꼈습니다. 손으로 뭔가를 만들고 그리는 일에 어떤 치유력이 있다는 걸 깨달았죠.

첫 여행은 분명 완전한 도피였어요. 하지만 이렇게 도피에서 시작한 여행도 결국은 삶의 재료가 된다는 생각을 하게 됐어요. 괴로워서 시작한 도피였지만 그것도 결국은 자발성에 의한 거니까요. 그런 면에서 도피도 크게 보면 삶의 방향을 찾아가기 위한 에너지를 작동시키는 좋은 엔진이라는 생각이 들어요. 다르질링에서 보낸 시간들은 저에게 '인생 방학'과 같았죠. 인생에서 흔치 않게 찾아온 선물 같은 휴식의 시간이었습니다. 삶을 살리는 디자인을 해야겠다는 제 삶의 목표도 명료해졌고요.

사회가 쥐어주는 지도를 한 번쯤 의심해봐야 합니다

저는 대학에서 산업디자인을 전공하고 디자이너로 사회에 나왔어요. 그러다 2000년도에 직접 제작한 캐릭터 '카이홀맨'이 통신사 광고를 통해 노출되면서 유명세를 타기 시작했죠. 촛불정국 때는 촛불소녀 캐릭터를 디자인하기도 했고요. 그런데 이러한 사회적인 성공 이후 상업적인 것을 요구하는 사회에 회의감이 들기 시작했습니다.

이후 8년 동안의 여행을 다녀온 후 산업이 우리의 삶을 위협한다는 걸 깨달았고, 삶을 살리는 디자인을 해야겠다고 결심했어요. 그러면서 제 삶이 확 바뀌었습니다. 예전에는 돈이 많아야 사람이 살 수 있다고 생각했는데, 이제 반대로 우리의 삶을 죽이는 것이 무엇일까를 생각한 거죠. 우리의 삶이 왜 죽어갈 수밖에 없는지를 조금씩 깨달았어요. 그러면서 우리가 아무리 발버둥 쳐도 삶이 살아날 수 없는 구조적인 문제에 대해 인식하기 시작했습니다.

사실 이런 걸 인식하는 것은 쉽지 않을 수 있어요. 무슨 말이냐면 우리는 태어나면서 사회로부터 삶의 지도(map)를 받아요. 그리고 이 지도를 보면서 길을 걷죠. 그런데 아무리 걸어도 계속 같은 길이 나오거나 혹은 함정에 빠지거나 수렁에 빠지는 자신을 발견하게 돼요. 그런데도 우리는 '내가 지도를 제대로 못 봐서 그런가' 하고 더 열심히 지도를 봅니다. 하지만 변하는 건 아무것도 없죠. 저는 이 시점에서 우리 손에 쥐어진 그 지도를 의심해봐야 한다고 생각했습니다. 스스로 지도에는 나와 있지 않은 다른 좌표를 지도에 만들고, 그 지도를 가지고 남은 삶을 살아가야 하지 않을까 생각한 거죠.

공급사회, 타급자족의 삶에서
내가 주체가 되는 삶으로

우리가 살고 있는 지구를 모든 생명체가 같이 나눠 쓰는 공공재라고 인식하는 것이 중요합니다. 공공재는 소유가 정해져 있지 않고, 다 같이 나눠 쓸 수가 있어요. 우리가 몇천 년이 지나도 아직까지 살 수 있는 것은 이 시스템이 생태계의 메커니즘으로 계속 작동해왔기 때문이에요. 그런데 이제 이 메커니즘이 위협받고 있는 거죠.

태초의 인간의 삶은 자연과 굉장히 닮아 있었어요. 자연에서 모든 것을 가져와 모방하고, 그것을 응용하면서 살아왔기 때문에 자연의 시스템과 굉장히 닮아 있는 삶을 살았던 거죠. 그러다 산업혁명이 일어나면서 산업이 우리의 삶을 에워싸기 시작합니다. 산업이 팽창하는 범위는 두 가지 방향성을 보입니다. 하나는 산업이 자연을 향해 팽창하면서 자연의 범위가 좁아지는 것이고, 다른 하나는 산업이 우리 삶의 방향으로 팽창하면서 삶 속에 산업이 점점 들어오는 거예요. 지금 이 시대에는 산업이 우리 삶의 세세한 것까지 전부 공급하고 있어요. 공급사회, 이게 엄청 위험한 거예요. 자기 삶의 세세한 모든 것까지 산업으로부터 공급받는 것이죠.

이 공급사회는 뿌리가 너무 깊어서 알아차릴 수가 없어요. 우리가 무엇을 공급받는지조차 알아차릴 수가 없죠. 여러분이 눈을 뜰 때부터 잠들 때까지 무엇을 사용하고 있는지를 기록해보면, 하루에도 어마어마한 양을 공급받고 있다는 것을 알 수 있을 거예요. 제가 하자센터에서 청소년들을 교육하고 있어요. 그런데 지금 세대들은 삶이 외부로부터 공급받는 거라고 생각한대요. 이게 진짜 무서운 말이거든요. 더는 삶의 주체가 내가 아니라는 의미인 거죠. 공급이 끊어지면 나도 죽는다고 생각한다는 거고 그래서 더 좋은 공급 위치를 확보하기 위해 엄청난 경쟁을 해야만 한다는 거예요. 저는 이런 프레임이 산업자본주의에 완전히 갇힌 상태라고 생각합니다. 끊임없이 공급받아야 하고, 더 좋은 공급을 받기 위해서 경쟁해야 하고, 모든 사회현상들이 그 기반 위에서 생겨나는 거죠. 100퍼센트 타급자족의 삶이 시작되는 겁니다. 스스로도 인식하지 못한 채, 나를 완전히 외부에 의존하는 삶을 사람들이 꿈꾸고 설계하고 욕망하고 있다는 거죠.

임금노동에서
자급노동을 상상하다

우리는 평생 임금노동만 하고 살아요. 임금노동자는 생산수단 없이 노동력을 자본가에게 상품으로 팔아서 얻은 임금으로 생활을 지속하고 살아야 해요. 그렇게 평생 하루 일고여덟 시간 이상을 임금노동을 하는 데 투자하죠.

우리의 머리에는 임금노동 말고는 다른 카테고리가 없어요. 노동의 형태가 오로지 임금노동 하나만 있는 거죠. 사실 임금노동은 타인에게 고용되는 것인데, 고용된다는 것은 고용주의 입장에 우리가 잘 맞춰줘야 한다는 의미예요. 우리가 알고 있는 노동은 그것밖에 없으니까, 노동이 고용주에게 더 잘 맞추는 태도를 계속해서 연습하는 것이 되는 거죠. 이런 노동형태로는 다음 단계로 넘어갈 수가 없어요. 그래서 제가 생각해낸 게 자급노동이에요. 저는 임금노동으로 시간을 전부 사용하는 것은 잘못된 삶 디자인이라고 생각해요. 물론 그 시간을 전부 임금노동에 투자하면 돈은 많이 벌 수 있겠죠. 하지만 나에게 주어진 시간 대부분을 임금노동에 사용하는 방식으로는 조화롭고 균형 있는 삶을 살 수 없다고 생각해요. 그래서 저는 자연스럽게 자급노동을 상상하기 시작했습니다.

자급노동은 삶터에서 하는 모든 것들을 의미해요. 저는 일주일에 네 시간 자급노동을 하겠다고 페이스북에 선언했습니다. 페이스북에 알리는 것은 모두가 아는 약속의 의미가 있죠. 실제로 저는 집에서 여러 가지 자급노동을 지속적으로 하고 있고, 또 그것들을 페이스북에 계속 올리고 있어요.

자급노동을 하기 시작하면서 임금노동과 자급노동의 차이가 무엇일까 생각해봤어요. 자급노동은 자기가 스스로를 고용하는 것이고, 내가 나의 고용주가 되는 거예요. 그 래서 누구의 눈치를 볼 필요 없이 내가 원하는 것을 할 수 있는 만큼만 하면 돼요. 그러 니까 자급노동은 임금노동 과 느낌이 완전히 달라요. 똑 같이 몸을 쓰는 노동이지만 내가 하고 싶은 것만 하면 되 니 전혀 다른 느낌인 거죠. 굉장히 편안합니다. 그리고 자급노동은 계속해서 내 삶 터를 돌보고 바꿔나가는 것 이기 때문에 즉각적으로 나 에게 이익이 되는 게 눈에 바 로 보여요.

• 옥상에 만들고 있는 자본주의 은신처.

임금노동은 쥐꼬리만 한 월급을 받아 마트에서 물건을 사면 한숨이 푹 나오잖아요. 하지만 자급노동은 그러한 시장을 거치지 않고 스스로 삶터 를 돌보는 방식이라 노동에 대한 보람이 회복되는 것을 느낄 수 있어요. 물 론 자본주의 위에서 임금노동은 필연적일 수밖에 없지만, 저는 인간에게 정말로 중요한 것은 임금노동이 아니라 자급노동이라고 생각해요. 그리고 자급노동은 시골에서만이 아니라 도시에서도 할 수가 있어요.

어떤 학자가 2050년에 지구의 재앙이 시작될 것이라고 예측했다고 합니다. 환경이 파괴되고, 자원이 고갈되는 등 성장의 한계가 우리에게 닥쳐올 거라는 거죠. 그때의 충격을 완화하려면 지금부터 삶에 대해 다른

• 삶의 모든 것이 자본시장에서 공급되는 시대에 생활 생산을 시도하고 있다. 태양광 패널로 핸드폰 충전하기.

상상력을 가지고 삶을 전환시키는 방법을 생각해봐야 해요. 이 자급노동이라는 말은 내 삶터에서 하는 노동인 것이고, 결국 삶터 안에서 생산을 시작하는 것이라 할 수 있어요.

그런데 사실 현시대에는 집 안에서 모든 자원과 에너지, 서비스 등을 공급받고 있으니 마땅히 집에서 할 게 없어요. 하지만 자급노동이란 내 삶에 대해 궁리하고 사고하는 과정이에요. 그렇기 때문에 저는 자급노동의 핵심은 결국 집을 살리는 거라고 생각해요. 자본주의로 인해 공급사회가 되다 보니 집 안에서는 더는 생산을 하지 않게 됐어요. 그리고 생산시스템을 갖추지 못하다 보니 요리하고 빨래하고 밥하는 가사 일이 아니면 어른, 아이 할 것 없이 컴퓨터나 TV만 보는 거죠. 이 경우 밖에서는 치열하게 경쟁하지만, 정작 집에서는 굉장히 무기력한 시간을 보내는 라이프스타일이 반복됩니다.

그렇다면 집 안에서 할 수 있는 자급노동에는 뭐가 있을까요? 쉽게는 집 안에서 텃밭 같은 것을 가꿔 뭔가를 수확할 수가 있어요. 자기가 직접 원재료를 키우고 가꾸고 수확하는 과정을 통해, 우리는 생태에 대해 다시 한 번 생각해볼 수 있습니다. 작은 자급노동이라도 삶의 방식에 변화를 줄

● 자급노동 네 시간, 겨울 동안 채소가 따스하게 자랄 채소하우스를 만들었다. 인간이든 동물이든 식물이든 집은 거친 환경으로부터 생명을 보호할 수 있어야 한다. 생명 또한 하나의 공간이다. 스스로가 세상과 연결된 하나의 공간임을 자각하는 것이 노머니 월드의 세계관이다. _박활민의 페이스북 일기 중

수 있는 거죠. 그래서 저는 자급노동의 핵심인 집을 어떻게 생산기지로 만들 수 있을지를 생각해봤습니다. 그리고 가장 먼저 거실을 뜯어고쳤죠. 장판을 뜯어내고 시멘트 위에 아크릴 물감을 칠하고 코팅을 했어요. 버려진 팔레트로 싱크대도 만들고 난로도 설치했습니다. 여름에는 베란다에 그늘막을 치면 집 안이 시원해져요. 그런데 우리는 이런 간단한 변화만으로도 큰 효율을 얻을 수 있다는 걸 모르고 계속해서 집에서 에어컨을 틀죠.

사람들은 기본적으로 '내 집'에 엄청 매달려요. 인간에게 집이 대체 뭐길래 우리는 임금노동으로 스스로를 희생하면서 집에 매달리는 것인지를 자급노동을 하면서 근본적으로 생각해봤어요. 그리고 '나만의 집'을 하나씩 만들어보기 시작했죠. 가장 작은 건 바닥에 담요를 덮으면 완성되는 집이에요. 30초면 완성됩니다(웃음).

돈이 아닌 것에 눈 뜨는 노머니라이프

지금이야 사람들이 저를 '노머니라이프'의 창시자라고 하면서 조언을 구하기도 하지만, 처음에는 저 역시 노머니라이프에 대한 불안감이 있었어요. 아무래도 이제까지 누구도 시도하지 않았던 일이고, 일종의 사회에 대한 반항이니까요. 어떤 일이든 처음에는 시행착오를 거치기 마련인 것 같아요. 물론 이런 시행착오가 쌓이고 모여서 이것이 우리의 삶을 좀 더 나은 방향으로 바꿔나갈 수 있는 거겠지만, 여전히 우리는 새로운 것을 시도할 때 불안감을 먼저 느끼잖아요. 혼자 새롭게 시작했다가 망하는 건 아닐까 하고요. 그리고 그것이 음식이든 도구든 생활의 편리성이든 간에 사람들은 익숙하지 않은 새로운 것을 시도할 때는 언제나 주저하죠. 새로운 것에 대한 대비책이 이 사회에 마련돼 있지 않기 때문이기도 하고요. 그리고 우리가 살고 있는 이 세계 자체가 자본의 가치에 따라 모든 경제 행위가 이뤄지고 있기 때문에 노머니라이프에 대한 불안감이 계속 들 수밖에 없죠.

그런데도 제가 노머니라이프를 주장하고 실천하고 있는 이유는, 지금 우리가 살고 있는 사회의 구조적인 모순을 벗어나기 위해서는 기존 구조에 얽매이지 않는 새로운 삶을 추구해야 한다고 생각하기 때문입니다. 그리고 그 새로운 삶의 대안으로 노머니라이프를 생각하게 된 거죠.

제가 사람들에게 노머니라이프에 대해 이야기하면 사람들은 '아, 쟤는 돈을 싫어하나 봐' 하고 생각해요. 그래서 돈 없이도 뭐 좀 해주면 안 되냐고 부탁하더라고요. 근데 저는 절대로 돈을 싫어하지 않습니다. 또 반대로 '아, 쟤는 돈이 많아서 저런 짓을 하나 봐' 하는 생각도 하는데, 저는 지금

7000만 원의 부채가 있어요. 학자금 대출에 허덕이는 여러분과 다를 게 없죠.

제가 이야기하는 노머니라이프는 돈이 싫다는 것이 아니고요. 돈이 아닌 것에 눈을 뜨자는 거예요. 노머니라이프는 돈 없이 구질구질하게 살자는 게 아니에요. 시간을 확보하자는 거죠. 먹고사는 문제에 시간을 쏟아붓는 임금노동의 뺑뺑이에서 벗어나, 자신에게 주어진 시간 안에서 나의 존재로서의 가능성을 시도해보는 거예요. 저는 근본적으로 삶을 살리고 죽이는 것은 인간의 사고(思考)라고 생각해요. 스스로 내 삶을 죽이고 살릴 수 있는 내 사고의 프레임이 무엇인가를 알아차리는 것이 굉장히 중요하다고 생각합니다.

자기가 사는 방식이 자기를 살리는 방식과 일치해야 합니다

공급사회에서는 좀 더 나은 공급 위치를 확보하기 위해서 필연적으로 경쟁이 일어납니다. 이 경쟁과 동시에 사람은 자연스럽게 고립되죠. 그런데 경쟁 상황에서는 모두가 혼자이기 때문에 고립되는 것에 대해 아무도 이상하다고 생각하지 않아요. 그러면서 내가 무엇을 해야 하는지를 모른 채 무기력감을 느끼게 되죠. 그런데 이 무기력감은 현재 아주 어린 친구부터 중년의 CEO에게까지 엄청나게 퍼져 있어요. 나 스스로를 시장에서 증명하지 못하면 쓸모없는 인간이 되는 거예요. 살아도 죽어가는 삶인 거죠.

저는 40대를 조금 넘겼는데요. 대기업에 다니는 친구들의 이야기를 들어보면, 월급을 받을 때마다 생명수당을 받는 느낌이라고 말해요. 근데 저는 생명을 죽이고 수당을 받는 이런 구조가 정말 이상하다는 생각을 합니다. 이게 당연하다고 여겨지는 사회는 더 이상한 것 같고요. 나를 죽이면서 내가 살아가는 게 당연한 걸까, 그 점이 의아한 거예요. 지구상의 어떠한 생명체도 자기의 몸을 팔아서 생명을 유지하진 않아요. 그런 식의 생존방식을 가진 생명체는 어디에도 없어요. 당연히 자기가 사는 삶의 방식이 자기를 살리는 방식과 일치해야 하는 거예요. 그런데 자본주의 시장시스템은 어쩔 수 없이 자신의 희생을 통해서 인권을 받고, 그 인권을 이용해 시장에서 살아가는 구조인 것이죠. 말하자면, 엔진을 팔아서 살아가는 것과 똑같은 거예요.

그렇다면 이런 이상한 삶의 구조에서 어떻게 벗어날 수 있을까요? 먼저 이 프레임에서 벗어나기 위한 상상이 필요합니다. 우리는 자본주의라는 하나의 기반 위에 서 있어요. 이것을 저는 '머니 이코노믹'이라고 말합니다. 여기에서는 모든 것을 시장을 통해 구매해야 살아갈 수가 있어요. 저 같은 노머니 부족(部族), 돈이 없는 사람은 살아갈 수가 없는 거죠. 돈이 없는 사람에게 돈으로만 분류되는 경제가 왜 필요한지 모르겠어요. 돈을 벌수도 없고 모을 수도 없는 사람에게는 돈이 기반이 되는 게 아닌 새로운 경제가 반드시 필요한데 말이죠.

그래서 저는 우리가 서 있는 자본주의 경제 위에 다른 층을 하나 더 만드는 상상을 합니다. 삶의 층이 두 개가 되는 거예요. 자본주의 경제 위에 노머니 경제를 두는 거죠. 상상이 되나요? 그리고 그 노머니 경제에서 또 다른 삶을 살아갑니다. 저는 돈

이 필요할 때 자본주의 경제로 내려가서 돈을 벌어요. 그리고 나머지 시간에는 노머니를 기반으로 해서 생활하고 활동하죠. 이 두 가지 층이 바로 제가 살고 있는 삶의 디자인입니다.

노머니 경제는 삶에 이익이 되는 모든 것을 자원으로 보는 경제예요. 세상에는 돈이 아니어도 삶에 이익이 되는 것이 정말 많거든요. 자본주의 경제에서는 모두가 돈을 자원으로 생각하기 때문에 눈앞에 돈을 보면 욕망이 생겨나듯이, 노머니 경제에서도 노머니 자원에 눈을 뜨게 되면 할 일이 엄청나게 생겨나는 것이죠.

그래서 저는 이런 것을 노머니적 싱킹(thingking)이라고 불러요. 남들이 보지 않는 중요한 가치나 생각, 물건 같은 세상에 버려진 많은 것을 발견하고 이것들을 회복시켜 생활양식을 만들어내는 태도예요. 저는 이렇게 계속 노머니적 씽킹을 하면서 쓰레기를 줍기 시작했어요. 이건 마치 옛날에 쓰레기를 주워서 자기 생활을 하던 넝마주의 같은 거예요. 이것도 분명한 생활방식 중의 하나죠. 그리고 제가 가장 먼저 주웠던 것이 아파트 재활용처리장의 쓰레기입니다.

처음 시작할 때는 굉장히 창피했는데, 이 생활을 계속 발전시키니까 이것도 엄연한 나만의 삶의 방식이라는 생각이 들더라고요. '넝마스터'라는 별명도 얻었죠. 넝마주이의 마스터라고 친구들이 붙여준 별명이에요. 이렇게 쓰레기를 줍다가 기발한 생각을 했어요. 처음에는 버려진 물건만 주웠는데, 물건만 주워서 활용할 것이 아니라 세상에 버려진 생각들을 줍자는 생각을 했습니다. 세상에 버려진 생각을 줍자! 끝내주지 않나요? 아직도 쓸 만한데 버려진 생각들, 전 세계에 버려진 생각들을 하나둘 주워 모으기 시작했어요.

그렇게 버려진 생각을 줍다가 한번은 돈이 뭘까, 화폐가 뭘까, 왜 돈은

● 고양이화폐로는 먹거리를 주로 교환하고 있다.

국가가 독점해서 발행하는 것일까, 이 질서는 누가 만든 것일까, 우리는 왜
그 질서에 합류해야만 하는 것일까에 대해 생각했습니다. 그러다가 '아예
내가 화폐를 만들면 되는 거 아닌가' 하는 생각에 도달했어요. 그래서 만든
것이 제가 디자인한 이 고양이화폐예요. 저는 화폐란 일종의 약속이라고
생각해요. 교환하려는 사람과 약속을 하면 되거든요. 화폐는 자기가 가진
것 중에 맘에 드는 것으로 만들면 돼요. 저는 손재주가 좀 있으니까 필요할
때마다 제가 그린 그림을 잉크젯프린터로 뽑아요. 그리고 제가 필요한 것
들과 화폐를 교역하는 거죠. 저는 주로 먹거리들과 화폐를 교역해요. 우리
는 돈을 위해서 모든 임금노동을 계속해서 견뎌내야 하잖아요. 사실은 그
것 때문에 우리가 죽어가는 건데 말이죠(웃음).

산다는 건
삶을 궁리하는 것

저는 일상에서도 삶 디자인에 대한 다양한 실험을 하고 있어요.

첫 번째 프로젝트는 직업 디자이너로서 모든 것을 내려놓고 인도를 방랑하고 돌아와 홍대 근처에 '쌀집고양이'라는 카페를 차린 것입니다. '쌀집고양이'는 음식, 일, 생활, 커뮤니티, 여행, 신성, 세미나, 전시와 발표, 교환경제, 게스트하우스 등 다양한 활동을 하고, 협동하면서 사람들과의 관계성을 회복하는 일종의 공유지대로서의 실험을 하고 있는 장소인데요. 신자유주의 시대를 살아가는 현대인들이 삶의 활력을 얻기 위해 필요한 교감이나 수행들이 모두 이 카페에서 이뤄지고 있습니다.

예를 들면, 이제는 인류학 교과서에만 나오는 포틀래치 경제라는 실험이 있어요. 가진 사람이 필요로 하는 사람에게 재화를 선물하거나, 상호 간에 재화를 선물로 주고받으면서 물질적 필요를 충족하는 경제를 말해요. 저도 그 경제개념을 기반으로 손님이 돈 대신 쌀을 가져오면 제가 만든 고양이 캐릭터나 소품 등과 교환해주고 있어요. 지갑만 달랑 가져와서 그림을 사가는 것보다는, 쌀을 교환함으로써 사람을 먹이고 살리는 쌀의 상징성을 생각해볼 수 있기 때문이죠.

상품경제와 시장의 물신 문화와 다른 문화적 실험을 통해 이렇게 카페를 이용하는 손님들은 대안적 삶의 셈법이 가능할 수 있다는 것을 배울 수 있어요. '쌀집고양이'는 겉보기엔 평범한 카페지만 새로운 마을도, 공동체도 될 수 있다고 생각해요. 저는 이 작은 코뮌을 모델 삼아, 앞으로는 오갈데 없는 고령층을 대상으로 한 실버 버전 '쌀집고양이' 카페를 만들고 싶어요. 노년의 삶을 나누고, 공유하고, 새로운 자족생활형 기술을 배우는 그런 곳인 거죠.

두 번째 프로젝트는 2년여의 '쌀집고양이' 실험을 끝내고, 하자센터에 있는 창의허브 건물에 '삶 디자인 공방'을 만든 것입니다. 이 공방은 '굿 라이프 센터'라고도 불러요. 저는 이곳에서 '목공'을 통해 대안적 생활기술 디자인이 가능한지를 실험하고 있습니다. 목공을 고리로 삼아 사람들이 문화와 인문학을 만나고, 궁극적으로는 현실 커뮤니티 공간과 목공을 연결해 공통의 관심사와 유대감을 확인할 수 있도록 하는 것이죠.

예를 들어, 평화라는 문화 키워드에 맞춰 목각물을 만들고, 이를 제주도 구럼비 강정마을에 선사해 마을 주민들과 연대감을 형성한다든지, 자전거라는 키워드에 맞춰 안장이나 장바구니 등의 연장을 만들어 자전거 공방과 연계하는 것이죠. 이런 삶 디자인 실험은 목공을 통해 '문명에서 자립할 수 있는 생활기술'을 배우고 이를 삶의 터전과 연계하는 데 목적이 있어요. 문명의 이기를 소비하는 데만 익숙한 현대인들이 채식과 목공을 하면서 궁극적으로는 그들이 몸을 이용해 적극적으로 뭔가를 만들어보는 과정을 돕고, 스스로의 삶을 디자인하며 살아가는 방법을 터득할 수 있도록 이끌고 싶은 거죠.

자본주의 사회에서
나만의 삶을 디자인하라

최근에 진행된 공공활동으로 신촌로터리가 '차 없는 거리'가 됐어요. 현대 도시문명의 핵심은 자동차 문화예요. 길거리는 모두가 이용하는 공공의 공간인데도 현대 도심에서는 이 공간마저 자동차가 전부 점령해버린 거예요. 하지만 우리는 태어날 때부터 그런 환경 속에서 자랐기 때문에 이 공공의 공간이 점령당했다는 사실이 아무렇지도 않은 거죠. 그런데 신촌이라는 그 짧은 거리에 자동차가 없어지고, 시민들이 뭔가 할 수 있는 공공지역이 새로 생긴 거예요.

근데 문제는 이런 게 생겨도 누구도 거기에서 뭘 해야 될지 모르는 거예요. 왜냐하면 지금껏 누구도 그런 경험이 없었기 때문이죠. 그래서 어떻게 사람들의 야외 생활 거점 안에 이런 공공의 공간을 만들 수 있을까를 생각하다가 '공유전원소'라는 곳이 만들어졌어요. 예전에는 공중전화라는 게 있었잖아요. 공중전화의 그 전화기는 내가 돈을 주고 살 필요가 없었어요. 나는 동전만 있으면 되거든요. 그런데 지금 우리가 사용하는 핸드폰은 기계 값까지 전부 다 본인이 내야 하는 거잖아요. 그러니까 이걸 내려면 임금노동을 또 그만큼 해야 하고요. 예전에 존재했던 공공성을 자본이 점유하면서 우리는 더 힘들어지는 구조가 된 거죠.

그래서 길거리에 공중전화 같은 공공개념을 다시 살려내고 야외 생활 공간을 만들어보자는 제안이 나왔어요. 그래서 신촌 인근 지역에서 생산된 태양광 같은 대체에너지를 이용해, 길거리에 전기를 공급받을 수 있는 공유전원소를 만들어보자는 생각을 했죠. 길거리에 태양광을 이용하는 전원소가 생기는 거예요. 핸드폰도 15~20분 충전할 수 있고, 그곳에서 생산된 전기로 전기플레이트를 사용해 티타임 같은 걸 해볼 수도 있고, 벼룩시장을 열 수도 있고, 대학로 마르쉐처럼 대안에너지 장터 같은 것도 열 수 있고요.

이렇게 공유전원소 하나가 생기면 그 길에 사람들이 모이고 여러 교류를 할 수 있는 공동생활의 거점이 열리는 거죠. 이런 아이디어는 유럽이나 일본 같은 곳에서는 실제로 실행되고 있어요. 그래서 앞으로는 우리가 어떻게 이런 공공영역을 자체적으로 운영하고 보호·유지할 수 있을지에 대해 생각해봐야 합니다. 이런 상상력이 우리 삶의 질을 굉장히 높일 수 있거든요. 주어진 사회 속에서 좀 더 나은 나만의 삶을 디자인해야 합니다.

스스로 삶을 연구하고
내 삶의 주인이 되라

2014년의 한국 사회를 보면 삶의 기반이 완전히 무너지고 있다는 생각이 들어요. 물론 제 주변 지인이나 사회적 활동을 하는 많은 분들은 사회를 혁신하려고 굉장히 노력하고 있어요. 그럼에도 그분들의 노력으로 사회의 혁신이 이뤄지는 속도보다, 삶의 기반이 무너지는 속도가 더 빠르다는 생각이 들어요. 이런 상황에서 누군가는 완전히 다른 삶의 기반을 상상할 수 있어야 한다고 생각해요. 삶을 연구해야 한다는 거죠. 물론 스스로 자기 삶을 연구하지 않아도 돈을 주면 기업이 여러분을 소비자로 간주해서 대신 연구해줘요. 하지만 자기 삶은 스스로 정해야 하는 거잖아요. 남이 대신 살아줄 수는 없다고 생각해요. 그래서 저는 자기 삶의 연구자는 나 자신이 돼야 한다고 생각합니다. 그래서 저는 삶의 대부분의 시간을 임금노동에 소모하는 자본주의의 구조적 모순을 직시하면서, 내 삶을 살리는 방식의 '노머니라이프'를 스스로 상상한 것입니다.

모든 것은 여러분 자신에게 달렸어요. 아직도 자신의 삶을 스스로 개척하는 것에 선뜻 행동하지 못하고 머뭇거리는 사람들은 가장 쉬운 것부터 찾는 게 좋아요. 현재 나의 위치는 어디인지, 내가 속한 이 사회는 어떤 사회인지, 지금 내가 할 수 있는 일은 무엇이 있는지 다양하게 생각해보세요. 공동체에 조언을 구해보고, 그 경험을 토대로 자신만의 삶 디자인을 시작해보세요. 그게 생각했던 만큼 성공하지 못한다고 해도 계속 시도하세요. 그런 시행착오들이 쌓여 삶이 변화하고 발전하는 거니까요. 죽은 삶이 아닌 살아 있는 삶을 상상하고, 그걸 이뤄보세요. 그리고 스스로가 삶의 주인이 되는 인생을 사시길 바랍니다.

9

청년들이 경험할 장을
만드는 것이
사회가 할 일이다

움직이는 청년,
광장을 두드려라

전효관

사회학을 전공하고 박사학위를 받은 후 그가 제일 먼저 한 일은 '하자센터'를 만드는 것이었다. 잘 알려져 있다시피 하자센터는 청소년들이 삶의 주체가 될 수 있도록 돕는 직업체험센터이자 창업학교이며, 청소년세대와 기성세대가 함께 만나 네트워크를 형성하는 플랫폼의 역할을 하는 곳이다. 이어 그는 서울시와 함께 청년허브를 만들었다. 청년허브는 청년세대가 모여 다양한 문제를 함께 고민하고 해결책을 모색해보는 장이다. 최근 그는 서울시로 들어가 서울혁신기획관으로 일하고 있다.

다른 사람들이 무슨 일을 하면서 살고 있는지를 여러분이 직접 보고, 거기에 참여해보는 것이 중요해요. 다양한 사람들의 다양한 삶의 방식을 알고 있으면 상대적으로 내가 가진 불안감이 줄어들어요.

꿈이란 현실적인 근거가 있는 거라고 생각해요. 여러분이 어떤 일에서 구체적인 경험을 하면 그 꿈의 형태가 구체화될 수 있어요. 근데 그런 게 없으면 물질적 기초가 없으니까 공상이 돼버리죠. 그래서 젊은 세대가 일을 경험할 수 있는 장을 설계해 만들어줘야 합니다.

'아, 조금 다른 세대들이 태어나고 있구나' 하는 느낌을 받았습니다

저는 386세대예요. 1980년대에는 다른 386세대처럼 살았어요. 그러다 뒤늦게 박사학위를 받고, 1999년 우연히 청소년 관련 일을 시작해보자는 제안을 받았습니다. 그리고 영등포에 있는 하자센터 만드는 작업에 참여했어요. 이 작업이 저한테는 굉장히 충격적인 경험이었어요. 이전까지는 저보다 아랫세대들이 윗세대라든지 사회문제에 대해 어떤 생각을 하는지 생각해본 적이 없었거든요. 청소년에 대해 전혀 모르는 채로 일을 시작했죠. 1990년대 말, 사회적으로 탈학교, 학교붕괴, 교실붕괴 같은 것들이 화두가 되면서 학교를 떠나 다른 '배움'을 만들어보자는 친구들이 하자센터에 모였어요. 그런데 제가 이 사람들을 만나서 이야기해보니까 다들 좀 외계인 같다 할까요. 처음 하자센터 시작할 때는 '이런 사람들이랑 무슨 관계를 맺고 배움을 하고 교육을 하나'라는 생각이 들었어요. 제가 있는 하자센터도, 이 과정에 참여하는 친구들도, 운영에 돈을 지원해주는 서울시도, 저로서는 굉장히 낯선 만남이었어요. 당시 저는 행정이나 공무원 사회가 어떻게 돌아가는지 전혀 몰랐거든요. 하자센터에서 일하면서 공무원을 처음 만나봤어요. 서울시 공무원들이 와서 하자센터 운영에 관련된 질문을 하는데 무슨 말인지 잘 모르겠더라고요. 예를 들면 하자센터에 청소년 지도사가 몇 명 있냐고 물어봤는데 저는 그때 '청소년 지도사'라는 말을 처음 들어봤어요. 그렇게 처음에는 모든 게 낯설게 보이다가 점차 '저 사람들은 도대체 무슨 생각을 하고 있을까' 하는 관심이 생기기 시작했어요. 나의 경험과는 다르지만 그 사람들의 경험에서 '아, 조금 다른 세대들이 태어나고 있구나' 하는 느낌을 받았죠. 그렇게 사람들과 일하다 보니 하자센터가 굉장히 유명한 센터가 된 거죠.

하자센터 밖 사람과 사회는 변하고 있었습니다

그렇게 4년 정도 하자센터에 있다 보니, 여기 말고 밖에 나가면 일을 잘할 수 있을것 같다는 생각이 들었어요. 그래서 지금의 사회적 기업과 유사한 형태의 '티팟'이란 회사를 하나 만들었어요. 애초 의도는 정부의 정책 프로세스를 관리해주는 회사를 만들자는 거였어요. 예를 들어 정부의 정책사업 중 교육정책 프로세스를 보면, 교육정책의 최후 수혜자에게 도달할 때까지 중간에 정책이 꼬이면서 결국 처음 의도와 달라지는 경우가 많거든요. 그래서 '프로세스를 전문으로 하는 주식회사를 만들겠다' 선언하고 티팟을 차린 거예요. 근데 잘 안 됐어요. 민간회사가 정부의 정책사업 프로세스를 관리해주는 일은 유럽 사회에는 있지만 한국 사회에는 없었거든요. 그러다 보니 회사가 잘 안 됐죠.

그다음엔 문화부에 가서 문화예술교육 기획하는 일을 했습니다. 하자센터는 작은 규모로 국지적인 실험을 하는 장소였어요. 거기에서는 '사람'이 보였죠. 뭔가 변화도 보이고 어떻게 작용·반작용이 일어나는지도 계속 볼 수 있는 곳이었죠. 그런데 문화부에서 정책기획을 하면서는 '사람'이 전혀 보이지 않았어요. 현장도 안 보이고, 맨날 자리에 앉아서 무슨 시행 방안을 짜고, 예산을 어떻게 할지, 성과 체계를 어떻게 할지 같은 논의만 하는 거예요.

그렇게 문화부에서 1년간 일을 하다가 전남대학교에 가게 됐어요. 학교에 가면서 드디어 '사람'을 만났죠. 게다가 대학생들을 만난 것은 굉장히 오랜만이었어요. 기대를 가지고 시작했지만 오랜만에 대학생들을 만나 교양과목 강의를 해보니 수업 분위기가 그다지 좋지 않더라고요. 그래서 무슨 생각을 하고 있는지 2주에 걸쳐 한 사람씩 발표를 해보라고 시켰어요. 그 수업이 전남대학교 인문학부 학생들이 주로 듣는 교양과목이었는데, 대략 80퍼센트 정도가 공무원시험 공부를 하고 있더라고요. 학생들은 공무원시험 공부를 하고 있고, 저는 공무원시험과 관계없는 얘기만 떠들고 있었던 거죠. 자책감이 들기도 했고요. 이 문제를 어떻게 풀지 함께 논의하고 싶은데 사회적으로 그러한 장이 없다는 것에 대해서 인식하는 계기가 됐습니다.

6년 만에 본 아이들은 공격 본능이 사라진 평화주의자가 된 듯한 느낌이었어요

그렇게 전남대학교에서 4년을 있다가 다시 하자센터로 돌아왔어요. 한 6년 만이었는데 그사이 아이들은 상당히 변해 있었어요. 처음에는 저에게 굉장히 익숙한 현장으로 돌아오는 거라 '놀면서 일할 수도 있겠다' 생각했는데 막상 와보니까 그 6년 사이에 분위기가 확 달라진 청소년들이 있었던 거죠. 하자센터 초기와 비교해보면, 그때는 '뭘 하고 싶다' 하는 청소년들이 꽤 있었어요. 그래서 오히려 제가 난감했던 적도 있었죠. 예를 들면, 예전에 하자센터 친구들이랑 《한겨레신문》에 원고지 다섯 장 분량의 글을 1년 반 동안 연재한 적이 있었어요. 아이들이 글을 쓰면 제가 고쳐줬는데, 자기 글을 고쳤다고 아이들이 '인권침해했다'며 따지러 왔었어요. 그래서 글을 내기 전날에는 아이들과 이런저런 이야기도 하고, 라면도 같이 먹으면서 밤새 글을 같이 고쳐가며 연재했죠. 이 과정에서 청소년의 세계에 대해 많이 이해할 수 있었어요. 30분에서 1시간이면 끝날 수 있는 일을 날을 새우며 해나가면서 아이들 각자의 삶을 볼 수 있었죠. 그때 본 청소년들의 삶은 그렇게 우울한 빛깔이 아니었어요. 각자 하고 싶은 게 있었어요. 그렇지만 6년 만에 돌아온 하자센터의 청소년들은 에너지가 현저히 떨어져 있었죠. 그전의 아이들은 "영화감독이 되겠다", "밴드를 하겠다"며 열정적이었는데 6년 만에 만난 아이들은 '농사를 짓겠다'는 생각을 하는 경우가 많았어요. 문제 제기를 하기보다 "나도 불쌍하고, 선생도 불쌍하고……." 마치 공격 본능이 사라진 평화주의자들이 된 듯한 느낌을 받았어요.

1990년대 초반에는 청소년들이 "이제 곧 문화의 시대가 온다", "문화 작업을 하면 미래가 열릴 것이다"는 말을 많이 했어요. 그런데 그 문화 주체가 경쟁을 겪으면서 점점 줄어들었죠. 청소년들이나 청년들이 자기 삶을 기획하거나 무엇을 해볼 수 있는 사회적 공간도 없어져버렸고요. 그래서 마치 조울증처럼 낮에는 사교적인 모습을 보이다가 저녁에는 우울해하는 양태가 발생한다는 느낌을 강하게 받았어요. 도대체 이런 문제를 어떻게 해결해야 하나 고민하던 차에, 서울시에서 청년들을 위한 기관을 만들어보자는 제안이 왔어요. 우연히 박원순 시장과 만나서 청년들의 미래에 관해 대화를 나누다 얘기가 나온 거죠. 10년, 20년 후의 미래를 내다볼 때 지금의 청년 창업정책이나 구인정책으로는 청년문제를 해결할 수 없다고 생각했어요. 우리 사회는 지금 청년들이 미래를 잘 살아갈 수 있을지에 대해 전혀 의식하지 않는 것 같았어요. 문제의식 자체가 없어보였죠. 청년들 스스로 사회적인 변화를 만들고, 의미 있는 일을 하려고 할 때 그에 필요한 사회적 장이나 시민사회가 튼튼하다면 좋겠지만 아직 우리나라의 시민사회는 매우 취약하죠. 그래서 공공사업으로 그런 일을 해보자고 만든 것이 청년허브사업입니다.

세대 내, 세대 간 격차가 확대되는 사회

사회적으로 보면 격차가 너무 많이 확대돼가고 있는 것 같아요. 제가 하자센터에 있을 때 민족사관고등학교에 다니던 친구가 몇 개월간 인턴으로 일했어요. 그 친구랑 이야기를 하다가 제가 완전히 질렸던 게, 그 친구는 10년, 20년 후의 계획을 모두 짜놓고 있더라고요. 구체적으로 외국 어디에 가서 환경문제에 대해 공부하고, 그다음은 어느 회사에 들어가고, 국제적인 상황이 변하면 어떻게 대처를 한다는 계획까지 모두 짜놓은 거예요. 반면에 어렸을 때부터 어떤 경험도 못 해본 친구도 있었어요. 서울에 있으면서도 가까이 있는 북한산, 관악산을 가본 적이 없는 친구였죠. 민사고 출신의 친구는 어렸을 적부터 박물관이며 미술관이며 많은 곳을 견학하면서 자랐는데 이 친구는 가까이 있는 공간도 가보지 못하며 살아온 거죠. 이렇게 개인 간 경험의 편차가 너무 커서, 복지나 사회적

균형 문제를 생각할 때, 단순히 사회구조적 접근으로 문제를 풀 수만은 없을 거라는 생각을 했어요.

신자유주의가 개인에게 말하는 것 중 하나는 '아무도 돌보지 마라'예요. 나는 경쟁을 치러서 잘 이겨내야 하는 입장이고, 또 살아남아야 하는 주체니까 옆 사람에게 신경 쓰지 말자는 거죠. 최근 오디션 프로그램에서는 경쟁을 미화하기도 하고요. 이런 경쟁적인 사회 속에 살다 보니 청년세대에게 불안감이 많이 퍼져 있어요. 특히 일에 대한 불안감이 상당히 커요. 물론 그것이 때로는 긍정적으로 작용하기도 하지만 지금의 청년세대들이 느끼는 일에 대한 불안감은 긍정적인 것과는 거리가 멀어요. 일을 잘해내기 위해 생기는 긴장감이라기보다는 어떤 일에 도전하기 어렵게 만드는 긴장감이에요. 페이스북으로 많은 청년들이 저에게 메시지를 보내와요. '제가 이런 일을 하고 싶은데, 어떻게 생각하세요?' 같은 질문이죠. 이런 걸 보면 저는 청년들이 '이 일이 좋을까, 저 일이 좋을까' 하며 간보고 돌아다니는 것 같다는 생각을 합니다. 지금의 사회가 청년들을 그렇게 만드는 거죠. 어떤 일에 몰입해서 할 수 있는 조건을 만들어주지 않으니까 그런 태도가 형성되는 겁니다.

꽤 오래 가지고 있던 문제의식인데, 세대 간 격차의 문제입니다. 각 세대별로 문제를 푸는 패러다임이 굉장히 다르다 보니 세대 간 소통이 잘되지 않고 완전히 단절돼 있는 것 같아요. 간단한 예를 들면, 40대 이상의 사람들에게 '존경하는 사람이 누구예요?'라고 물으면, 보통은 자기가 책으로 읽어 알게 된 사람들 중에 존경하는 사람이 있다고 말해요. 하지만 20대는 놀랍게도, 자기가 아는 사람 중에 있다고 말해요. 그래서 '요새는 존경하는 사람이 나에게 잘해주는 사람인가?'라는 생각도 들더라고요.

제가 일하는 현장에서도 감각 차이를 느낍니다. 저는 일할 때 정확히 문제에 대해서 얘기를 하는 편이에요. "내 생각에 너는 이게 문제인 것 같다"는 식으로요. 그런데 최근에 젊은 사람들은 그러면 "저 싫어하세요?" 하고 반응해요. 세대적인 감각이 변하는 것 같아요. 그러다 보니 기존의 사회중추적 역할을 하던 40대와 청년세대가 무슨 일을 함께할 때 뭔가 잘 안 맞는 거죠. 예를 들어 NGO에서 기존 의사결정자는 젊은 사람들을 보며 "왜 여기에 들어왔는지 모르겠다" 말하고 젊은 사람들은 의사결정자를 향해 "왜 맨날 뭔가를 시도하면서 목적과 당위성만 얘기하는지 이해가 안 된다" 말해요.

세대 간 단절의 문제가 심하다 보니 청년들에게 사회적 창업을 격려하는 정책들이 별로 빛을 발하지 못하고 있어요. 청년들에게 창업 아이디어는 많이 있어요. 하지만 아직 그걸 일로 전환시키거나 프로젝트를 경험해 본 적이 없어서 아이디어가 붕 떠 있는 것 같은 느낌을 많이 받아요. 예를 들어 창업 아이디어 경진대회에서 외국어고등학교 학생들이 아이디어를 냈는데, 그 친구들은 창업할 생각이 없었어요. 그렇게 아이디어만 내고 실제로 경험은 하지 않으니 창업 감각을 키우지 못하는 거죠. 그리고 실제 창업을 하는 경우에도, 창업을 통해서 새로운 사회적인 틈새를 만들어내겠다는 시도는 좋지만, 이런 일은 가치화돼 있지 않으면 안 돼요. 그런데 한국의 창업정책은 취직이 안 되니까 젊은이들에게 창업하라고 하는 거잖아요. 요즘에는 한술 더 떠서 국내 창업이 안 되면 해외 창업을 하라고 부추기더라고요. 창업은 경험과 사전 준비가 돼 있어도 굉장히 어려운 일인데, 일을 하고 싶다는 동기라든지, 그것을 지속할 힘이 전혀 형성되지 않은 청년들에게 창업하라고 부추기는 정책은 굉장히 문제입니다.

'광장'의 필요성: 청년허브의 탄생

청년허브는 '광장' 같은 느낌이에요. 청년들이 만나서 뭔가를 얘기할 수 있는 하나의 광장을 열어놓겠다고 생각하며 만든 곳이죠. 한 예술가가 페이스북에 이런 글을 올렸어요. 동종교배를 하면 새로운 것이 안 나오는데, 이종교배를 하면 새로운 것이 많이 나온다고요. 이와 마찬가지로 문제의식을 가진 다양한 사람들이 만나서 놀고, 이야기하고, 어떤 일을 시도하는 공간이 생긴다면 그곳에서 새로운 가능성이 펼쳐질 수 있을 거라고 생각했어요. 서로 고립돼 있는 장이 아니라 서로 만날 수 있는 삶의 공간, 비빌 언덕, 사다리 같은 것으로 비유될 수 있는 곳을 만들어야겠다고 생각했습니다.

개인적으로 청년들을 보며 가장 안타까운 것은 청년들이 자책감을 너무 많이 가지고 있다는 거예요. 제가 보기에 지금의 청년들은 어떤 일을 수행할 수 있는 좋은 도구를 많이 가지고 있어요. 우리 세대보다 능력이 더 출중하죠. 그런데 늘 다른 사람들과 비교하며 자책감으로 스스로를 괴롭히더라고요.

청년들은 자책감을 가질 필요가 없어요. 왜냐하면 사회가 요구하는 스펙 같은 것들은 청년들과 직접적인 관계가 없거든요. 예를 들어 하자센터를 만들 때, 저는 그 일에 대한 사전 경험이 전혀 없었어요. 그렇지만 진로문제 같은 특정 사안의 문제를 풀기 위해 일단 직접 그 세계 안으로 들어갔고, 그 문제를 해결하기 위해 노력해서 좋은 성과를 만들어냈죠. 여러분은 어떤 일을 하기 위한 자격이 모두 갖춰진 후에야 그걸 잘할 수 있다고 생각하는 것 같아요. 지금의 청년문제는 여러분에게 그런 자격이 부족해서 생긴 게 아니라 여러분이 가진 자질이나 욕구를 실현할 수 있는 사회적인 공간 자체가 없기 때문에 생긴 거예요. 그래서 공공의 영역에서 여러분에게 그러한 장을 만들어주기 위해 청년허브를 만든 것입니다. 아직 함께 일을 해본 경험이 없는 청년들에게 기회를 준다면 자신이 하고자 하는 일을 잘할 수 있겠다고 제가 상상을 해본 거예요.

예를 들어 문화작업을 하는 수많은 청년 그룹에게 서울시가 운영하고 있는 지하 공간 중 비어 있는 한 공간을 준다고 상상해봅니다. 구체적으로는 서울의 한 공원을 운영하는 데 서울시가 어느 정도의 예산을 쓰겠죠. 만약 이런 장소를 민간의 에너지를 통해 운영한다면 시민들에게 제공되는 서비스도 개선하고, 일자리도 창출할 수도 있고, 또 서울시는 예산도 절감할 수 있지 않을까요? 이런 일도 공간과 자원이 주어지면 상상해볼 수가 있잖아요. 그런데 그런 것이 없으면 상상조차 할 수 없겠죠. 청년들에게도 이런 기회가 있으면 어떨까 싶습니다.

또 다른 시도는 서울시에 디자인 물량이 100이라고 하면 그 20퍼센트 정도를 대학생 프로젝트팀한테 주는 것이 어떨지 상상해보는 것입니다. 프로젝트와 연결하면 청년들이 그 경험을 통해 성장할 수 있거든요. 그 경험의 장을 사회가 제공하지 않는 한, 청년들의 문제를 풀기는 어렵다고 생각한 거죠. 그래서 공공의 영역과 민간의 흐름을 연결해서 자활이 가능하고, 혁신할 수 있는 흐름을 만들어보려고 했어요. 이미 민간의 흐름 안에서 청년 스스로 동료의 문제를 해결하기 위해 만든 단체들은 많이 있었어요. 예를 들면 청년 노동조합인 청년유니온, 해방촌에서 주거문제를 가지고 실험하는 그룹, 청년들의 빚 문제를 해결해보겠다고 만든 청년연대은행, 저소득층 청년들이 사회적 자립 모델을 만들기 위해 활동하는 작은 씨앗들, 예술활동을 하는 사람들이 기존과 다른 유통 경로를 만들어보려고 시도하는 흐름, 외롭고 고립돼 있는 사람들끼리 모여서 모색의 장을 만들어 공동주거를 실행하는 사람들도 있고요. 이렇게 현재도 굉장히 많고, 또 많아지고 있어요.

최근에 청년허브에서 청년주거문제를 실험을 통해 풀어보자는 취지로 프로젝트팀 공모사업을 했는데 무려 22개가 들어왔어요. 공동주거를 실험하는 집단이 기존에 5개 정도 있었는데 안 보는 사이에 이런 흐름들이 계속되고 있었다고 합니다. 이런 작은 씨앗들이 사회적으로 순환할 수 있도록 만들어주면 어떤 대안을 만들어낼 수 있을 텐데, 이런 씨앗들이 사회적으로 자리 잡지 못하는 환경이 되면, 그다음 활동을 할 누군가는 뭔가를 시도할 엄두조차 내지 못할 거예요. 이런 작은 자구적인 흐름들을 사회적으로 육성하기 위해서 공공자원을 개방해보자는 생각을 한 거죠.

서로의 연민을 공유하는 새로운 세대의 등장

삼성전자, 현대자동차가 잘되면 자기 삶이 더 나아질 거라고 말할 수 있는 사람이 한국 사회에 몇 퍼센트 정도나 될까요? 제가 볼 땐 한 1~2퍼센트가 아닐까 싶은데요. 사실 삼성전자가 잘되는 것과 대다수의 삶은 관계가 없잖아요. 그리고 공무원이나 삼성전자 들어가려면 경쟁률이 100대 1쯤 되나요? 대다수 99퍼센트의 사람들은 거기 못 들어가는 거죠. 그렇다면 그 게임을 하지 않고 다른 장을 모색해보는 것이 사회적으로 훨씬 낫지 않겠어요? 그래서 제가 공공자원을 연결해서 청년들을 사회적 세대로 대대적으로 육성해보면 좋지 않을까 하는 생각을 정책적으로 해본 거예요. 그런 생각을 한 것은 저는 청년들에게 가능성이 있다고 생각하기 때문이에요. 요새는 30대 중후반만 가도 모두 자기 문제로 괴로워하고 있어요. 하자센터를 했던 친구들이 지금 30대 초중반인데 문화 분야에 많이 있어요. 그런데 술 마시며 말을 들어보면 다 괴로워하고 있어요. 왜냐하면 문화를 통해 나를 실현하고 싶은 욕망은 큰데 현실적인 조건이 안 되고, 자기의 욕망은 글로벌한데 현실은 글로벌은커녕 먹고살 돈도 없는, 이 괴리가 너무 큰 거예요. 하자센터 출신 중에 벤처사업을 잘 운영하고 있는 친구들이 일부 있는데, 왜 이 친구들의 사회적 역할이 크지 않을까라는 의문도 생겼죠.

하자센터를 시작할 때 모토는, 한국 사회의 권위주의 문화를 바꿀 창조적이고 자립적인 주체를 양성한다는 것이었어요. 그런데 사회적 위기가 심해지다 보니 자립적인 주체를 양성하는 것이 잘되지 않았어요. 청년들이 사회적으로 자리 잡았다고 해도 사회적 역할은 미약한 상태로 가고 있었던 거죠. 하지만 요즘 20대 중후반 세대들과 이야기해보면 자기 세대들이 겪는 아픔과 대안 없는 이 상황에 대해 동료들과 연민을 공유하고 있더군요. 말하자면, 타인의 삶을 존중해야 한다는 감각을 가진 세대인 거죠. 그런데 사회적으로는 그 감각을 실현시킬 수도 그런 일을 할 수도 없기 때문에, 굉장히 무력해 보이고 잉여처럼 보이기도 하는 세대라는 생각이 들었어요.

그런데 제가 볼 때 이 '연민의 공유'는 어려운 상황을 체험하고 나오는 가장 사회적인 감각인 것 같아요. 일본의 예를 들면, 일본은 고도성장을 하면서 취업빙하기가 왔어요. 이런 취업빙하기를 겪었던 세대 안에서 사회문제를 다른 방식으로 풀기 위한 시도를 하는 움직임이 생겨났죠. 이처럼 한국에도 그런 세대들이 출현하고 있는 거라고 생각해요. 기본적으로 동료애를 가진 이 사람들을 정치적인 리더로 끌어내는 단계가 생긴다면, 한국 정치에 새로운 지평이 열리지 않을까 생각했죠. 제 주변에 정치하는 사람들이 있는데 그 사람들은 어떻게 그렇게 자기 생각만 하는지 놀라울 정도예요. 기본적으로 동료 감각이 없는 거죠. 이렇게 철저히 자기 생각만 하도록 훈련된 사람들 말고 자기 주변의 아픔을 함께 느낄 수 있는 감각을 가진 사람들이 정치적 리더로 성공하면 어떨까 생각했습니다. 그리고 그들이 그 감각을 실현시킬 수 있는 일을 할 수 있도록 사회 인프라를 마련해보자는 것이 제가 청년허브를 하면서 계속 강조하는 겁니다.

꿈에는 현실적인 근거가 있어야 합니다

청년허브에서 하는 일들을 몇 가지 소개해보겠습니다. 대학생에게 정부가 돈을 지원해주는 제도가 있어요. 대표적인 것이 행정인턴이죠. '공공근로'라는 사업을 청년버전으로 바꾼 게 '행정인턴'이에요. 한 달에 110만 원을 주고 청년들을 회사로 보내죠. 근데 이걸 보면 너무 기가 막혀요. 여러분처럼 능력 있는 사람들이 쓸데없이 시중들고, 커피 타는 일만 해요. 회사 안에서도 청년인턴이 오면 걸리적거린다고 하는 사람도 있어요. 그래서 재작년 말에 제가 박원순 시장에게 청년인턴 제도를 이렇게 운영할 바에야 청년을 그냥 외국에 보내주는 게 낫겠다고 말했어요. 청년, 회사 모두에게 도움이 안 되는 일에 정부가 막대한 예산을 쓰고 있으니까요. 그 개편 작업으로 추진한 것이 청년허브의 '혁신 일자리 사업'이에요. 일단 행정인턴과 같은 예산으로 사회적 프로젝트를 하는 청년들을 모읍니다. 예를 들어 사회적 기업 중 한 곳에서 태국에 신규로 레스토랑을 내려고 하는데 같이 일할 청년이 필요하다는 공고를 내면, 저희가 그 프로젝트를 선정해서 청년들을 결합시켜주고 그들은 10개월 동안 함께 일하는 거예요. 제가 아까부터 계속 강조하고 있는 것이 청년들의 '일 경험'이에요. 이게 정말 중요합니다. 어느 장에 몸을 담가 경험을 하면 그것을 통해 무엇이든 할 수가 있거든요. 꿈이란 현실적인 근거가 있는 거라고 생각해요. 여러분이 어떤 일에서 구체적인 경험을 하면 그 꿈의 형태가 구체화될 수 있어요. 근데 그런 게 없으면 물질적 기초가 없으니까 공상이 돼버리죠. 그래서 젊은 세대가 일을 경험할 수 있는 장을 설계해 만들어줘야 합니다.

또 청년허브에서는 3인 이상의 청년들이 모여 모임을 만들면 밥값 100만 원을 지원합니다. 단지 밥값만 지원하는 건 아니에요. 지금까지는 교육이 여러분에게 맞춰져 서비스를 모두 제공해주는 식이었어요. 하지만 공부라는 건 여러분 스스로 누굴 만나고 싶다든지 뭘 배우고 싶다든지 하는 마음이 생겨야 할 수 있는 거잖아요. 그래서 자발적으로 공부하고 싶어 하는 청년들에게 돈을 지원해보자는 거죠. 이번에 청년허브에서 '청년, 자기 삶의 발견'이라는 연구과제를 공모했는데 30개 정도가 들어왔어요. 그 주제가 모두 너무 훌륭하더라고요. 청년들에게 연구공모를 하면 뭐가 들어오긴 할까 걱정했는데 아니었어요. 자기 삶에서 느끼는 과제를 스스로 연구해보고 싶어 하는 청년들이 생각보다 상당히 많았습니다. 이렇게 청년허브에서는 사회적 문제를 풀기 위해 스스로 움직이고 도전하는 청년의 단체나 활동이 사회적으로 자리 잡을 수 있도록 지원해주고 있습니다.

종로4가 지하상가에 청년들을 위한 가게가 들어가 있어요. 기존에 그 자리에 가게가 몇 개 비어 있었는데 그 가게들을 활용해보자고 얘기가 나온 거죠. 비어 있던 17개의 공간에 청년들이 들어가서 색다른 활력을 만들어보는 일종의 실험을 하고 있습니다. 또 청년들을 위한 새로운 구인·구직 사이트를 만들어보면 어떨까 하는 아이디어도 있었어요. 여러분이 입사할 때 회사 정보에 대해서는 전혀 모르고, 연봉이나 대우 같은 것만 알고 가잖아요. 그 회사는 어떤 생각을 가지고 있고, 그곳에서 실질적으로 일하는 사람들은 어떤 걸 느끼고 있고, 회사 문화는 어떤지를 조사해서 구직자의 시선에서 정보를 제공해주는 구직 사이트를 만드는 시도를 하고 있습니다.

다양한 삶의 방식을 알고 있으면 내가 가진 불안감이 줄어들어요

하지만 여러분, 사실 '내가 이런 일을 어떻게 할 수 있을까' 하면서, 뭔가를 할 엄두가 잘 안 나잖아요. 이걸 극복하려면 다른 사람들이 무슨 일을 하면서 살고 있는지를 여러분이 직접 보고, 거기에 참여해보는 것이 중요해요. 제가 직업을 여러 번 바꿨던 이유 중 하나도 그거예요. 다양한 사람들의 다양한 삶의 방식을 알고 있으면 상대적으로 내가 가진 불안감이 줄어들어요.

하자센터에서 일할 때 미얀마에 있는 학교나 난민촌에 청소년들이 가서 그들과 함께 생활하는 프로그램을 진행한 적이 있었어요. 근데 거기에 다녀오면 청소년들이 자기가 가진 불안감에서 조금 벗어나는 것 같더라고요. 왜냐하면 난민촌에서는 10만 원 정도로도 충분히 생활이 가능하거든요. 1년이면 100만 원만으로 생활이 가능하고요. 이렇게 계산이 되니까 삶에 대한 불안감이 조금 덜어지는 거죠.

이런 삶의 불안은 한국 사회의 모든 사람들이 가지고 있는 것 같아요.

예를 들어 제 친구는 대기업 이사인데 온 세상이 다 짜증이래요. 자신이 회사에 앉아 있으면 언제 회사를 떠나야 할지 모르기 때문에 앉아 있는 자체가 짜증이고, 집에 들어가면 지금까지 잘나갔기 때문에 부인이 앞으로 한 달에 생활비를 얼마나 더 쓸까 생각하니 짜증이고, 아이를 보면 쟤는 언제 자립할 수 있을까 짜증이고, 친구들과 밥 먹으면 이 식당을 차리려면 돈이 얼마나 들까 생각해보고 또 짜증이 난대요.

이처럼 삶의 불안은 사회구성원 모두에게 존재하는 거죠. 그렇지만 특히 청년세대들은 이 불안감에서 벗어나기 위해 삶의 계획이나 방향을 지지할 수 있는 동료와 스스로의 힘이 필요해요. 그러니까 여러분이 뭔가를 시도해봐야 합니다. 저는 아주 작은 일부터 시작하는 것이 좋다고 생각해요. 작은 일이라도 내 몸을 움직여서 해보는 경험이 필요하거든요. 여러분이 서 있는 자리에서 계속 뭔가를 만들어보는 거예요. 이렇게 구체적으로 어떤 시도를 했는데 거기서 뭔가가 안 되면 제가 여러분에게 "누구를 만나서 어떤 조언을 들어라" 하는 식의 구체적인 답변을 해줄 수가 있어요. 하지만 시도도 하지 않고 막연하게 "어떻게 하면 좋을까요?" 하고 질문을 던지면 저도 할 말이 없는 거죠. 만약 시도했는데 사회가 이에 대해 응답하지 않는다면 문제를 제기하세요. 실제 뭔가를 시도하고, 그것에 응답하는 사회를 만들기 위해 청년들이 문제를 제기한다면 크든 작든 여러 군데에서 반응이 있을 거예요.

하지만 그런 시도를 하기에는 청년 스스로 힘을 비축할 수 있는 장이 사회에 없기 때문에 공공의 힘으로 그 장을 만들어보자는 거죠. 그래서 만들어진 것이 청년허브예요. 그리고 꿈만 가지고 이야기하면 더 머리가 아플 수도 있죠. 그래서 청년허브에서는 여러분의 꿈을 찾아주는 워크숍 프로그램도 많이 실시하고 있습니다.

현실과 직면해야만 주체적인 희망을 만들 수 있습니다

여러분이 꿈, 희망 등에 대해 사고하려면 현실과 직면해야 해요. 그래야만 주체적인 희망을 만들 수 있어요. 여러분이 현실에 직면하지 않으면 어떻게 그 꿈을 만들어나가야 할지, 어떤 방법으로 구체화해나가야 할지 알 수가 없어요. 그러니 막연하게 꿈만 얘기하게 되죠. 함께 모여서 작은 일부터 해보세요. 예를 들면 학교 축제 기획에 참여한다든지, 여러분의 상황을 알리는 글을 여기저기에 써본다든지, 여러분이 생각하고 있던 문제를 풀 수 있는 작은 실험을 해본다든지 말이죠. 얼마 전 200명 정도의 대학생과 박원순 시장이 대화를 하는 자리에서 어떤 청년이 손을 들고 이 대학생들에게 임대아파트를 하나씩 만들어달라고 말하더라고요. 당연히 만들어주면 좋겠지만 대학생 임대아파트는 보편적 복지가 되기 힘들잖아요. 임대아파트를 지어주려면 엄청난 세금이 들어가는데 그걸 어떻게 하겠어요. 이런 얘기가 나온 이유는 요즘 청년주거문제가 굉장히 심각하기 때문일 거예요. 홍대나 합정 같은 지역의 고시원이 40~50만 원하는 형편이니까요. 그리고 제가 은평구 아파트에서 오래 살았는데 그 지역의 오래된 아파트에는 노인분이 혼자나 둘이 사시는 경우가 많아요. 한마디로 실제로는 서울에 방이 없는 것이 아니고 다 같이 사는 게 싫은 거예요. 여러분끼리 세 명이 모여 살면 그렇게까지 비좁게 살지 않을 수 있고, 생활비도 줄어들고 좋을 텐데 그러기가 싫은 거죠. 할머니, 할아버지 세대도 마찬가지고요. 이런 데서 가능성을 만들어보는 작은 시도를 함께해보자는 거죠. 거기서부터 사회를 변화시킨 사람들이 많이 있습니다.

방글라데시에 무함마드 유누스라는 사람이 살았어요. 그 사람은 주변에 죽어가는 가난한 사람들을 보고 의문을 가졌어요.

'죽어가는 사람이 이렇게 많은데 은행은 왜 가난한 사람들에게 돈을 빌려주지 않을까?'

은행은 가난한 사람들이 돈을 갚지 못할 거라고 생각했겠죠. 그가 은행장을 만나서 돈이 필요한 사람에게 빌려주라고 설득했지만 어떤 은행도 그 생각에 동의하지 않았어요. 결국 그는 직접 가난한 사람을 위한 은행을 만들었어요. 바로 그라민 은행입니다. 그 은행에서는 빈곤층에게 소액대출을 해줬고, 대출받은 사람끼리도 연대해 각자가 경제적 자립을 위해 어떻게 애쓰고 있는지를 서로 확인했어요. 그리고 놀랍게도 그 과정에서 이 가난한 사람들을 위한 은행은 보통의 은행보다도 훨씬 높은 상환율을 나타냈습니다.

그러니까 내 주변에 있는 이야기를 여러분의 이야기로 풀어보려고 하는 생각, 그런 시도 자체가 여러분의 에너지를 순환시킨다는 겁니다. 그런 시도를 하지 않으면 나와 내 주변 사람들의 에너지가 순환되지 않아서 여러분이 계속해서 정서적인 불안정을 겪거나, 기존의 사회문법에 지배당해서 괴로워하고 자책하는 일이 생겨요. 능력이 없는 게 아닌데 계속 내가 능력이 없다고 생각해버리는 거죠. 사회의 책임을 여러분의 책임으로 돌리지 마세요. 다만 여러분이 어떤 새로운 일을 만들어보고, 시도해보고, 모색하고, 밖으로 돌아다니는 식의 '행동'은 반드시 필요합니다. 어딘가에 직접 가보고 뛰어드는 경험을 하면 여러분에게 어떤 새로운 틀이 생긴다고 생각해요.

최근에 제가 몽골에서 나무를 심는 '푸른 아시아'라는 시민단체를 만났어요. 얼마 전에도 청년 약 100명을 데리고 나무를 심으러 몽골에 갔다더군요. 거기에 방풍림을 약 5년 동안 심으면 그 안에서 약초를 재배할 수 있대요. 그 약초를 재배하면 시장에 팔아서 돈을 벌 수 있고요. 여러분이

'내 삶을 스스로 만든다'는 생각을 가지고 어떤 문제에 접근해보면, 그 일을 통해서 다른 사람과 관계를 맺을 수 있고, 동시에 그 일이 자신과 에너지를 순환시킬 수 있는 계기가 된다는 걸 알 수 있어요. 저는 여러분이 움직일 때 지금의 상황이 더 나아질 수 있다고 생각해요.

사실 요즘 상황은 좀 호전되고 있다고 생각해요. 왜냐하면 대기업 다니는 친구들만 봐도 '청년들에게 진짜 미안하다'는 감각을 가지고 있더라고요. 예전에 제가 대학 다닐 때는 여러분처럼 취업 걱정에 젊은 사람들이 짓눌려 있지 않았거든요. 또 요새는 그러한 새로운 가능성의 장을 만들 수 있는 사회적 흐름도 있고, 그런 것을 요구하는 청년들의 흐름도 있고, 근본적으로는 아니더라도 청년 스스로도 자기 자신과 주변을 사랑할 수 있는 일을 하면서 직면한 문제를 풀어보기를 원하고 있고요. 이제 내년부터는 '무중력지대'라는 청년자치공간이 권역별로 만들어질 예정입니다. 청년들이 활동할 수 있는 공간이 만들어지고, 또 어떤 일을 시도할 수 있는 사회적 자원이나 이러한 시스템을 활성화시키는 기회와 장이 만들어질 겁니다. 그 속에서 여러분은 자신의 삶, 그리고 꿈의 형성과 실체들을 살펴봐야 하지 않을까 생각합니다.

청년이라는 존재는
현 국면에서 굉장히 중요합니다

질문자1 왜 허브인가요?

전효관 사실 용어 자체는 비전을 생각해보고 만든 것은 아니에요. 사실대로 말하면 처음에는 센터라고 했다가 서울시에서 센터를 너무 많이 만든다는 비판이 있어 허브라는 이름을 붙인 거예요. 허브라는 단어를 생각한 것은, 기존 민간 영역에 청년들 스스로의 운동이라든지 다양한 활동이 많이 있잖아요. 이런 민간의 흐름과 공적 흐름과의 관계를 어떻게 만들어나가야 청년들의 생태계를 활성화시킬 수 있을지에 대해 많은 생각을 했기 때문이에요.

질문자 2 청년, 청춘이란 단어가 오히려 세대 간의 분리를 가져온다는 생각을 합니다. 청년 간의 활동 외에 청년과 기성세대가 함께하는 활동과 작업을 생각해보신 적은 없나요?

전효관 저는 청년이라는 존재가 현 국면에서 굉장히 중요하다고 생각해요. 청년들이 한 번씩 사회적 주체로서 등장하는 시기가 언제인지 생각해보면, 청년실업문제처럼 청년문제가 굉장히 일반화되고 난 다음에야 이 문제를 풀어야 된다는 사회적 관심이 생깁니다. 지난 대통령선거쯤 해서 갑자기 청년비례대표를 뽑는다면서 청년이 정책적인 측면에서 사회적 실체로 한 번 등장했죠. 그래서 이제 저는 이런 단계를 한 번 거치는 것이 지금 시점에서 필연적인 국면이 아닌가 생각해요. 이를테면 청년유니온이라는 단체는 청년을 위한 최초의 노동조합입니다. 과거 최장집 교수가 《경향신문》에 동료애를 가진 최초의 노동조합이 탄생했다고 글을 쓴 적이 있는데 거기 일하는 사람들을 보면 정말 그래요. 모든 청년을 동료라고 생각하고, 이를 기반으로 청년의 권리 같은 것을 사회적 운동으로 만들어보려는 시도를 하고 있죠. 그래서 현시점이 청년들 스스로 자기정체성 같은 것을 확인하는 과정을 겪고 있는 시기가 아닌가 저는 이렇게 이해하고 있습니다.

세대담론을 어떻게 볼 것인지는 좀 더 학문적인 문제일 것 같아요. 세대담론을 비판하는 사람들의 의견은 크게 몇 가지로 요약되는데, 첫 번째는 그것이 세대 안의 여러 가지 불균형성을 간과한다는 거예요. 20대에도 이런 사람도 있고 저런 사람도 있고, 성차별 문제도 있고 여러 가지 차이가 있는데 이걸 세대로만 치환해버리면 문제를 희석시킬 수 있다는 비판이 있죠. 두 번째는 청년이라는 것이 스스로 만든 규정이라기보다는 어떤 사회적 관계 속에서 규정되면서 청년문제가 소비당하고 있다는 비판입니다. 정책적으로도 정치적으로도 소비당하고 있다는 실천적 비판인 거죠. 이런 의견 모두 어느 정도 맞다고 생각을 하고요. 하지만 지금은 여러분 스스로가 과거의 청년과는 다르게 지금의 상황 속에서 청년들의 자기주체성이나 자기정체성을 정의해보면서 스스로 세대를 규정해봐야 하는 시기가 아닐까 생각하고 있습니다.

쓸모없는 일이라 생각하지 말고 일단 해보세요

질문자 3 음악을 하는 사람입니다. 돈도 실력도 없어서 청년허브에서 마음 맞는 사람들과 함께하고 싶은데 무작정 찾아가면 될까요?

전효관 아니요, 무작정 찾아오면 막막하고요. 먼저 질문하신 분 스스로 음악을 할 수 있는 장이 어디에 있는지, 그곳은 어떤 조건인지를 찾아봐야 합니다. 게다가 '음악을 한다'는 것도 굉장히 포괄적이기 때문에 어느 정도의 간절함을 가지고 있는지 이 질문만으로는 저도 알 수가 없어요. 특히 제가 청소년 기관에 있을 때 청소년뿐만 아니라 부모와 상담도 꽤 많이 했는데 음악을 하고 싶다면서 집에 시위하는 청소년들이 꽤 많았거든요. 그때의 경험으로 보면 그런 청소년 중에는 굉장히 열심히 음악을 하면서 자신의 성장에 기여하는 경우도 있지만, 음악을 하고 싶다는 게 핑계였던 경우도 있었고 여러 가지 케이스가 있었어요. 그러니까 정말 음악을 하고 싶으면 음악을 할 수 있는 장이 어디에 있는지 알아보고, 그다음에는 자기는 어디에 속해야 할지 등을 찾아보고, 직접 경험을 한 다음에 구체적인 이야기를 할 수 있을 것 같아요. 최근에는 은평구에 인디음악을 하는 장소가 만들어지고 있더라고요. 그런 곳도 있고, 홍대씬도 있을 거고, 여러 가지를 여러분 스스로 조사하고 경험해봐야 합니다. 음악을 한다고 하니 덧붙이자면, 여러분은 쓸모 있는 것만 해야 한다고 배워서 그것만 해야 한다는 강박관념이 있을 거예요. 하지만 사회적으로 쓸모 있는 일이라고 규정된 것 말고 다른 영역의 일을 여러분이 해보면, 앞으로 뭔가 일을 할 때도 선택을 할 때도 굉장히 도움이 될 겁니다. 쓸모없는 일을 많이 해본 사람들은 어떤 일을 할 때 그걸 해석하는 남다른 언어를 발달시키는 것 같아요. 하지만 쓸모 있는 일만 해본 사람들은 그런 해석능력이 떨어져요. 하고 싶은 일이 쓸모없는 일이라 생각하지 말고 일단 해보시길 바랍니다.

질문자 4 청년허브에서 셋 이상 모이면 100만 원을 지원해준다고 하셨는데 되게 신기한 발상인 것 같아요. 그런 지원을 하게 된 계기가 뭔가요?

전효관 청년들이 뭘 하고 싶은지를 알고 싶기 때문이에요. 저는 직접 청년문제를 다뤄본 경험이 없거든요. 그래서 처음에는 청년들을 모아놓고 사업기획을 어떻게 할까 이런 얘기를 했어요. 그중에 많이 나왔던 얘기가 "하고 싶은 건 있는데 돈도, 공간도 없다", "그런 일을 먼저 시도해본 선배와의 관계가 없다" 하는 거였어요. 이것이 청년문제의 현실을 보여주는 것 같더라고요. 그렇다면 청년에게 장소와 약간의 모임비를 지원하면 하고 싶은 일들을 실제로 할까 생각한 거죠. 그런 것들이 없어서 하고 싶어도 뭔가를 못 한다고 해놓고, 지원해줄 테니 한번 해보라고 하면 안 하는 경우도 많거든요. 그런데 공모를 해보니 참가자가 굉장히 많았어요. 저희가 매월 20일마다 신청을 받고 있는데 세 번째 공모까지 했고, 그동안 총 170팀을 지원했어요. 예정대로 2014년 8월까지까지 진행하면 총 300~350팀 정도를 지원할 것으로 예상합니다.

저와 비슷한 세대의 사람들과 청년커뮤니티 사람들이 한 달에 한 번씩 모여서 반상회라는 것을 하거든요. 거기에 이 커뮤니티를 보고 감동받은 어른들이 굉장히 많아요. 자율적이고 재밌는 모임들이 정말 많아서요. 아주 구체적인 활동을 하기도 하고, 추상적인 것을 하기도 하는데 주제가 다양하고 다채롭습니다.

김창남

서울대학교 경영학과를 졸업하고, 서울대학교 대학
원 신문학과(현 언론정보학과) 석박사 과정을 졸업
했다. 1980년대부터 문화비평가로 활동해왔으며, 월
간《말》,《사회평론》편집위원,《씨네21》편집자문위
원 등을 역임했다. 현재는 성공회대학교 신문방송학
과와 문화대학원 교수로 재직 중이며, 한국대중음악
학회 회장, 한국대중음악상선정위원장, (사)우리만
화연대 고문 등으로 활동하고 있다.

저서로『삶의 문화 희망의 노래』,『대중문화와 문화
실천』,『대중문화의 이해』등이 있고, 편저로『김민
기』,『대중음악과 노래운동 그리고 청년문화』,『아름
다운 인생의 승부사들』등이 있다.

그는 성공회대 교수로 재직하면서 주어진 틀을 강요
하는 사회의 논리와는 다른, 대안적인 길을 제시하는
강사들을 섭외해 10년 넘게 '매스컴특강'을 이끌어
왔다. 수강 학생들의 사전 인터뷰와 영상제작, 홍보
등 적극적인 참여로 이뤄지는 이 강의의 내용은 매
년 책으로 출간된다. 학생들은 강의를 녹취하고 원고
를 정리하며 책이 엮이기까지 큰 역할을 한다.

가는 길이
내 길이다

걷고 있는
청년들을 위한
아홉 가지
이야기

© 김창남, 2015

엮은이 김창남
지은이 주철환·김탁환·유인택·김태훈·김보성·최서윤·최정한·박활민·전효관
펴낸이 김종수
펴낸곳 도서출판 한울

편집책임 최규선
편 집 양혜영
디자인 윤지은

초판 1쇄 인쇄 2015년 3월 3일
초판 1쇄 발행 2015년 3월 23일

주 소 413-120 경기도 파주시 광인사길 153 한울시소빌딩 3층
전 화 031-955-0655
팩 스 031-955-0656
홈페이지 www.hanulbooks.co.kr
등록번호 제406-2003-000051호

Printed in Korea
ISBN 978-89-460-4964-2 03040

* 책값은 겉표지에 표시되어 있습니다.